W0057778

ro
ro
ro

Nach Marco Polo, Kolumbus und Millionen Touristen scheint jeder Winkel der Welt entdeckt – doch das ist ein Irrtum! Dennis Gastmann erkundet Orte, die fern, unbekannt oder vergessen und in jedem Fall magisch sind: Akhzivland, Karakalpakstan, Ra's al-Chaima. Auf dem Südsee-Felsen Pitcairn begegnet er den Nachfahren der Meuterer von der Bounty, in Palau taucht er mit Haien. Er wandert durch die tausendjährige Mönchsrepublik auf dem Berg Athos, in der Besucher unerwünscht sind, die bärtigen Heiligen wollen unter sich bleiben. Gastmann sucht nach Liebe in Transnistrien, einem Mafiastaat, der Besuchern empfiehlt: «Fahren Sie lieber nach Spanien!» Er begegnet Geistern und Dämonen, gerät in einen Taifun und wird zum letzten Kaiser von Ladonien gekrönt ...

Mit Charme und Hintersinn begibt sich Dennis Gastmann zu den Ausläufern unserer Zivilisation. Wie sieht es dort aus? Wie lebt man dort? Und was sagt das über den Rest unserer durchorganisierten Welt?

«Dennis Gastmann ist eine Ausnahmeerscheinung unter den deutschen Journalisten. Dem Sog, der von seinen Abenteuergeschichten ausgeht, kann man sich schwer entziehen.»
Frankfurter Rundschau

Dennis Gastmann, geboren 1978, war Autor der Satiresendung «extra 3», bevor er begann, als Auslandsreporter und Filmemacher um den Globus zu reisen. Seine Dokus wurden mehrfach ausgezeichnet und dreimal für den Grimme-Preis nominiert. 2011 erschien sein vielgelobter Band «Mit 80.000 Fragen um die Welt»; danach wanderte er von Deutschland über die Alpen bis nach Italien, um seine Sünden zu büßen («Gang nach Canossa», 2012). 2014 schrieb er «Geschlossene Gesellschaft», eine abenteuerliche Exkursion in die Welt der Reichen.

DENNIS
GASTMANN

ATLAS

—◆— DER —◆—

UNENTDECKTEN

LÄNDER

ROWOHLT TASCHENBUCH VERLAG

3. Auflage Februar 2019

Veröffentlicht im Rowohlt Taschenbuch Verlag,
Reinbek bei Hamburg, August 2017
Copyright © 2016 by Rowohlt · Berlin Verlag GmbH, Berlin
Illustrationen Harry Jürgens
Umschlaggestaltung ZERO Werbeagentur, München,
nach einem Entwurf von Frank Ortmann
Umschlagabbildungen Antar Dayal, De Agostini Library,
Tetra Images/Getty Images; Extezy/shutterstock.com
Satz Dolly PostScript (InDesign) bei
Pinkuin Satz und Datentechnik, Berlin
Druck und Bindung CPI books GmbH, Leck, Germany
ISBN 978 3 499 63143 6

EINSAME INSEL

Für meinen Großonkel,
der sein kleines Land mit einem Lächeln regierte

Inhalt

ATLAS DER
UNENTDECKTEN
LÄNDER

RITT AUF DEM WAL

Irgendwo in der Südsee

———

This is a nasty piece of water», knurrte Nigel, als wir Mangareva verließen und der Wind jäh von Backbord blies, «jetzt reiten wir den Wal.» Der Abend schmeckte nach Diesel, Messer und Gabeln klirrten über das Deck, und die Claymore legte sich so verflucht auf die Seite, dass uns war, als könnten wir durch ihre Luken direkt in den Schlund der Ungetüme blicken, die in den Wogen lauerten. Allein darum bemüht, die Mahlzeit bei uns zu behalten, klammerten wir uns mit Händen und Füßen an den Esstisch. Und Nigel? Er saß da wie ein Buddha, nur mit einem Handtuch bekleidet, wischte sich Reste aus dem Bart und erzählte von dem Berber, der sich auf einer Antarktis-Expedition selbst den Blinddarm entfernte.

Manchmal frage ich mich, zu welcher Spezies der Reeder gehörte. War Nigel wirklich für ein Leben an Land geschaffen? Oder musste man ihn zu den Seewesen zählen, weil Meerwasser in seinen Pupillen schwappte? Die Furchen in seinem Gesicht – Zeichen des Alters oder Spuren der Kämpfe mit Netzen und Harpunen – verrieten viel über einen Mann, der schon jedes Gefühl erlebt hatte, das Mensch und Tier kannten. Bis auf eines.

Niemand außer Nigel wagte die Passage: Das Ziel unserer Reise lag dort, wo Götter und Dämonen ungestört bleiben wollen. Wir steuerten auf eine Insel an den fernen Ausläufern unserer Zivilisation zu, einen Felsen, der so weit von allen Erdteilen liegt, dass es absurd wäre, ihn irgendeinem Kontinent zuzuordnen. Dort, so sagen Schwärmer, ziemlich genau in der Mitte des Pazifischen Ozeans, werden die Träume der Menschheit geboren. Und dort, so sagen Spötter, werden sie auch wieder begraben. Es ist der entlegenste Ort auf dem Globus. Die Mutter aller unentdeckten Länder. Wer noch weiter reisen will, muss in eine Mondrakete steigen.

Vor den halbblinden Fenstern der Claymore, die im Seitenwind ächzte und aufjaulte wie eine sterbende Kreatur, wechselten Himmel und Wasser im Takt weniger Sekunden, so sehr wand sich der kleine Frachter in den Wellen. Auf den Horizont zu blicken soll das beste Mittel gegen Seekrankheit sein, doch was, wenn er wie ein Pendel durch das Sichtfeld schwingt?

Unter den Passagieren war keine glückliche Seele mehr. Nur Nigel lächelte ab und an, und verzog sich seine Miene sogar zu einem Lachen, dann funkelte und blitzte es im Schein der Neonröhren. Sein Boot ist für gerade ein Dutzend Gäste ausgelegt, aber hätte er sich je an Regeln gehalten, er hätte sich niemals beide Zahnreihen vergolden lassen können.

Zweiundzwanzig Frauen und Männer hatte er an Bord genommen, fast doppelt so viel, wie ihm erlaubt war, und obwohl wir uns zwängten, quetschten und drängten, verlangte er den vollen Preis – fünftausend Dollar für die Überfahrt auf einem Kahn, der sich leidlich über Wasser hielt. Dafür hätte jeder von uns einen ganzen Monat quer durch die Karibik kreuzen können, Champagnerpyramide und Lavakuchen inklusive. Wir hätten zehn Pfund zugenommen, mit betuchten Witwen, Gentlemen Hosts und anderen Scheintoten

«Bingo!» gerufen, wären nach der Polonaise, sieben Planter's Punch und einer zweifelhaften Cats-Interpretation auf dem Shuffleboard ausgerutscht und zur Krönung der Nacht in unseren geliehenen Smokings arschlings in den frisch gechlorten Kinderpool gestürzt. Es hätten vier wundervolle Wochen werden können.

Stattdessen bekamen wir eine fensterlose Kabine, die wir uns mit Fremden teilten, einen Eimer, den wir uns ebenfalls mit Fremden teilten, und pünktlich zum Morgengrauen weckte uns längst Verflossenes, das in den Waschbecken der Räume aufstieg und sich auf den Teppich ergoss. Das einzige Abendentertainment bescherte der Schiffskoch, wenn er versuchte zu servieren. Sobald die Claymore in ein Tal fiel, hastete er herbei, um einen Teller Suppe abzusetzen, bevor uns die nächste Welle erwischte. Die Kunst bestand darin, See- und Suppengang so zu synchronisieren, dass man a) nichts verschüttete und b) sich nicht den Hals brach. Manchmal allerdings erreichte er unseren Tisch nicht rechtzeitig, und Neptun schleuderte den armen Kerl mit vollen Tellern zurück in die Kombüse.

Das amüsierte besonders die drei mit den Nikons und den auberginefarbenen Fleecejacken, die eigentlich zu viert waren. Andy, der Hagerste von allen, hatte nur einen eiligen Blick auf seine Mahlzeit geworfen, sich danach genauso eilig in seine Koje verzogen und dabei nicht den Anschein erweckt, als würde man ihn heute noch wiedersehen. Die drei lustigen vier sahen aus wie britische Ornithologen.

«Wir sind britische Ornithologen», sagte Sarah, die einzige Lady zwischen Andy, Neil und Paul, und natürlich war das eine Lüge. Jeder von ihnen hätte abgestritten, dass er in

Wirklichkeit einer international operierenden Spezialeinheit angehörte. Sarah war die Späherin. Tagsüber, wenn uns Delfine und fliegende Fische begleiteten, verbarg sie sich im Schatten eines Kühlaggregats auf dem Achterdeck und nahm Fregattvögel ins Visier, die hungrig über dem Gischtwasser segelten. Entweder waren diese Geschöpfe lebensmüde oder vom Glück behütet. Obwohl sie mit ihren verkürzten Beinen und den grotesken, übergroßen Schwingen niemals hätten schwimmen können, jagten sie über dem offenen Meer, Hunderte Kilometer fernab jeden Festlands, ohne von der See gefangen und verschluckt zu werden.

Neil saß in der Mannschaftsmesse, las Henry Miller und ließ die Zeit vergehen. Er war auf vielen Schiffen gereist. «Ich besitze nichts, was nicht in einen Rucksack passt», sagte er von sich selbst, und auch eine Familie kann man leider nicht auf dem Rücken tragen. So seien seine letzten vier Freundinnen «Teil seiner Projekte» gewesen, Kolleginnen mit gewissen Vorzügen, mehr nicht. Er gab vor, ein harmloser Inselbiologe zu sein, und wollte als solcher gerade das Ökosystem von Tristan da Cunha studiert haben, der Spitze eines Vulkans im Atlantik, auf der eine Minute Überseegespräch ein Monatsgehalt koste.

Tatsächlich war Neil ein Richter über Leben und Tod. Wenn er eine Insel betrat, folgten ihm Stille und Dunkelheit. Dann dauerte es wenige Tage, bis er darüber entschied, welchem Tier zuerst das Schlaflied gesungen werden sollte. Den Mäusen? Den Ratten? Den Kaninchen? Manchmal beschloss er, alle gleichzeitig liquidieren zu lassen, und es war Zeit für Paul, den Vollstrecker. Wenn die Nager deine Insel überrennen, wenn sie Nester zerwühlen und Eier stehlen, und wenn du dich nicht mehr an das letzte Quaken einer Augenbrauenente oder den Ruf eines Pazifischen Goldregenpfeifers erinnern kannst, then you better call Paul.

Bis dahin dachte ich, Missionare und Kolonialherren hätten die Biester eingeschleppt, weil kein Schiff ohne Ratten ist, auch nicht die Claymore. Doch Paul glaubte nicht an blinde Passagiere. Polynesische Seefahrer hätten sie mitgebracht und freigelassen, als sie die Inseln erkundeten.

«Weißt du, Ratten sind die perfekte Mahlzeit für den Notfall. Du setzt sie einmal aus und hast immer einen Snack.»

«Und wie erledigst du sie?», fragte ich.

«Das ist nicht so leicht. Mäuse sind schwerer totzukriegen als Ratten, weil sie kleiner sind, und Kaninchen sind schwerer zu killen als Mäuse, weil sie sich tiefer eingraben. Mal bringe ich Katzen mit, um die Ratten loszuwerden, und dann bringe ich Hunde mit, um die Katzen loszuwerden.»

«Und wie wirst du die Hunde wieder los?»

«Gar nicht, aber was ist dir lieber: Hund oder Ratte?»

Ein Hund reiste auch auf der Claymore. Allerdings kein richtiger, der bellt und beißt und Katzen frisst. Murphy, wie ihn Stella, sein Frauchen, rief, war ein nackter, schlotternder Strich von einem Lebewesen, das den Schwanz einzog und wohl an Morbus Basedow litt – es schien, als könnten seine Augäpfel jeden Moment aus ihren Höhlen ploppen. Sie saßen wie Tischtennisbälle auf dem schmalen Hundeköpfchen, das in seiner liebenswerten Komik an die Simpsons erinnerte.

Stella, die ähnlich aussah, war mit ihm schon dreimal um die Welt gereist, auch wenn Murphy wohl lieber zu Hause geblieben wäre. Der arme Kerl hatte sein halbes Leben in

Transportboxen, Frachträumen und Quarantänestationen verbracht, und wenn man ihn endlich in die Freiheit entließ, auf Galapagos oder den Weihnachtsinseln, schnappten Riesenkrabben nach seinen Beinchen, und Drachen erschreckten sein Hasenherz. Stella entführte ihn sogar in ein kantonesisches Toilettenrestaurant, wo sie Geld dafür bezahlte, Nudelsuppe aus einer Kloschlüssel schlürfen zu dürfen, und natürlich hatte sie nicht versäumt, all diese bedeutenden Momente der Zeitgeschichte für die Ewigkeit festzuhalten.

«Ihr müsst wissen, dass mein Murphy kein gewöhnlicher Hund ist», piepste Stella. «Immer wenn mein Insulinspiegel sinkt, wirft er mir einen besorgten Blick zu.»

Ich sah hinunter zu Murphy. Er warf mir einen besorgten Blick zu. Genauer gesagt, warf er allen besorgte Blicke zu, seit wir den Hafen verlassen hatten. Entweder breitete sich mit der See- auch die Zuckerkrankheit an Bord aus, oder der gute Murphy war doch nur ein gewöhnlicher Windhundmischling, der sich berechtigte Sorgen um die Claymore machte, die jetzt in den Wellen rollte und dabei so knarzte, als werde sie noch vor dem Dessert auseinanderbrechen.

Der alte Seelenverkäufer war eindeutig überladen. Er hing bedenklich tief im Wasser und schien sich durchzubiegen unter all der Fracht, die er auf die Insel brachte. Über die Kisten und Fässer, die mit Seilen im Bug verzurrt waren, ragte ein gewaltiger, rostender Arm. Der ehemalige Tonnenleger war dreißig Jahre lang unter dem Namen «Konrad Meisel» gefahren, ausgerechnet über den Fluss, der sich durch Hamburg, meine Heimatstadt, windet. Danach hatte er mehrfach den Besitzer gewechselt. Er reiste als «Isibane» um das Kap der Guten Hoffnung und landete schließlich in den Händen eines Söldners aus Tauranga, Neuseeland, der ihn nach einem schottischen Langschwert benannte und nicht zu fragen schien, was er transportierte, sondern nur, wohin.

Erwähnte ich bereits, dass wir unseren Ritt mit einer Woche Verspätung angetreten hatten? Nigel zögerte, die Goldzähne tanzen zu lassen, aber dann beichtete er uns doch, welches bedauerliche Malheur ihm auf der Anreise passiert war. Nach drei Tagen Fahrt hatte das Ruder der Claymore ausgesetzt. Schlagartig. Mitten im Ozean. Und wie steuert man, wenn man nicht steuern kann? Ganz unten, tief im Bauch des Wals, soll es eine enge, nach Schweröl stinkende Zelle mit einem Stuhl, einem Kompass und einem Rad geben, das sich nur mit einiger Muskelkraft bewegen lässt. Während also der erste Offizier bei markerschütterndem Lärm versuchte, die Magnetnadel halbwegs auf Kurs zu halten, musste der Koch seinen Kopf aus einem Bullauge strecken und noch markerschütternder schreien, wenn eine Korallenbank, ein Atoll oder ein Tanker vor dem Rumpf auftauchte.

Ich sah hinunter zu Murphy. Er warf mir einen besorgten Blick zu.

«Don't listen to this Dog-Girl, she's mental», sagte Zoran, der nicht einmal zu flüstern versuchte, und stellte mir eine durchaus überraschende Frage: «Magst du Katzen?»

«Hast du eben ‹Katzen› gesagt?»

«Ob du Katzen magst.»

Noch bevor ich antworten konnte (gottlob, denn ich hasse Katzen), hielt mir Zoran sein Smartphone unter die Nase und zeigte mir ein Video, in dem er sich mit Löwen und Tigern auf dem englischen Rasen seines schneeweißen Châteaus räkelte.

Wie sich herausstellte, war er ein slowakischer Millionär, der zwar in einem eigenen, mit Totenschädeln dekorierten Jet zu reisen pflegte und einen Privatzoo voller menschenfressender Bestien unterhielt, sich ansonsten aber eine gesunde Bescheidenheit bewahrt hatte. «Ich bin Anwalt», sagte Zoran, «und ich habe ein paar Aktien. Aber lass uns über interessantere Dinge sprechen.»

Wenn Zoran nicht gerade der häuslichen Tierliebe frönte, ließ er sich gerne mal vor abgeschossenen Frachtmaschinen in Puntland, Somalia, fotografieren. Ein Piratennest, das man besser nur bis an die Zähne bewaffnet im militärischen Konvoi bereist. Nicht ohne Stolz präsentierte er mir auch seine Urlaubserinnerungen an Dschidda, Saudi-Arabien, wo er einer öffentlichen Enthauptung beiwohnen durfte. Die Hintergründe seiner Schnappschüsse wechselten, der Vordergrund aber blieb immer derselbe: Haarloses Kraftpaket im Sportdress versucht, so wenig Freude zu zeigen, wie es einem Menschen nur möglich ist.

Zoran, dem, wie ich später erfuhr, eine gewisse Nähe zur Osteuropamafia nachgesagt wird, hatte sich vorgenommen, der größte Traveller aller Zeiten zu werden. Er war es leid, sich in einer Kolonne um die Sagrada Família schieben zu müssen oder eine Münze über tausend Köpfe in den Trevi-Brunnen zu werfen, und ich war es auch. Wir suchten das Unbekannte: verborgene Königreiche, verbotene Berge, ferne, vergessene, magische Orte. Natürlich wussten wir, dass alle Länder dieser Welt längst entdeckt worden waren. Wir wussten aber auch, wie unerreichbar manche von ihnen schienen, trotz der Geschwindigkeit, mit der das moderne Leben um den Erdball jagt. So wie die tausendjährige Mönchsrepublik

Athos, in der männliche Besucher unerwünscht sind und kein weiblicher Fuß den heiligen Boden berühren darf. Und wir wussten, dass immer wieder neue Staaten entstehen – autonome Republiken wie Karakalpakstan, Mikronationen wie Ladonien oder abtrünnige Regionen wie Transnistrien, deren Schicksal im Nebel der Ungewissheit liegt.

Mit Hilfe seines Entdeckergeistes und seines beneidenswert bezahlten Agenten hatte es Zoran vor kurzem auf die Spratly Islands geschafft, einen Archipel im Südchinesischen Meer, der gleichzeitig von Brunei, China, Malaysia, Taiwan, Vietnam und den Philippinen beansprucht wird. Zweihundertsechzig Länder habe er bereits gesehen, berichtete mein finanzkräftiger Kumpan, und angeblich fehlten ihm nur noch Nordossetien, Südossetien und eben jene Insel, von der ich erzählen werde, wenn es so weit ist.

«Excuse me, Sir, but this is nonsense. Es gibt auf diesem Planeten nur einhundertdreiundneunzig Länder», mischte sich Lak ein und spielte damit auf die Mitglieder der Vereinten Nationen an. «Glaub dem Russen kein Wort.»

«Ich bin kein Russe», feuerte Zoran zurück.

«Du siehst aber wie einer aus.»

Dummerweise hatte sich Lak, ebenfalls Millionär, ebenfalls vorgenommen, der größte Traveller aller Zeiten zu werden, und deshalb war es bei Lak und Zoran, die sich noch dazu eine Kabine teilen mussten, Hass auf den ersten Handshake. Lak nannte Zoran «den Russen», und Zoran nannte Lak «den Inder», obwohl Zoran aus Bratislava und Lak aus Chicago kam. Die beiden waren sich einfach zu ähnlich. Nur dass Zoran tatsächlich wie ein Russe und Lak tatsächlich wie ein Inder aussah. Laks Vater war aus Karatschi.

Ihre Art zu reisen unterschied sich jedoch ganz erheblich. Während sich Zoran auf eine morbide Weise durchaus für die Kultur eines Landes interessierte, war es Laks einzige Maxime, mindestens fünfunddreißig Staatsgrenzen jährlich zu überschreiten – einreisen, stempeln, ausreisen. In manchen Staaten hatte er nicht mal eine Stunde verbracht.

«Und genau deshalb ist dieser Inder auch kein Traveller», fluchte Zoran.

«Ich bin Amerikaner.»

«Du bist ein Witz. Dann verrat uns doch mal, wo es dir am besten gefallen hat!»

«In Deutschland.»

«Deutschland? Wie lange warst du da? Zehn Minuten? Was ist mit São Tomé und Príncipe?»

«Langweilig.

«Wallis und Futuna?»

«Um Gottes willen. Kann es sein, dass es auf Futuna nur ein einziges Hotel gibt?»

«Das Fia-Fia in Leava. Was ist mit Nauru?»

«Meint ihr diese Insel, auf der die dicksten Menschen der Erde leben?», mischte sich Stella ein.

«Ein Hoch auf die Republik der Fettleibigen!», rief Zoran und hob sein Glas. «Nauru war der reichste Staat der Welt, als man dort noch Phosphat abgebaut hat, diesen prähistorischen Vogelmist. Jetzt ist die Scheiße verkauft und das Land im Arsch.»

«Brillant!», applaudierte Lak. «Treffender hätte ich es nicht formulieren können.»

«Also was jetzt, Gandhi, warst du schon mal auf Nauru oder nicht?»

«Da bin ich nächsten Monat, du verdammter Kanisterkopf.»

Ich sah hinunter zu Murphy. Er warf mir einen besorgten Blick zu. Genau in dieser Minute erwischte uns ein Brecher, der alles hinfortnahm: die Bananen, den Thunfisch, Stella, Zoran und zuallererst Lak, der meinte, seine Lederslipper seien für die rutschigen Böden eine ausgezeichnete Wahl. Als sich die Claymore wieder aufrichtete, krochen die meisten Passagiere in ihre Kojen, und Murphy rollte sich zwischen ein paar Töpfen mit Erdbeerpflanzen zusammen, die zur Fracht gehörten. Nigel sah noch auf der Brücke vorbei und wechselte ein Wort mit dem Maori-Kapitän, um sich dann im Doppelbett seiner Suite auszustrecken, die er nur mit drei Zentnersäcken Gemüsezwiebeln teilen musste.

Und ich? Als sich die See beruhigte, kletterte ich an Deck und war allein mit den Sternen und einem silbernen Vollmond, dessen Licht die Wasser beschien und uns sanft den Weg zu den letzten Abenteuern wies, die man unserer Tage noch erleben kann. Manch einer mochte behaupten, dass alle Reisenden auf der Claymore wahnsinnig waren, und ich würde nicht widersprechen. Doch vielleicht einte uns noch etwas anderes: Jeder, ob Russe oder Inder, Dichter oder Seemann, Hundefrau oder Vogelfreund, wünschte sich nichts mehr, als frei zu sein. Von Herzen frei wie der erste Maat, der davon träumte, eines Tages mit seiner Liebe auf einer Segelyacht zu leben. Frei wie mein Kabinennachbar, der sich scheiden ließ, seinen Job kündigte und sein Haus verkaufte, um auf dem Rücken eines Wals zu reiten. Frei wie das Meer auf einer kreisenden blauen Kugel, die der liebe Gott zwischen all die Lampions dort oben im Nachthimmel gehängt hatte.

MEUTEREI UND MAI TAI

In der Lagune

———

A lles begann mit einer Meuterei. Meiner Meuterei. Ich war nach Tahiti geflogen und hatte mir ein Zimmer genommen, in dessen Garten Orchideen und Bougainvilleen in allen Facetten des Regenbogens wuchsen, jenes Buschwerk, das man bei uns unter dem Namen Wunderblume kennt. Morgens aß ich Bananenkuchen und Passionsfrucht, mittags Krebsfleisch, Yams und Maniok, und abends verwöhnte mich die Südsee mit Taro, Guaven und Crevetten, die nach Kokos und Vanille dufteten.

Die offene Hand der Polynesier würde den Teufel zu Tränen rühren. Sie reichen dir die wahnwitzigsten Teller und sehen mit der Freude eines Kindes dabei zu, wie du an ihnen scheiterst. Dann entschuldigen sie sich für die Größe der Portion und eilen in die Küche, um glucksend mit dem nächsten unüberwindlichen Gang zurückzukehren: schneebedeckte Eiskrem, die auf dem Löffel blaurot schimmert und unter der Zunge nach Sehnsucht schmeckt.

Auf Tahiti lernte ich, die Pflicht zu vergessen. Ich vergaß, zu reisen und zu schreiben, und konnte mir bald nicht mehr vorstellen, diesen Ort der Liebe jemals wieder zu verlassen. Auch die Erinnerung an meinen Plan verblasste allmählich. Eigentlich hatte ich vor, nach wenigen Tagen zu verschwinden, in eine Maschine zu steigen und auf die Gambierinseln zu fliegen – ein Archipel, der den poetischen Namen «Rand der Welt» trägt, weil er zwanzigtausend Meilen jenseits unserer Vorstellungskraft liegt. Im Hafen von Mangareva sollte die Claymore warten und mich weit nach Osten tragen, wo ich Fuß auf sagenumwobenen Grund setzen wollte: Mein Ziel war Pitcairn Island, die unentdeckte Heimat der Meuterer der Bounty. Wenn die Zeitungsberichte stimmten, dann lebten dort noch immer drei Dutzend Nachfahren der legendären Seefahrer, die ihren Kapitän über Bord jagten, davonsegelten und in der selbstgewählten Verbannung eine neue Zivilisation gründeten.

Es hieß, wer es nach Pitcairn schaffe und sich entschließe, für immer zu bleiben, dem würden die Meuterer ein Haus bauen, einen Acker bestellen und ein neues Leben schenken. Ein Leben ohne Welt und ohne Winter, irgendwo zwischen Neuseeland und Chile, so dachte meine romantische Seite. Eine andere dagegen sprach: «Hör zu, mein Freund, du bist auf Tahiti, wo reife Mangos von den Bäumen fallen, und erzählst mir von einer Pirateninsel voller Inzestgesichter, die keine Bar und keinen Puff betreiben können, aber scharf auf frisches Blut sind?» Und so hörte ich auf meine Dämonen und meuterte. Nur ein einziges Mal noch dachte ich an meinen Job und versuchte mich an einer Recherche.

«Was kann man denn hier machen?», fragte ich Puaiti, die ein korallenschimmerndes Sommerkleid trug und mir Früchte in einer halbierten, ausgehöhlten Ananas servierte. Puaiti bedeutet «kleine Blume», und so hatte sie sich an diesem Morgen eine weiße Tiaréblüte hinter das linke Ohr gesteckt und lange, frangipanigelbe Bänder ins Haar geflochten, die im Südseewind über ihren makellosen braunen Rücken spielten.

«Monsieur, Sie könnten eine Vulkan-Tour mit Safari-Bussen buchen. Vielen Touristen gefällt das. Oder Sie gehen an den Strand.»

«Vielleicht würde ich gerne in die nächste Stadt fahren.»

«Es gibt keine nächste Stadt. Es gibt eine Straße und ab und zu einen Shop. Und zweihundert Meter die Straße runter gibt es einen Strand.»

«Was ist mit Papeete?»

«Bon, wenn Sie hundert Dollar übrig haben, finden Sie sicher einen Taxifahrer, der Sie in die Hauptstadt bringt. Der Strand ist um die Ecke und kostet nichts.»

«Gibt es keinen Bus?»

«Oui bien sûr, der kostet nur zwei Dollar. Auf dem Weg zurück sagen Sie dem Fahrer, dass er Sie bei Kilometer achtzehn absetzt. Achtzehn Kilometer südlich von Papeete, das ist unsere Adresse. Aber wahrscheinlich wird er Sie nicht verstehen, und Sie landen irgendwo», seufzte sie und legte ihr Servierbrett ein wenig erschöpft auf der Veranda ab. «Oder Sie gehen an den Strand.»

Puaiti verschwand für einen Moment und breitete dann einen Prospekt vor mir aus. Es war ein Katalog der Verzichtbarkeiten. Voilà: In Papeete hätte ich ein Fresko bewundern können, das die Meuterei auf der Bounty meisterhaft in Szene setzt. Und in Arue, ein paar Kilometer weiter, steht noch immer die Villa, in der die Schriftstellerfreunde James N. Hall und Charles B. Nordhoff einen großartigen Stoff in einen fabelhaften Roman verwandelten. Stilvoll, keine Frage, dunkles Holz, zwanziger Jahre, das Meer ist nicht weit, Hemingway hätte es geliebt.

Dennoch ging ich an den Strand, und dort blieb ich auch,

und hätte die Abenteuerlust nicht irgendwann gesiegt, ich würde noch heute dort liegen und wie stoned auf die Lagune starren. Je länger ich hinsah, mag es am Jetlag oder an der weißen Magie der Tropen gelegen haben, umso mehr liefen die Farben des Himmels über den Ozean und seine Riffe direkt in meine Seele. Einmal, ich lüge nicht, weckte mich das spitze Kichern dreier Mädchen, die barbusig in der Brandung badeten, und mir war, als würden sie von Zeit zu Zeit heimlich zu mir herüberschauen. Manche von ihnen trugen Blumenkränze im Haar.

Mit dieser wundervollen Szene aus einem schlechten Drehbuch schlummerte ich selig wieder ein. Was hätte ich tun sollen? Es war höhere Gewalt. Marlon Brando erging es genauso, als er Fuß auf diesen Sand setzte. Eigentlich sollte er den Seemann Fletcher Christian in der Meuterei auf der Bounty spielen. Das tat er auch, doch vor allem schwängerte er seine Filmpartnerin, kaufte ein Atoll, ließ sich das Gesäß tätowieren und gab sich so lange hemmungslos der Inselliebe hin, bis er sich auch figurlich in einen Polynesier verwandelt hatte.

Wer den Zauber von Tahiti erlebt hat, fragt nicht mehr, wie sich eine ausgemergelte, über Wochen und Monate gepeinigte Besatzung so verlieren konnte. Warum sie rebellierte, als es wieder Pökelfleisch und Peitschenhiebe gab und daumenlange rote Würmer aus dem Käse lugten. Und wieso die Männer ihren Kapitän auf hoher See in einer Nussschale aussetzten: Möge das sadistische Schwein verdursten, verhungern oder wenigstens elendig ersaufen.

Im Grunde war William Bligh, der cholerische Kapitän der Bounty, ein überforderter CEO. Einer von denen, die so lange nach oben gelobt wurden, bis sie hilflos mit den Armen rudernd von ihrem hohen Posten in den Abgrund blicken und nur noch versuchen, eigene Fehler durch die Fehler anderer zu kaschieren. Es ist kein Geheimnis, dass in Chefsesseln erstaunlich oft Psychopathen sitzen. Das war so und wird auch immer so sein. Und was unterscheidet den Psychopathen von anderen Menschen? Positiv: Er kann führen und kennt keine Angst. Negativ: Er kennt keine Empathie und kann seine Untergebenen mitleidlos ins Verderben lotsen.

Vielleicht haderte Bligh mit seinem Auftrag. Vielleicht hatte er sich das Kommando über eine Fregatte erhofft. Stattdessen vertraute ihm die britische Admiralität ein schwerfälliges schwimmendes Gewächshaus an, das im Marineregister als Kutter gelistet war. Unter dem Hauptdeck versteckte sich ein gut belüfteter Zwischenboden, in dem sechshundertneunundzwanzig Tontöpfe auf eine sensible Fracht warteten. Die Bounty sollte nach Tahiti segeln und dort Stecklinge eines wundersamen Baumes auflesen, der im Schutze seiner Blätter Brot gedeihen ließ. Die Pflanze galt als äußerst empfindlich und pflegebedürftig. Würde es gelingen, sie auf die Westindischen Inseln zu bringen und dort heimisch zu machen, so hätte man eine so reichhaltige wie preiswerte Nahrung für die Sklaven auf den Baumwollplantagen gewonnen.

Doch wie gelangt man von Portsmouth nach Papeete? Bligh hatte zwei Optionen, genau wie ich. Wir beide hätten in westlicher oder in östlicher Richtung um den Globus reisen können, wir beide entschieden uns für den weitaus kürzeren Weg, und wir beide scheiterten an ihm. Ich wollte über New York und Los Angeles fliegen, doch der Preis für das Ticket hätte mich ruiniert. Also legte ich nur halb so viel Dollar auf den Schalter und flog über Dubai, Singapur, Sydney und Wellington einer Insel aus Vulkanen entgegen, die spitz aus den Wolken ragten, um nach vierzig Stunden wie ein Zombie aus dem Aéroport international Tahiti Faa'a zu wanken. Ein Zombie mit einem Blumenkranz um den Hals.

Auf dem Weg gen Westen kämpfte Bligh einen geschlagenen Monat mit den Eisstürmen vor Kap Hoorn. Selbst der Teufel würde hier erfrieren, hat Charles Darwin einmal geschrieben. Schließlich gab Bligh auf und nahm Kurs auf das Kap der Guten Hoffnung. Weil er so gottverdammt viel Zeit verloren hatte, tat er nun alles, um wieder aufzuholen. Von Eifer zerfressen, trieb er seine Männer an, ließ sie halb verhungern, und wer nicht spurte, bekam die gefürchtete neunschwänzige Katze zu spüren. Eine Peitsche, die an ihren Enden mit Lederknoten versehen war und so tief ins Fleisch schnitt, dass es nach zwei Dutzend Schlägen in Fetzen vom Rücken hing.

Als die Bounty endlich ihr Ziel erreicht hatte, musste David Nelson, der Botaniker, feststellen, dass sich die Brotfruchtbäume in einer Ruhephase befanden und es Monate dauern würde, bis er seine Stecklinge ziehen konnte. Die Seeleute waren darüber nicht allzu traurig. Sie ergingen sich in einer endlosen Orgie aus Rum und Schokoladenmädchen, und als der Schiffsarzt an seiner Trunksucht verstarb, war es um die Disziplin der Mannschaft endgültig geschehen. Nach einem halben Jahr wollte Bligh wieder in See stechen, aber die Männer hatten andere Pläne. So endete der Kapitän mit seinen letzten Getreuen in einer sieben Meter langen und zwei Meter breiten Barkasse, ohne eine Seekarte und ohne jede Hoffnung, Game Over für den Menschenschinder.

Doch unterschätze keinen Psychopathen. Nur mit einem Kompass, einer Taschenuhr und seinen Rachegelüsten ausgerüstet, führte Bligh das Boot in die niederländische Faktorei Kupang auf Timor – sechstausend Kilometer von der Stelle entfernt, an der man ihn seinem Schicksal überlassen hatte. Über Batavia und Kapstadt kehrte er schließlich nach England zurück, die Krone erklärte ihn zum Nationalhelden und entsandte die Pandora, ein Kriegsschiff mit hundertsechzig Mann und zwei Dutzend Kanonen, um die Bounty und ihre Besatzung zu jagen.

Und was taten unsere Freunde, die Meuterer? Kaum waren sie den alten Bluthund los, nahmen sie wieder Kurs auf die Sehnsuchtsinsel, wo sich ihre Wege für immer trennten. Denjenigen, die sich entschieden, auf Tahiti zu bleiben, erging es wie den zehn kleinen Negerlein. Zwei meuchelten sich gegenseitig. Alle anderen drängten sich bald in einer eisernen Büchse auf dem Achterdeck der Pandora und lernten auf die harte Tour, was schlechtes Karma bedeutet. Auf der Rückfahrt nach Großbritannien zerschellte die Fregatte an einem Riff, und vier weitere arme Seelen sanken mit angstgeweiteten Augen auf den Grund des Ozeans. Den Überlebenden wurde der Prozess gemacht. Vier sprach man frei, drei verfaulten in einer Zelle, und ein jämmerliches letztes Trio baumelte am 29. Oktober 1792 an einer Rah im Hafen von Portsmouth. Stundenlang ließ man die Männer dort hängen.

Dieses Bild gab mir zu denken, als ich einen Mai Tai im Schatten der Kokospalmen trank und den Blumenmädchen in der Lagune winkte. Nur die echten Abenteurer kamen davon. Sie nahmen ihre polynesischen Geliebten an Bord, ließen die

Insel hinter sich und verschwanden in einem Fleck auf der Weltkarte, der noch weiß und unschuldig war. Adieu, Tahiti, bonjour, liberté.

Der auf dem Wasser
treibende Berg
Am Rand der Welt

Ich fand mich in der Propellermaschine einer Airline wieder, die in Französisch-Polynesien «Air Maybe» genannt wird. «Maybe», weil sie nur vielleicht ankommt, und wenn, dann immer zu spät. Es herrschte freie Platzwahl, und so war ich in einer Traube aus Armen, Beinen, Schachteln, Taschen und Koffern auf das Flugzeug zugehastet und hatte, obwohl ich es als Letzter betrat, einen Doppelsitz erbeutet.

«Monsieur, bedaure, Sie dürfen hier nicht Platz nehmen!», wies mich der Steward zurecht. «Sie bringen die Maschine aus dem Gleichgewicht.» Während ich wehmütig an die letzten Mahlzeiten auf Tahiti dachte, führte er mich neben einen tätowierten Bandanaträger, der sich Kickboxvideos auf dem Laptop ansah. Seine Arme waren so breit wie meine Oberschenkel.

Seltsamerweise schienen alle Passagiere Kickboxer, Cagefighter oder Wrestlinglegenden zu sein. Narbengesichter mit Irokesenschnitten, Goldketten, Schlangenlederstiefeln und Koksaugen. Ich fühlte mich irgendwie underdressed, und noch etwas bereitete mir Sorgen: Am Boden hatte es keinen Sicherheitscheck gegeben. Niemand wollte mein Handgepäck durchleuchten. Die Cockpittür stand während des Flugs weit offen, und der Pilot genoss seine ausgedehnten Spaziergänge an die Bar. Ich beruhigte mich damit, aus dem Fenster zu schauen und einer großen rostigen Schraube dabei zuzusehen, wie sie den Wind über dem Pazifischen Ozean quirlte. Als ich wieder aufblickte, hatten sich meine Mitreisenden Lesebrillen aufgesetzt und Pullis übergestreift. Andere bliesen Luft in ihre achtsam gefalteten Nackenkissen, die sie aus kleinen Necessaires gefischt hatten. Sie kuschelten ihre Füße in Reisesöckchen und schlossen friedlich die Lider.

Auf unserem Weg an den Rand der Welt überquerten wir anderthalbtausend Kilometer Blau, nichts als Blau, nur ein einziges Mal erschien etwas unter uns, das in anderen Farben schimmerte. Es war ein unwirkliches Dreieck aus Puderzucker, das hauchzart über dem türkis leuchtenden Uferwasser schwebte. Darüber hingen Wolken, die irgendjemand mit transparenten Fäden an die Palmkronen geknüpft hatte. Während es vorüberzog wie eine Sinnestäuschung, fragte ich mich, ob es dort unten Leben gab und, wenn ja, wie lange noch. Mit jeder Zigarette, die man an einer Kerze entzündet, stirbt ein Seemann. Und mit jedem Motor, den man startet, versinkt ein Südseetraum.

Als die Passagiere erwachten, rutschten sie unruhig hin und her. Wir waren schon erheblich länger unterwegs als angekündigt. Würde unser Treibstoff überhaupt bis zu den Gambierinseln reichen? Einige diskutierten darüber, ob es nicht besser gewesen wäre, zwischenzulanden, irgendwo, auf irgendeinem Atoll, das ich übersehen hatte. Das sei nicht ungewöhnlich bei so viel Gegenwind und Gepäck. Die Maschine schwinge sich kurz mal runter, der Steward kippe ein, zwei Kanister Flugbenzin nach, und weiter geht's, no big thing.

Tatsächlich setzte Air Maybe nun zum Touchdown an, und offenbar hatte sich der Pilot vorgenommen, auf dem Meeresboden zu landen. Wir segelten geradewegs in Richtung Absturz, um zunächst die Haie und kurz darauf unseren Schöpfer zu besuchen. Erst im letzten Moment tauchte ein schmaler, beidseitig von Wellen umspülter Streifen in den Fluten auf, der erfreulicherweise nicht versank, als sich die Maschine krachend darauffallen ließ.

Bienvenue auf dem Aéroport Totegegie. «Tote» bedeutet Sandbank, und «Gegie» bezeichnet ein Strauchgewächs, das der Wacholderpflanze ähnelt. Wir waren auf einem Korallenriff gelandet, mitten im Pazifik, das lediglich von Muschelresten und einem exotischen Gehölz zusammengehalten wurde, aus dem man wohl besser Schnaps gebrannt hätte.

Der einzige Flughafen der Gambierinseln verfügte über ein einziges Gebäude, das zweimal die Woche aufgesperrt wurde, und leider, wie uns nach anderthalb Stunden klar wurde, nur über einen einzigen, bedauernswerten Gepäckabfertiger. Er musste die Koffer ganz allein aus dem Flieger auf das Rollfeld werfen, um sie von dort aus auf den einzigen Gepäckwagen zu wuchten. Dann fuhr er zwanzig Meter über den Airstrip hinüber zum Terminal, schmiss die Koffer wieder aufs Rollfeld, schleifte sie über den Beton und stemmte sie in ein merkwürdiges Holzregal, aus dem wir sie schließlich wieder heraushieven konnten, um sie zurück auf den Boden krachen zu lassen. Nun schleppten wir unser Gepäck einen Steg hinunter und donnerten es vor die Füße eines grobschlächtigen Polizeibeamten, der es zu unserer Verwunderung ganz vorsichtig, sachte und akkurat im Inneren einer kleinen Fähre verstaute.

Für die Überfahrt verlangte er tausend Einheiten einer Währung, an die ich für immer und ewig mein Herz verlor. Sie hat von der sogenannten Internationalen Organisation für Normung die Abkürzung «XPF» bekommen, und bis heute konnte mir niemand erklären, wo in dem Begriff «Französischer Pazifischer Franc» ein «X» vorkommen soll. Vielleicht steht es für «Xtra Large», denn wer mit den stattlichen roten, grünen und blauen Scheinen bezahlt, bekommt eine ganze Handvoll prachtvoller Silber- und Goldtaler zurück. Auf jedem Geldstück sind Schatzinseln abgebildet, Piratenschiffe, Kokospalmen, Brotfrüchte und der wilde weite Ozean. Sie sind wunderbar groß und schwer und klimpern genau so wie jene, die versteckt in der Kiste unter dem «X» liegen, mit dem mancher die vergrabenen Phantasien seiner Jugend markiert hat.

Wir konnten das Ziel schon sehen, als die Fähre den Flughafen verließ, und dennoch fuhren wir noch eine Dreiviertelstunde darauf zu. Vor uns lag ein Massiv, das mit Laub- und Nadelbäumen bewachsen war und mir vertraut vorkam wie ein Schwarzwaldhang. In seinem Schatten standen Häuschen und eine Kirche, so als hätten Wind und Wellen ein Stückchen meines eigenen Landes an den Rand der Welt getragen. Das Gebirge schien auf dem Meer zu schwimmen, während die See absolut stillstand. Es war nach seiner Erscheinung benannt: Mangareva – der auf dem Wasser treibende Berg.

Wir machten im Hafen fest, und ich blickte in zwei Augenpaare – ein gutes und ein böses. Die guten gehörten Marie, die mich an sich drückte, auf beide Wangen küsste und mir einen Blumenkranz um den Hals legte. Eine knallbunt gekleidete Mama mit einem drolligen, kugelrunden Gesicht.

Die bösen Augen gehörten ihrem ältesten Sohn Gabriel, der seinen Namen einem Missionar zu verdanken hatte. «Ich weiß, was du denkst», sagte er, während ich den Notenschlüssel betrachtete, der auf seine rechten Schläfe tätowiert war. «Ich sehe aus wie Brando.»

Gabriel war kein guter Gedankenleser, aber die Ähnlichkeit verblüffte mich doch. Ich stand einer polynesischen Version von «Endstation Sehnsucht» gegenüber. Dasselbe Kinn, dieselben Falten auf der Stirn, dieselbe Melancholie. Dieser Brando allerdings verbarg sich hinter seiner Gangsterattitüde und einer Laune, die alle Orchideen am Rande unseres Weges welken ließ. Wie ich später erfuhr, hatte er keinen Führerschein, was erklären mag, warum er den Wagen durch jedes der Schlaglöcher quälte, die sich vor uns öffneten.

Auf Mangareva gibt es kein Hotel, aber immerhin drei Pensionen. Das «Jojo» im Hafen, in dem die Seeleute absteigen, ist gleichzeitig das einzige Restaurant der Insel. Spezialität: «Poisson cru» – roher Fisch in Kokosmilch. Nummer zwei, das «Bianca et Benoît», thront auf einer Anhöhe über der Bucht und wird von einem Paar geführt, das zwar ein wenig aufgedreht, aber ansonsten hinreißend ist. Ich entschied mich für Nummer drei, die Pension «Maro'i», weil ich vorher nichts über sie herausfinden konnte. Außer dass sie direkt am Wasser liegt und «Maro'i» in der Sprache der Insel «Herzlich willkommen» bedeutet.

«Ich hasse Touristen», seufzte mein neuer Freund, als wir auf das Grundstück seiner Familie einbogen und endlich zum Stehen kamen. «Deine», murrte er, deutete halbherzig auf eine Hütte und verließ die Szenerie. Ich schob eine störrische Glastür auf, verjagte eine Kolonie Sandwespen, nahm

Platz auf der Veranda und lächelte in mich hinein, denn es gibt noch einen dritten Grund, warum ich ausgerechnet das «Maro'i» wählte: Die Pension ist im Westen von Mangareva zu Hause, und wo geht die Sonne unter? Im Panoramakino direkt vor meiner Tür, und ich saß in der allerersten Reihe.

Ich fand sogar einen Weg in die Leinwand hinein. Er führte über einen langen Holzsteg, an dessen Ende ich mich niederließ und die Zehen in flüssiges Silber tauchte. Aus Silber wurde Orange, dann Rot, dann Violett, und als es sich indigoblau färbte, setzte sich Marie zu mir. Sie warf Brotkrumen ins Meer, die langsam wachsende Ringe auf der Oberfläche hinterließen, und es dauerte nicht lang, bis wir Besuch bekamen. Die Fische glitten in Schwärmen um unsere Füße, und wären wir hungrig gewesen, hätten wir einfach in die See gegriffen und einen aus dem Wasser gezogen. «Wohnt ihr im Paradies?», fragte ich, und was sagte Marie? Sie sagte: «Oui.» Ohne Zögern, ohne Zweifel, ohne weitere Erklärung.

Es soll einen amerikanischen Künstler gegeben haben, der ein Jahr auf dieser Insel verbrachte und angesichts ihrer Schönheit in eine seltsame romantische Psychose verfiel. Als ihm ein Eingeborener erzählte, dass der Berg von Göttern auf fliegenden Kanus besiedelt worden sei, begann der Maler, an die Theorie der Prä-Astronautik zu glauben. Er war der festen Überzeugung, dass auf diesem Archipel Kräfte wirkten, die nicht von dieser Welt waren. Eine uralte außerirdische Zivilisation musste ihm Leben eingehaucht haben. Und je länger ich in den Sonnenuntergang sah, umso lieber mochte ich ihm glauben.

Ob der Amerikaner um die Dramen wusste, die sich an diesem Ort abgespielt haben? Archäologen vermuten, dass die Vorfahren der Mangaréviens bereits vor vielen hundert Jahren mit den Stämmen in Kontakt kamen, die damals auf Pitcairn lebten. Schon immer müssen die Hänge von Mangareva fruchtbar wie der Garten Eden gewesen sein, doch weder die Korallen, die Muscheln noch der poröse Basalt von den umliegenden Vulkaninseln taugten, um daraus vernünftige Äxte zu fertigen. Also nahmen die Inselbewohner die gefährliche, fünfhundert Kilometer weite Überfahrt auf sich, tauschten Süßkartoffeln gegen Stein und brachten es so mit der Zeit zu außerordentlichem Wohlstand.

Allerdings kam der Tag, an dem die Pitcairner vergeblich nach einem fremden Kanu Ausschau hielten. Es erschien nicht am Morgen darauf, es erschien nicht eine Woche später, es erschien überhaupt nicht mehr, und weil sie mittlerweile vom florierenden Handel abhängig waren, ging ihre Siedlung allmählich zugrunde.

Die Bevölkerung von Mangareva hatte sich so stark vermehrt, dass sie sich allein von den Ressourcen der Insel nicht mehr ernähren konnte. Ihre Bewohner hatten die Böden ausgelaugt, die Wälder abgeholzt und schließlich begonnen, sich gegenseitig zu fressen. Zwischen den Kannibalen auf dem Archipel war ein Krieg um Fett und Eiweiß ausgebrochen, und manche sagen, der Name dieses Orts habe weniger mit einem auf dem Wasser treibenden Berg zu tun als vielmehr mit der «Reva», einer einheimischen Pflanze, die mit dem Zerberus verwandt ist, auch Selbstmordbaum genannt. Ihr schleichendes Gift eigne sich hervorragend dafür, den Feind außer Gefecht zu setzen und gleichzeitig so lange frisch zu halten, bis man endlich Appetit verspüre, ihn zu verspeisen.

«Weißer Mann», hörte ich in meinem Rücken, «du wollen

mitkommen?» Marie rollte die Augen, und ich folgte Brando auf den Balkon eines weiteren Bungalows, auf dem er es sich auf seine Weise bequem gemacht hatte. Während seine Freundin – eine von angeblich vieren – drinnen versuchte, Schlaf zu finden, hockten wir draußen im Gewitter einer Bassbox, die jeden Winkel mit Rebellion beschallte. Es war der erste Tag des Wochenendes, und wenigstens einer der tausend Einwohner sorgte für Saturday Night Fever. Brando stellte ein Sixpack auf den Tisch und drückte mir eine Flasche Tabu Tiki Vodka Beer in die Hand.

«Du bist also Journalist.»

Ich nickte.

«Gut. Was willst du wissen?»

Nun lehnte er sich zurück und faltete die Hände in seinem Nacken.

«Ich möchte wissen, warum du Touristen hasst», sagte ich, denn anscheinend war das hier ein konfrontatives Interview, und wie formulierte es mein journalistischer Spiritus Rector immer so schön? Gleich die erste Frage muss deinem Gegenüber in den Fuß schießen.

«Ach, ich hasse vor allem die Franzosen», gab er zurück. «Wie sie mit mir reden. Wie sie meine Tattoos ansehen. Sie kommen hierher, behandeln uns wie Wilde und glauben, sie wären immer noch Kolonialherren und wir wären ein Hotel.»

Er wischte sich mit einer Hand über das Gesicht.

«Zweite Frage.»

«Hast du schon mal eine Schneeflocke gesehen?», tastete ich mich vor, denn die zweite Frage sollte größtmögliche Verwirrung stiften und den Gegner auf subtile Weise in Sicherheit wiegen. Eine Antwort musste er mir nicht geben.

«Willst du noch was wissen?», blaffte er, leicht gereizt und damit bereit für den dritten und finalen Akt: Schlage deinem Interviewpartner den Kopf ab, schleudere ihn in den Orbit oder, Herrgott, bring ihn wenigstens ein kleines bisschen aus der Fassung.

«Wenn ihr eine Pension betreibt, aber Touristen hasst: Wovon lebt ihr dann?»

Jetzt sah er mich an wie eine Kreatur, die vom Mars gekommen war. Und war ich das nicht auch? Er setzte seine Flasche ab.

«Alter, du weißt nicht, womit wir unsere Kohle verdienen? Glaubst du, das hier ist die Dritte Welt?»

Brando richtete sich auf und schlenderte zurück an die See, in der jetzt der Mond und alle Sterne des Himmels trieben. Dann deutete er mit dem Hals seines Tiki-Biers auf eine dunkelblaue Silhouette am Horizont, die ich für ein bescheidenes hölzernes Heim über dem Wasser gehalten hatte.

«Voilà», sagte er, «davon leben wir.»

«Von einer … Hütte?»

«Von einer Farm. Hast du nie davon gehört, dass die schönsten verdammten Perlen der Welt aus Mangareva kommen?»

Ich zuckte die Schultern.

«Du bist kein Journalist», winkte Brando ab, und nun ahnte ich, was seine bösen Augen in mir sahen. Um ehrlich zu sein, lagen sie richtig. Seine Insel hatte mich bis dahin kaum interessiert. Für mich war sie nur ein Name auf einem Ticket gewesen, nicht mehr als eine Kulisse auf dem Weg nach Pitcairn. Dabei schenkte sie der Welt etwas, das nur das kristallene Lagunenwasser im Windschatten eines schwimmenden

Berges hervorbringen kann: eine schwarze Kugel, die je nach Licht mal rosig, mal blau, mal hell- und mal dunkelgrün schimmert.

«Na? Lust auf einen Ausflug?»

«Wohin?»

«Ich zeig dir die Inseln.»

«Welche?»

«Alle.»

Am nächsten Tag umkurvte Brando jedes Schlagloch, das uns vor die Räder kam. Wir drehten eine vollständige Runde um Mangareva, die immerhin eine halbe Stunde dauerte, und ich konnte es kaum glauben, aber alle Insulaner lebten von der Perlenzucht. Das soll keine Übertreibung sein, ich meine wirklich: alle. Einhundert Farmen lagen an den Ufern der Insel im Meer. Manche gehörten den Locals, andere den Chinesen, die mittlerweile überall auf dem Globus auftauchen.

Ein hervorragend bezahltes Exemplar von ihnen, eine Biologin, arbeitete auch auf der Farm der Brandos, und wenn Austern Christen sind, dann war sie der aus dem Himmel ragende Zeigefinger des heiligen Muschelevangeliums, der den Lebensfunken spendete. Sie impfte den Nukleus ins Innere der Schale, um den sich später eine Perle bilden sollte. «Kümmere dich um die Austern und kümmere dich um das China-Girl. Das ist mein Job», erklärte Brando. «Wenn es den Austern und der Dragon-Lady gutgeht, dann geht's auch uns gut.»

Je nach Größe, Form und Brillanz kann eine Perle auf dem Markt in Tahiti bis zu fünfundzwanzigtausend Dollar bringen. Doch was bedeutet es, wenn ausnahmslos alle Mitglieder einer Gemeinschaft ihre Märchentaler im gleichen Business verdienen? Es schien, als sei die komplette Insel einem Rausch erlegen. Niemand ließ sich mehr dazu herab, Taro anzubauen. Niemand hielt Hühner. Niemand fällte Bäume. Niemand zimmerte Häuser. Niemand baute Boote. Niemand stellte irgendetwas her, und niemand reparierte etwas. Wenn ein Außenborder explodierte, bestellte man einen neuen – oder man flog einen kickboxenden Mechaniker aus Tahiti ein, der sich von seinem Honorar ein neues Paar Schlangenlederstiefel kaufte. Jeder kleine und jeder großer Wunsch wurde teuer eingeführt. Jeder Bambuskorb, jede Angelschnur, jede Tomate, jede Aubergine und auch jede Flasche Tabu Tiki Vodka Beer.

Die Brandos hatten ihren Pick-up für ein Vermögen bei einem chinesischen Monopolisten in Papeete geordert und nach Mangareva verschiffen lassen. Ein Import aus den USA wäre erheblich günstiger gewesen – trotz der barbarischen Transportkosten. «Wenn dir der Wagen dann kaputtgeht», wetterte Gabriel, «dann sagt dir der Chinese auf Tahiti: Die Scheißkarre flicke ich dir nicht. Schick sie gefälligst zurück nach Amerika, wo du sie gekauft hast.»

Die Insulaner, die von der Natur oder von Wesen in fliegenden Kanus so reich beschenkt worden waren, gaben ihren Meeresschatz einfach weiter. Kein Paradies ohne Schlange.

Brando hielt Wort. Er zeigte mir jede Insel, und jede war ein auf dem Wasser treibendes Geheimnis. In ihren Dschungeln versteckten sich die überwucherten Mauern von Mädchen- und Jungenpensionaten, und mehr als einmal erhob sich, gleich am Ufer, eine katholische Kathedrale in den Tropenhimmel. Manche waren verfallen, andere so frisch getüncht, als seien sie eben erst geweiht worden, und keine von ihnen schien hierherzugehören – elftausend Meilen von dem Ort entfernt, an dem eine Jungfrau einen Sohn zur Welt gebracht hatte. Die einzigen Aliens, die den Archipel je betreten hatten, kamen aus Europa.

Als wir am Nachmittag einen klitzekleinen Fleck im Ozean ansteuerten, der mir genauso surreal erschien wie das Dreieck, das ich aus der Luft gesehen hatte, gingen meine Beine an Land, aber mein Kopf wollte einfach nicht begreifen, dass mein Körper wirklich da war. Die See? Blue Curaçao. Der Sand? Aus Kokosflocken. Wo das Meer endete und der Himmel begann? Wen interessierte das noch. Mantarochen schwebten am Ufer vorbei, Schwalben, weiß wie die Unschuld, flatterten um uns herum, und die Muscheln, die ich eine Kindheit lang gesucht hatte, lagen nun direkt vor meinen Zehen. Ich stand auf einer Perle am Saum eines samtblauen Tuchs aus Wasser und Wellen. Ich hatte den Rand der Welt erreicht. Irgendwo dahinter musste eine neue beginnen, und ihr Fährmann trug den Namen Nigel.

PARADIESKINDER
Pitcairn Island

———

S chon mal versucht, entspannt auf dem Rücken zu liegen, während sich die Matratze dreht? Glücklicherweise waren die Kojen der Claymore wie Särge gezimmert. Die hohen Seitenwände verhinderten, dass uns die Wellen aus den Etagenbetten hoben und mit einem Bodyslam auf den unappetitlichen Kabinenteppich schmetterten. Dennoch hielt ich es nicht für möglich, länger als eine Stunde am Stück zu schlafen.

In dieser Nacht aber träumte ich einen endlosen Traum, und wie so häufig hatte ich ihn mit dem ersten klaren Gedanken des Tages vergessen. Er lautete: Warum ist es so still? Mein zweiter Gedanke war: Warum bin ich so allein? Und der dritte kreiste um die Sorge, dass wieder einmal das Ruder blockierte und wir alle wie in einem Weidenkörbchen auf See trieben. Nigel hatte die Maschinen stoppen lassen, und ich wusste nicht, ob ich mich darüber freuen sollte.

Ich stieg auf achtern und fand meine illustren Begleiter im Morgenlicht versammelt. Es war überraschend kühl, und sie hatten sich mit Schals und Mützen eingedeckt, nur Lak, der Inder, trug nichts weiter als eine Stoffhose und ein kurzes Hemd. Sie alle lächelten wie verliebt, sogar Zoran, der Russe, der eigentlich gar nicht lächeln konnte. In zweihundertsechzig Ländern hatte der vielleicht größte Traveller aller Zeiten Angst und Schrecken verbreitet, und nun zeigte er plötzlich Gefühle.

Die Insel strahlte, als wäre sie eben erst aus dem Meer aufgestiegen. «Steil, zerklüftet, von schäumender Brandung umrauscht, von zahllosen Seevögeln umschwirrt», schreiben Nordhoff und Hall, und nichts hatte sich verändert. Wir waren über den Ozean zweihundert Jahre in die Vergangenheit gereist, und nun blickten wir zwischen den wehenden Segeln der Bounty hindurch auf ein Land, das wir nur aus einem Roman kannten.

Pitcairn wirkte größer, als ich es mir vorgestellt hatte. Es misst immerhin drei Meilen in der Länge und eine Meile in der Breite. Zwei Berggipfel ragten in den Himmel, und auf dem höheren stand eine einsame Tanne wie ein Matrose im Mastkorb. Als eine Wolke die Morgensonne verdeckte, lugten einfache Herbergen zwischen den Kokoswäldern hervor. Sie mussten zu Adamstown gehören, der kleinsten Hauptstadt der Welt, wobei schon die Bezeichnung «Stadt» für diese überschaubare Ansammlung von Holzhütten ein Kompliment war.

Was ich dagegen nicht entdecken konnte, war eine Stelle, an der die Claymore hätte anlegen können. Klippen umschlossen das gesamte Eiland und ließen jedes Manöver undenkbar erscheinen. Genau aus diesem Grund hatten sich die Meuterer hier niedergelassen. Kein Boot sollte an ihrem Felsen landen, kein Kapitän sollte auch nur daran denken, es zu riskieren.

Zwar wusste die britische Admiralität um die Existenz dieser Insel, aber dort, wo die Bounty auf sie stieß, hätte gar keine Insel sein dürfen. Pitcairn war offenbar auf allen Seekarten falsch eingezeichnet, weitab von seiner eigentlichen Position. Und so hofften die Seeleute, dass ihre neue Heimat für immer unentdeckt bleiben würde, zumindest bis sie selbst in der Hölle angekommen wären. Nordhoff und Hall erzählen, wie die Männer eines Tages ein englisches Segel am Horizont sichteten. Sie löschten eilig alle Feuer und verhüllten Häuser und Wege mit Bananenblättern. Die Eindringlinge näherten sich dem Felsen, hielten ihn aber tatsächlich für unbewohnt und drehten bei.

Ich hätte Zoran gerne vor Rührung weinen sehen, aber unsere Morgenandacht wurde empfindlich von den Eingeborenen gestört. Sie kurvten johlend und brüllend in einem offenen Longboat um die Claymore herum, und als ich zu Murphy hinuntersah, warf er mir einen besorgten Blick zu. So geschickt, wie diese Jungs durch das raue Wasser surften, war es keine Frage, dass sie Piratenblut in sich trugen. Während sie das Meer zerfurchten, standen sie aufrecht an Bord und jubelten uns mit beiden Fäusten zu.

Lak, der von uns allen am meisten unter der Seekrankheit gelitten hatte, ahnte jetzt, dass ihm das Schlimmste noch bevorstand. Er musste als Erster springen. Zunächst flog sein Koffer, dann stieß man ihn hinterher, weil er für einen Moment gezögert hatte. Der Inder landete in den zärtlichen Armen eines bärtigen, gepiercten und vermutlich angetrunkenen Charakterkopfs, dessen innige Zuneigung erkennen ließ, dass er seit drei Monaten keinen Besuch bekommen hatte. Kein Flugzeug kann auf Pitcairn landen, kein Helikopter so weit fliegen, und die Claymore gibt sich nur viermal im Jahr die Ehre. Diesmal brachte sie acht Fässer Benzin, zwanzigtausend Liter Diesel und mehrere Container, von denen ich nicht wusste, wie man sie jemals an Land schaffen wollte. Salzwasserfontänen spritzten über die Felsen der Bucht, auf die das Longboat nun mit vollem Tempo zusteuerte. Genau hier, in der Bounty Bay, hatten die Meuterer ihr Schiff in Brand gesteckt und auf Grund laufen lassen. Als die Flammen das letzte Band zwischen ihnen und dem Rest der Welt trennten, erschienen all die Menschen und Orte vor ihrem geistigen Auge, die sie wohl nie wieder zu Gesicht bekommen würden: die Weiber in den Hafenspelunken von Portsmouth, der joviale Häuptling Hitihiti auf seinem blumengeschmückten Kanu in der Bucht ihrer Träume, Vertraute, Verflossene, Verlorene, Töchter und Söhne. Ich blickte mich ein letztes Mal um und sah Nigel an Deck der Claymore. Obwohl ich ihn nicht leiden konnte, vermisste ich ihn bereits. Wer wusste schon, ob wir dort auf der Insel besser aufgehoben waren?

Die Einwohner warteten am Ufer. Alle vierzig. Reizende, fluchende, übergewichtige Paradieskinder, die uns auf ein Plateau in der Brandung halfen und das Boot mit Hilfe einer Rampe in einen Schuppen zogen, über dem der Union Jack wehte. Großbritannien betrachtet Pitcairn als Kronkolonie, die Pitcairner selbst betrachten sich als Pitcairner. Wie sollte man sich auch einer fremden exotischen Insel voller unzivilisierter Wilder zugehörig fühlen, die sich auf der gegenüberliegenden Seite der Weltkugel befindet?

Obwohl wir keine Glasperlen brachten, herzten und küssten sie uns, legten jedem eine Muschelkette um den Hals, und ich fragte mich, was wohl in Zoran vorging, als ihm so viel Liebe widerfuhr. Eine fleischige Hand griff nach meiner Reisetasche, trug sie davon, als wäre sie gewichtslos, und verlud sie auf ein rotes Quadbike. Die Hand gehörte Meralda Warren, meiner gut und gerne zwei Meter großen Gastgeberin. Sie hatte die Statur eines britischen Seemanns und die verletzlichen Züge eines tahitianischen Blumenmädchens. Ihre liebevollen Augen verbarg sie halb hinter einer getönten Brille, und ihr Haupt bedeckten störrische, dichtgelockte Südseehaare, die sich allmählich grau färbten und auf ihrem Hinterkopf in einem kindlichen Zöpfchen zusammenliefen.

Meralda ist die Ur-Ur-Ur-Ur-Enkelin von William McCoy, einem über den gesamten Körper tätowierten Trunkenbold, der gemeinsam mit dem Radaubruder Matthew Quintal als einer der Letzten auf der Bounty eingecheckt hatte. Dieser Tag sei, so sagen Zyniker, der schwärzeste in der Geschichte der Seefahrt gewesen. McCoy trug eine gewaltige Narbe auf dem Bauch, die an eine Messerstecherei erinnerte, und verbarg eine kleinere unter dem bärtigen Kinn. Über sein früheres Leben ist wenig bekannt. Man weiß nur, dass er sich in einer schottischen Schnapsbrennerei verdingt hatte. McCoys Faible für den Teufel Alkohol beschleunigte den moralischen Verfall der Mannschaft auf Tahiti und wurde ihm auf Pitcairn zum Verhängnis. Als das letzte Fass Rum aus dem Bauch der Bounty geleert war, begann er heimlich, den Saft der zuckerhaltigen Keulenlilie zu destillieren. Er soff sich mit der Plörre um den Verstand und sprang eines Tages im Delirium von einer Klippe. Quintal, der seine Gehirnzellen ebenfalls an den Fusel verloren hatte, brachte seine tiefe Trauer für den Freund zum Ausdruck, indem er damit drohte, alle Kinder auf der Insel zu erschlagen. Daraufhin wurde er kurzerhand mit einer Axt aus dem Verkehr gezogen. Er war es übrigens auch, der die Bounty eigenmächtig anzündete, um alle Spuren zu verwischen.

Ein Mister Warren war nicht an Bord. Ihren Familiennamen hat Meralda von einem Walfänger geerbt, der sich im neunzehnten Jahrhundert auf die Insel verirrte. Sie ist auch mit Fletcher Christian verwandt, dem berühmten und so oft verklärten Anführer der Meuterei, mit dessen Namen sich jeder Zweite auf der Insel schmückt. In ihrem Stammbaum findet sich sogar ein Schiffbrüchiger von der Mayflower, und natürlich gibt es genetische Übereinstimmungen mit all ihren Nachbarn – ausgenommen Simon und Shirley, zwei Hippies, die vor zehn Jahren nach Pitcairn ausgewandert sind. Wer Meralda fragt, von welchem Meuterer sie abstammt, dem antwortet sie: «Von vier bis fünf verschiedenen.»

Während wir eine Anhöhe mit dem treffenden Namen «Hill of Difficulties» erklommen, bescherte uns das Quadbike enorme Backfires, so als donnerten wir auf einer gebrechlichen Harley durch die Abgeschiedenheit. «Whoops!», rief Meralda, die sich über jede Fehlzündung freute. «Na ja, wenigstens wissen jetzt alle, dass wir kommen.» Zu meiner Verwunderung war die einzige befestigte Straße der Insel gewissermaßen von mir selbst asphaltiert worden – die Europäische Union hatte sie finanziert. Vielleicht weil Prinz Philip, der etwas ungeschickte Gemahl der Queen, genau auf diesem Hügel der Schwierigkeiten eine traumatische Erfahrung gemacht hat. Angeblich ging er in einem alabasterweißen Dress an Land und bestieg ein Fuhrwerk, das prompt im tiefen Morast steckenblieb. Zwar gelang es mit seiner Hilfe, das Gefährt zu befreien, doch sah seine Paradeuniform danach nicht besser aus. Es war der erste königliche Besuch auf Pitcairn, und es sollte bis heute der letzte bleiben.

Untermalt von einer Symphonie aus Knattern, Stottern und Auspufferuptionen passierten wir alle Sehenswürdigkeiten der Hauptstadt: den Lebensmittelladen, die Kirche, die Post, das Rathaus, den Anker der Bounty. Und obwohl unser Trip nur anderthalb Minuten dauerte, verstieß Meralda dabei gegen jede Verkehrsregel, die in fettgedruckten Lettern auf ihrem Bock geschrieben stand: Nicht rasen. Nie ohne Helm. Stets mit festem Schuhwerk aufs Gas treten (Meralda trug Flip-Flops). Nur allein auf dem Quadbike fahren (Meralda hatte aus zwei Campingstühlen eine Rückbank gebastelt). Und vor allem: Niemals das F-Wort rufen (okay, das stand nicht auf dem Quad, aber Madame schien das Wort so sehr zu lieben, dass es schon fast kriminell war). Wir mussten allerdings nicht befürchten, in eine Polizeikontrolle zu geraten.

Meraldas trautes Heim, das sie Maimiti Haven nannte, befand sich etwas abseits des Broadways und schien über die Jahrhunderte aus mehreren anderen Häusern zusammengesetzt worden zu sein. Es war ein Raumwunder im negativen Sinne. Obwohl weitläufig und großzügig, bot es kaum Platz. Weil sich das Versorgungsschiff nur alle zwölf Wochen ankündigte und man sich nie sicher sein konnte, ob es überhaupt kam, fiel es meiner Gastgeberin schwer, sich von etwas zu trennen. Jeden Winkel ihrer windschiefen, mühevoll improvisierten Hütte füllten Devotionalien aus den Wassern der modernen Zivilisation.

Akten, Bücher, Zeitschriften, Kissen, Decken, Teppiche, Kabel, Lötkolben, Telefone, Farbeimer, Gefriertruhen und Regentonnen verteilten sich wie Treibgut in der Wohnküche. Auf allem klebte Ruß, denn um heiß duschen zu können, erhitzte Meralda das Regenwasser in einer pechschwarzen Öltonne über dem offenen Feuer. Ich bezog eine kleine, aber angenehm helle Kammer mit einem Schreibtisch und einem Bett, unter dem ich eine einzelne tote Kakerlake fand.

«Keine Sorge, es ist sauberer, als es aussieht», lächelte Meralda. «Und, wie gefällt es dir bei mir?»

«Also, es scheint ein sehr kreativer Ort zu sein», antwortete ich und tat so, als würde ich mich in die geometrischen Muster auf einem Tapa-Tuch vertiefen, das Meralda bepinselt hatte. Eine künstlerische Ader konnte man ihr nicht absprechen.

«Ich finde, dein Haus ist voller ...»

«Es ist voller Scheiße!», schimpfte eine rostige Stimme. «Sag's doch, wie es ist, mein Junge. Es tut mir leid, aber ich lasse überall meinen Müll rumliegen.»

Aus dem Schatten eines Kühlschranks trat nun ein kleines, buckeliges Wesen mit schlohweißen Koboldhaaren hervor. «I'm an upfront person!», krächzte es. «Ich bin einfach immer geradeheraus, da kann man nichts machen. Bei mir kriegst du es direkt aus der Pferdefresse.»

Mavis, Meraldas Mutter, war mir gleich sympathisch. Sie verknüpfte die Weisheit und Souveränität des Alters mit dem pubertären Grundsatz: Fickt euch alle ins Knie. Anstatt im Holzpalast ihrer Tochter zu residieren, zog sie es vor, in einem Wellblechverschlag direkt daneben zu hausen und weiterhin das alte Plumpsklo zu benutzen. «You can't put old dogs in new boxes!», raunzte sie. Es war ein Doppelsitzer, auf dem Mavis früher Seite an Seite mit ihrem Ehemann gehockt hatte. Ein Bild, dessen Romantik sich mir allerdings verschloss.

«Was zur Hölle ist los mit dir?», blaffte Mavis. «So war das nun mal, mach dich locker!»

Bei einer dieser intimen Familiensitzungen soll ihr Gatte zu ihr gesagt haben: «Weißt du, Mavis, wenn ich vor dir sterbe, erlaube ich dir hiermit, einen anderen Mann zu heiraten.» Und mit welcher Wertschätzung antwortete seine liebende Ehefrau? «Zum Teufel! Ich heirate doch nicht noch einmal so einen verfluchten Bastard wie dich!»

Mehr als ein halbes Jahrhundert hatte Mavis Tag für Tag ihr Leben riskiert, wenn sie die steilen Klippen zu den Quellen hinabgestiegen war, um dort Trinkwasser zu schöpfen. Sie hatte Generationen von Inselkindern gelehrt, welche Pflanzen essbar sind, wie man sie sät, wie man sie pflegt, wie man sie erntet und wie man sie zubereitet. Hundertmal war sie in jede einzelne Palmkrone geklettert. «Und jetzt bin ich verdammt noch mal in Rente! Sollen sich doch die anderen um den Scheiß kümmern.»

Damit meinte sie ihre Tochter, deren Alltag so gar nicht dem Klischee eines paradiesischen Hängemattenlebens entsprach. Meralda war ihre eigene Klempnerin, Lackiererin und Schreinerin – einen Mister Warren gab es nicht an ihrer Seite. Neben der Hausarbeit erntete sie Brotfrüchte, Kaffee und Macadamianüsse. Sie stellte Kokosöl her und setzte ihre eigene Seife an. Sie imkerte Bienenhonig und versuchte, ihn über das Internet zu vertreiben, das sie auf Pitcairn installiert hatte (dummerweise funktionierte es seit drei Wochen nicht). Sie hatte den Inselmarkt und das Inselradio geleitet, ein Inselkochbuch und ein Inselkinderbuch geschrieben und mehrere Platten mit selbst komponierten Inselsongs aufgenommen. Sie unterrichtete jeden Freitagmorgen Gesang und Ukulele an der Inselschule, war die einzige Inselhistorikerin und beaufsichtigte eine kleine Inselerdbebenstation. Zwar hatte sie ihren Job als erste weibliche Inselpolizistin vor einigen Jahren aufgegeben, doch manchmal fischte sie noch in ihrem Sammelsurium nach der alten Uniform. «Wahrscheinlich haben die Ratten sie gefressen», vermutete sie. Meralda verstand sich auch als Pressesprecherin ihrer Heimat. Nachdem Pitcairn vor kurzem ein Gesetz zur Legalisierung gleichgeschlechtlicher Ehen verabschiedet hatte, stand ihr Telefon nicht mehr still.

«Die beschissene Yellow Press wollte wissen, was ich davon halte!», geiferte Meralda. «Ja, was soll ich denn davon halten? Wir hatten keine Wahl! Wir mussten den Paragraphen umsetzen, weil er nun mal in Großbritannien beschlossen wurde, auch wenn sich hier niemand britisch fühlt. Da fragen mich diese verdammten Idioten, wie viele homosexuellen Paare es denn auf unserer Insel gebe. Und ich frage zurück: Ey, wie viele Homos gibt es denn auf eurer Insel? Weißt du, einer von uns hat sich tatsächlich geoutet. Er lebt aber ohne Partner. Wir haben nichts gegen ihn.»

«Welchen Job hast du denn noch nicht gemacht?»

«Eigentlich fehlt nur noch die Inselpost in meinem Lebenslauf, und genau da sollten wir mal vorbeischauen.»

Es war einer der wenigen Wege, die wir zu Fuß zurücklegten, denn das Postamt lag nur dreißig Schritte entfernt. Ab fünfunddreißig Schritten, so schien es mir, sattelten die Pitcairner ihre Feuerstühle. Da unterschieden sie sich nicht von ihren Artgenossen in Shanghai, Texas oder Abu Dhabi. Die Quads hatten das Leben auf der Insel so beschleunigt wie die Metro in London. Um die Fitness der Bewohner war es damit jedoch geschehen. Bis in die achtziger Jahre sollen die Männer wie Herkules und die Frauen wie Amazonen ausgesehen haben. Nun hatten sie mit Diabetes, Cholesterin und Bluthochdruck zu kämpfen.

Als Dennis «Sambo» Christian, unser Nachbar, das Post Office öffnete, wirkte keiner von ihnen träge. Die Pitcairner hatten diesem Moment ewig entgegengefiebert und schließlich über den Inselfunk erfahren, dass ihre Post ordnungsgemäß erfasst, sortiert und endlich abholbereit sei. Auf meine Hausherrin, die sich mit den anderen um den Tresen scharte, warteten immerhin elf Briefe und noch etwas anderes.

«Mensch, guck mal!», rief sie erstaunt. «Dieses Glas Honig war jetzt ein ganzes Jahr unterwegs. Sechs Monate bis nach England und sechs Monate zurück. Sieht so aus, als hätte ich die Adresse falsch angegeben.»

Messerklingen glitten durch Kuverts, Fingerkuppen drückten in Kartonschlitze, nervöse Hände zerrissen Papier, Pappe und Plastik. Es war ein bedeutender Tag für die Insel. Eine Welt erwachte aus ihrem Schlaf und fühlte sich plötzlich wieder verbunden mit dem Leben der sieben Milliarden anderen, die angeblich auch auf diesem Planeten wohnten. Simon und Shirley, die Hippies, zogen Konserven, Grillsteaks und Fertigpizzen aus einem Container, der bereits geöffnet vor dem Laden stand. Sie hatten kein eigenes Quadbike und suchten jemanden, der ihnen half, den Einkauf nach Hause zu transportieren – ihre Hütte stand etwas abgelegen am Rand von Adamstown. Shawn Christian, der junge Bürgermeister, hatte eine Kühlgefrierkombination bestellt und befreite sie noch auf der Straße aus dem Styropor. Cuchana Warren, Meraldas sechs Jahre altes Cousinchen, freute sich derweil über ein spätes Geburtstagsgeschenk. In ihrem Päckchen fand sie einen kleinen Drachen, der wie ein Vogel gebaut und wie ein Seeadler bemalt war, aber leider wie ein Selbstmörder flog. Cuchana war neben Izzi Christian, Ryan Christian, Adriana und Emily Christian das einzige Kind auf der Insel. Nach der Grundschule in Adamstown würden sie eine Schule in Neuseeland besuchen, das stand bereits fest. Wie viele von ihnen jemals zurückkehren würden, dagegen nicht.

Von einem Aussichtspunkt über der Bounty Bay beobachtete ich die Männer, wie sie den Frachter entluden. Tatsächlich balancierten sie die Schiffscontainer auf einem Longboat in die Brandung und hievten sie mit einem Kran auf das Plateau. Die Spur, die ihre kleine Schute dabei zog, wirkte von oben wie eine Nabelschnur, und es fühlte sich seltsam an, sie zu kappen. Nigel würde in wenigen Stunden weiterziehen. Er musste die britischen Ornithologen nach Henderson bringen, eine einsame Korallenbank, auf der es hilfesuchende Vogelarten gab, die nur dort zu finden waren. Hier auf Pitcairn zwitscherte nichts mehr – die Ratten hatten ganze Arbeit geleistet. Erst in knapp einer Woche würde uns ein Boot mit all unserem Gepäck hinaus auf die offene See tragen, so war es verabredet, wo wir weit vor der Insel wieder mit dem alten Goldzahn zusammentreffen sollten.

«Falls er nicht auftaucht, gibt es vielleicht noch eine zweite Chance für dich», meinte Mike, der sich zu mir gesellte und etwas verloren auf das Meer blickte. Vielleicht hatte er insgeheim gehofft, dass seine Frau auf der Claymore wäre, doch sie weilte aus irgendeinem Grund seit längerer Zeit in Neuseeland. «Ich sag's dir: Wenn mal ein Kreuzfahrtschiff vorbeischaut, schlägt unsere ganz große Stunde. Entweder kommen die Touristen an Land und verwandeln Adamstown in den Piccadilly Circus, oder wir setzen über und verticken unsere Souvenirs. Beim letzten Mal habe ich zweieinhalbtausend Dollar gemacht. Tausend machst du immer.»

Mike war ein britischer Ex-Soldat und hatte sich im Irakkrieg um die Versorgung der Militärlager gekümmert. Jetzt versuchte er mit seinem Knowhow, den Honighandel der Insel in Schwung zu bringen, und schnitzte nebenbei Haifische und Delfine, die er auf Rechnung überallhin verschiffte, wo es Postleitzahlen gab. Allerdings räumte er ein, dass sich nur die wenigsten Kunden mit seinen Lieferzeiten arrangieren konnten.

Seine Frau Brenda Christian, eine gebürtige Pitcairnerin, hatte er ausgerechnet in Wales kennengelernt. Ihr verstorbener Ehemann brachte sie ins Vereinigte Königreich, Mike folgte ihr zurück in ihre Heimat und lernte hier, dass ein irdisches Dasein ohne Steuern, Mieten und Versicherungen möglich ist. Er musste sich nur an den Benzinkosten für zwei Stromgeneratoren beteiligen, die Adamstown erhellten, und ein klein wenig Geld verdienen, um im Inselladen einkaufen zu können, wenn es denn etwas zu kaufen gab. «Die meisten Leute haben Angst, hierherzukommen, weil sie nicht wissen, was sie arbeiten sollen», sagte er. «Aber du musst keinen Job haben, um hier zu leben. Du musst nur Asche machen.»

So entdeckte ich Pitcairn und fragte mich, was eigentlich dagegen sprach, auf der Stelle meinen Ausweis zu verbrennen, ein Haus zu bauen und für immer auf dieser Klippe zu bleiben. Dass die Einwohner Land zu verschenken hatten, war zwar eine Legende – ich hätte es kostenlos pachten können –, doch ansonsten schienen sich alle Robinsonphantasien zu erfüllen. Nach einer gewissen Probezeit wäre ich vor den Inselrat getreten, man hätte mich gefragt, wie ich der Gemeinschaft nützlich sein könnte, und irgendetwas wäre mir schon eingefallen. Ausgerüstet mit den entsprechenden Gerätschaften, bin ich ein durchaus passabler Rasenmäher. Außerdem kann ich aus einem Teebeutel eine Rakete bauen, aber das ist eine andere Geschichte.

Zögern ließ mich, was auf den letzten Seiten des Romans von Nordhoff und Hall geschieht. Die Meuterer erlebten alles andere als ein Happy End. Man könnte sagen, sie hatten sich eine Utopie erträumt und scheiterten an der Realität der menschlichen Natur. Natürlich ging es um Sex. Neun Engländer hatten neun tahitianische Blumenmädchen geraubt. Ihre sechs polynesischen Gefährten aber mussten sich die restlichen drei Frauen teilen. Und was macht John Williams, der Schmied, als seine Geliebte stirbt? Er greift sich eine verbotene Frucht, und die Polynesier schlagen ihm den Schädel ab. Im süßen Rausch der Rache köpfen sie noch drei weitere weiße Sklaventreiber, hängen sich die Häupter als Souvenirs an den Gürtel und lösen damit ein apokalyptisches Gemetzel aus.

Im September 1814, ein Vierteljahrhundert nach der Meuterei, tauchen zwei britische Kriegsschiffe vor Pitcairn auf. Ihre Kapitäne wagen sich an Land und stoßen auf eine gottesfürchtige Gemeinschaft aus dreiundzwanzig Kindern, zehn Frauen und einem einzigen erwachsenen Mann, der sich als John Adams vorstellt, letzter Überlebender der Bounty. Er hatte den Alkohol gebannt, Abend für Abend aus der Bibel vorgelesen und war eine Art geistiger Gründervater geworden. Ihn von seinen Kindern zu trennen, berichten Zeitzeugen, wäre ein Akt der Grausamkeit gewesen, und so wurde er nie vor ein Gericht gestellt. Adams starb eines natürlichen Todes in den Armen der Insulaner, die ihre Hauptstadt nach ihm benannten und sein Grab bis heute in Ehren halten.

Freizeitgestaltung ist auf Pitcairn eine Herausforderung. Vor allem in den Stunden nach dem Abendrot, wenn die Quadbikes verstummen und es plötzlich still wird, so ungewohnt und manchmal so bedrückend still. Die Stromgeneratoren laufen aus, und auf der Insel glimmen nur noch die Kerzen in den Räuberhöhlen und die Katzenaugen in den Sträuchern am Wegesrand. Die Klippen und die Blätter der Palmen sind in ein dunkles, tausendfältiges Blau getaucht, Satelliten wandern durch den Himmel, und im Ozean vor den Sprossenfenstern schimmert ein Mond, so hell und gewaltig, wie er sich nur wenigen Erdenbewohnern zeigt. Nach der Dämmerung, die in den Tropen früh kommt, solltest du besser zu Hause sein. Sonst spüren sie dir nach. Funksprüche zucken von Klippe zu Klippe, Suchtrupps durchkämmen die Wälder, und finden sie dich schließlich schlummernd im Geflecht der Luftwurzeln, die aus den Kronen der dreißig Meter hohen Banyanbäume wachsen, können die Inselkinder durchaus boshafte Züge offenbaren.

Weniges schien Meralda und Mavis größeren Genuss zu bereiten, als sich in ihre Couchecke zurückzuziehen, Tee zu trinken und Schlechtenachtgeschichten über «Off-Islander» zu erzählen, Zugezogene, die nicht auf Pitcairn aufgewachsen sind und die Spielregeln nicht kennen. Wie Andrew Christian, ein Sohn aus Brendas erster Ehe, der einen Ziegenbart trug und sich die Nippel gepierct hatte. Der Kerl sei ein Nichtsnutz, lästerten sie, er habe Geld geerbt und es für einen Whirlpool und einen Pizzaofen verschleudert, und manchmal verwandele er sein Wohnzimmer in einen frivolen Nachtclub.

«Die wahre Pest aber ist dieses faule, hinterhältige und verlogene Hippiepack am Ende der Hauptstraße», wetterte Mavis. «Diesen verdammten Arschlöchern sage ich immer: Verkriecht euch gefälligst dahin zurück, wo ihr hergekommen seid!» Simon und Shirley, die den Nachnamen Young trugen, würden vor den Touristen auf den Kreuzfahrtschiffen behaupten, sie seien Nachfahren von Edward Young, einem Kadetten der Bounty. Dabei seien sie ein Scheiß! Manchmal würden sie sich heimlich in Meraldas kabelloses Internet einloggen, weil sie genau wüssten, dass ein Pitcairner Gigabyte einhundert Dollar koste. Und wenn ein Barbecue auf dem Rathausplatz stattfinde, hätten die beiden nie etwas beizusteuern, aber stets genügend Töpfe und Dosen unterm Arm, um Proviant für eine komplette Woche zu horten. «Sie ernten unsere Nüsse, unsere Orangen und unsere Zitronen!», schimpfte Meralda. «Manche haben einfach nicht verstanden, dass wir nur überleben können, wenn wir alle im selben Team spielen.»

Nichts von ihrer sensiblen tahitianischen Seite blieb übrig, wenn sich Meralda und Mavis so in Rage redeten. Dann hörte ich McCoy, den Trinker, und Quintal, seinen Schlägerkumpanen, diese alten, fragwürdigen Helden der Insel, und sagte Goodnight.

Die Sonne war kaum aufgegangen, da weckte mich ein Tier. Es krabbelte nicht, es kratzte nicht, es biss auch nicht. Es war aus den Tiefen des Meeres an die Oberfläche gekommen und blies eine solche Menge an Wasser in die Luft, dass es mich damit aus dem Schlaf holte. Ich rappelte mich auf, zog die Vorhänge beiseite, schob mein Fenster auf und sah einem Buckelwal zu, der in den Wellen vor der Insel tanzte. Mavis hatte mir von ihm erzählt. Er tauche stets in der Früh auf, und manchmal, wenn sie auf ihrem Plumpsklo sitze und durch das Herzchen in der Tür spähe, zwinkere sie ihm zu.

Jeder Pitcairner verfügte über ein Walsichtungsformular, in dem er Datum, Uhrzeit und Gattung vermerken konnte, wie es sich der Bürgermeister von allen Haushalten wünschte. Die Einwohner nahmen mit großer Freude an internationalen Studien und Initiativen teil. Solche Programme konnten wertvoll sein wie ein Lottogewinn. Als Meralda noch das Inselradio managte, hatte man sie zu einem weltweiten Moderatorentreffen eingeladen. Andere, die sich beispielsweise in der Inselpolitik engagierten, durften von Zeit zu Zeit nach Neuseeland oder sogar nach Brüssel reisen. Eine Mikrogesellschaft kann eben auch ihre Vorteile haben.

An diesem Morgen hockte Mavis bereits auf einem Schemel im Schatten der Veranda und flocht Körbe. «Mrs. T», eine Riesenschildkröte, fraß sich heimlich durch ein Ananasfeld, und ihre schwimmenden Artgenossen tummelten sich in der Bounty Bay. Ein Palmendieb verkroch sich in einer Kokosnuss – die Krabbe war so groß, dass nur ihr halber Körper hineinpasste. Zoran, der Russe, wanderte mit einem Satellitentelefon über die Hügel und versuchte, seine zweifelhaften Geschäfte abzuwickeln. Lak, der Inder, versuchte derweil, seinem zweifelhaften Leben ein Ende zu setzen. Er hatte sich vorgenommen, jeden mörderischen Abhang der Insel in seinen Anzugschuhen zu bezwingen.

Pitcairn ist ein wundervoller Ort, um sich den Hals zu brechen. Alle Klippen, Felsen und Höhen wurden nach historischen Persönlichkeiten benannt, die dort in den Tod gestürzt sind. Die lokale Tourismusbehörde (ja, die gibt es wirklich) hat an diesen Stellen freundliche Hinweise platziert, die darauf schließen lassen, was dort einmal geschehen ist. Meine Lieblingswarnung lautete: «Vorsicht: Kinderleichter Pfad, aber steile Klippen an beiden Seiten.»

Im vergangenen Jahr war ein älterer Pitcairner während eines Streifzugs in die Dornen einer Bougainvillea getreten. Sein Fuß schwoll an, entzündete sich und faulte, und Allen, der Inseldoktor, begann sich ernsthaft zu sorgen. Es gibt zwar eine kleine medizinische Station in Adamstown, doch bei Blutvergiftungen macht man besser keine Experimente. Was, wenn der Fuß amputiert werden musste? Meralda und die anderen schickten Funksprüche übers Meer und warteten vergeblich auf Hilfe. Kein Schiff war in Reichweite, um den Patienten aufzunehmen und rechtzeitig in ein Hospital zu bringen, und so schien das Schicksal des Nachbarn besiegelt. Da besonnen sich die Erben der Bounty ihrer Wurzeln. Sie trugen den Kranken in die Bucht, ließen die Longboats zu Wasser und ritten drei Tage und drei Nächte über das wilde Meer, bis sie tatsächlich den Hafen von Mangareva erreichten.

Lak überraschte mich doppelt. Erstens, weil er seine halsbrecherischen Abstiege überlebte. Zweitens, weil er überhaupt aus dem Haus ging. Meralda hatte mir erzählt, dass sich viele Touristen gar nicht wirklich für die Insel interessierten, und genau so hatte ich ihn eingeschätzt. Ein Schwede, den meine Hausherrin einmal zu Gast hatte, verkroch sich tagelang in seinem Bett und zog sich Pornos rein. Eine Australierin trank zu jedem Mittagessen eine ganze Flasche Wein und zum Abendbrot gleich zwei. Danach saß sie wie paralysiert vor dem Fernseher, zappte zwischen den beiden australischen Nachrichtenkanälen hin und her und drehte die Lautstärke so lange auf Disco, bis Mavis sie auf ihr Zimmer verwies.

Vielleicht hatten die beiden unter der extremen Isolation gelitten. Vielleicht waren es auch Freaks, die ihre beschwerliche Reise nur für den einen Moment auf sich genommen hatten, den vermeintlichen Höhepunkt des Pitcairn-Abenteuers: jenen Tag, an dem sie endlich Besuch von der Polizei bekamen.

Ich fing Senior Constable John Singer auf dem Rathausplatz ab, der nur einen Kokosnusswurf von unserem Haus entfernt lag. Eigentlich wollte ich den Inselführerschein machen. John hätte mich ein paarmal auf Meraldas feuerspeiendem Quadbike im Kreis fahren lassen, und dann hätte er mir, so war es abgemacht, für zehn Dollar die Lizenz zum Heizen ausgestellt. Ein nettes Souvenir. Doch meine Herbergsmutter hatte davon Wind bekommen und es mir im letzten Moment verboten. Also zog ich meinen Pass und das Journalistenvisum aus der Tasche, das mir die erstaunlich bürokratischen Pitcairner für dreihundert zusätzliche Dollar ausgestellt hatten. Beides breitete ich neben dem Officer auf einer Sitzbank aus, in der Hoffnung, er möge mir endlich die blaue Mauritius unter den Reisestempeln verehren: eine segelnde Bounty mit einem Datum, einer Unterschrift und den warmen Worten «Welcome to Pitcairn».

John fischte seinerseits etwas aus dem Revers. Es war kein Stempel, sondern eine Charta, die ich zunächst unterzeichnen möge:

- Kindesmissbrauch wird auf der Insel nicht akzeptiert.
- Wer ein Kind in Bedrängnis sieht, ruft um Hilfe.
- Wenn Erwachsene mit Kindern schwimmen gehen, sollten sie angemessene Kleidung tragen.
- Vulgäre Sprache und anstößige Witze in Gegenwart von Kindern werden nicht toleriert.
- Eltern versorgen ihre Kinder mit einer Liste aller Erwachsenen auf Pitcairn, die sie für vertrauenswürdig halten.

Sechzehn Paragraphen drehten sich um ein einziges Thema. Wenn die Gesetze eines Landes verraten, was in der Vergangenheit vorgefallen ist, war jetzt der Zeitpunkt gekommen, sich in die haiverseuchte Bounty Bay zu übergeben. Ein weiterer Schatten lag über Pitcairn Island.

Vor einigen Jahren brachte die Claymore eine Gruppe von Gästen, die sich weder für die Insel noch für ihren hübschen Stempel interessierten. Sie hatten keinen Sinn für Buckelwale oder Meeresschildkröten und ließen auch das Grab von John Adams links liegen. Es waren Staatsanwälte und Richter aus dem Vereinigten Königreich. Am selben Abend wurde Meralda zu einer Feier am Wasser eingeladen. Sie traf dort auf Nigel, der so viel getrunken hatte, dass er ihr mitten ins Gesicht spuckte und schrie: «Weißt du was, Meralda? Wenn ich das nächste Mal nach Pitcairn komme, dann verrotten all eure verfluchten Hurensöhne im Knast!»

Ich weiß nicht, ob Meralda bis dahin jemals einen Mann verprügelt hatte. Auch sie war nicht mehr ganz nüchtern, als sie das erste Mal auf Nigel einschlug. Dann ein zweites Mal. Beim dritten Mal landete sie einen solchen Punch, dass Nigel mit der Nase voran auf die Stufen einer steinernen Treppe schlug. Haargenau so hatte sie es gewollt. Und noch immer schien sie darauf stolz zu sein, dass sie, ich zitiere, «seine verfickten Goldzähne neu arrangiert» hätte.

Alles hatte damit begonnen, dass ein Missionar mit seiner kleinen Tochter nach Pitcairn gereist war. Zurück in London behauptete er, das Mädchen sei von einem Insulaner verführt worden, doch niemand nahm ihn ernst. Ein paar Jahre später kam eine britische Polizistin auf die Insel. Man vermutete, dass in Adamstown das Gesetz des Dschungels gelte und Pitcairn ein einziges Waffenlager sei. Der Verdacht bestätigte sich nicht, aber die Ermittlerin stieß auf etwas anderes: Schauergeschichten von Inzest, Polygamie und Pädophilie. Ein elfjähriges Mädchen vertraute ihr an, sie sei vergewaltigt worden. Und sie sei nicht die Einzige.

Zwei Detectives vernahmen die Einwohner von Adamstown. Sie befragten auch Pitcairner, die mittlerweile im Ausland lebten. Das Ergebnis war deprimierend: Zweiunddreißig Frauen gaben an, missbraucht worden zu sein. Insgesamt zählten die Polizisten unglaubliche sechsundneunzig Fälle von sexueller Nötigung bis Vergewaltigung. Offenbar waren die Mädchen der Insel über Jahrzehnte von einer Päderasten-Clique heimgesucht worden. Sie tatschten, sie grabschten, sie fassten unter Kleidchen, sie lockten in Höhlen und ins Dickicht der Wälder.

Und so ließ ein britisches Gericht, neuntausend Meilen

von London entfernt, ein Verhandlungsgebäude in die Höhe ziehen. Sogar eine Satellitenverbindung wurde installiert, damit Zeugen aus aller Welt über Video aussagen konnten. Doch als die Prozesse begannen, blieben die Reihen leer. Pitcairn fühlte sich von einer Kolonialmacht entmündigt und weigerte sich, dem Verfahren beizuwohnen.

Auf der Anklagebank saßen sieben Männer. Familienväter. Charmante, redegewandte Charaktere wie unser Nachbar «Sambo», der das Post Office leitet, oder Shawn, der heutige Bürgermeister. Einer von ihnen war Jay, der von seinen Eltern auf einem Donnerbalken großgezogen worden war. Als Meralda herausfand, dass gegen ihren eigenen Bruder ermittelt wurde, legte sie ihre Polizeiuniform ab. «I stood up!», erzählte sie mir. «Ich habe mich mit all meiner Kraft gewehrt. Bis heute glaube ich nicht, dass unsere Männer irgendetwas Verbotenes getan haben.»

Auch die anderen Frauen stellten sich vor ihre Söhne, ihre Brüder, ihre Onkel, ihre Neffen und ihre treuen Gatten. Früher Geschlechtsverkehr sei nun mal polynesische Kultur, behaupteten sie, kein Kind habe etwas getan, das es nicht selbst wollte, und überhaupt: Woher hätten die Beschuldigten denn wissen sollen, dass Mädchen unter sechzehn Jahren nach britischem Recht als minderjährig galten? Die sonderbaren Gesetze von der fremden Insel auf der gegenüberliegenden Seite der Erde waren schließlich nirgendwo auf Pitcairn ausgehängt worden. «Sex was like food on the table», soll Meralda damals über ihre Jugend gesagt haben. Das Leben war ein Buffet, und sie hatten sich reichlich daran bedient.

Als die Claymore zurückkehrte, behielt Nigel recht. Bis auf Meraldas Bruder, der ungestraft davonkam, schmorten die verfluchten Hurensöhne tatsächlich im Knast. Allerdings hatten sie ihn selbst gezimmert. Und wie würde Alcatraz aussehen, wenn es Al Capone entworfen hätte? Es war eine Farce. Die Türen ließen sich nur von innen abschließen, und die neuseeländischen Polizisten, die das Ganze überwachen sollten, fühlten sich bald verarscht. Nachts schlossen sie zwar noch die Gefängnistore, doch sie machten sich nicht mehr die Mühe, sie zu verriegeln. Wohin hätten die Häftlinge auch fliehen können? Sie gingen ohnehin bei jeder Gelegenheit ihrer Wege, um Holz zu fällen, Schneisen in den Dschungel zu schlagen oder ein Feuer zu löschen. Auf ihre Muskelkraft konnte die Insel nicht verzichten. Wer hinter Gittern sitzt, fängt keine Fische.

Pitcairner glauben an den Himmel, aber nicht an die Hölle. Vielleicht, weil nichts schlimmer sein könnte als das, was sie seit Generationen in ihrem Paradies auf Erden erleben. Sie bezeichnen sich als Siebenten-Tags-Adventisten. Ihnen ist der Samstag heilig, der siebte Morgen der Schöpfung nach biblischer Zählung. Samstags erzielt ihre Kirche eine Quote, die den Papst zum Weinen brächte: Weit mehr als die Hälfte der Inselbevölkerung versammelt sich in der Kapelle. Ein tahitianischer Pastor erzählt seinen schwerhörigen, grau melierten Schafen in gut gemeintem Englisch von Jesus, eine Heimorgel erklingt, und Mavis singt die fromme Gemeinde aus voller Raucherkehle an die Altarwand: «Thank you for this new fucking Morning, Lord!»

Wer sich fernhält, ist Andrew, der Gepiercte, der sich wohl lieber mit den nicht vorhandenen Flittchen in seinem Whirlpool vergnügt. Dieser junge Leichtfuß, der zwar eine bemerkenswerte Figur auf den Longboats abgibt, sich aber erlaubt hat, einen original italienischen Ofen zu importieren, aus dem er die besten Pizzen des westlichen Pazifiks hervorholt. Und was macht dieser verwöhnte Kerl? Er verschenkt sie auch noch auf seinen legendären Hauspartys, der weit und breit einzigen Zerstreuung für Pitcairner unter siebzig.

Auch Simon und Shirley, diese faulen, hinterhältigen, verlogenen Hippies ziehen es doch tatsächlich vor, in ihrem «Bubu Hideaway» zu bleiben, wie sie ihre Hütte nennen, statt den Herrn zu loben: die Hauptstraße entlang, an ihrem Ende zweimal rechts ab, einen verwilderten, mit hohem Gras bewachsenen Pfad entlang bis zu den Klippen der Nordostseite, dem romantischsten Platz des Universums. Wer weiß, vielleicht haben sie sogar die Frechheit, dort ein Kind zu zeugen und dieser schleichend dahinsiechenden Zivilisation eine Hoffnung zu geben. Am Ende kommen Familien aus dem Ausland auf die Idee, hierherzuziehen und den Inselfrieden zu stören.

Und noch eine weitere Gruppe fehlt in den Reihen der Kirchenbänke. Vermisst wird sie aber nicht. Nicht nach all dem, was sie ihren guten, gottesfürchtigen Nachbarn angetan hat. Es fehlen die Frauen und Mädchen, die es gewagt hatten, als Zeuginnen gegen ihre Vergewaltiger auszusagen, und danach feststellten, dass ihre Kaffeepflanzen nicht mehr wuchsen. Ihre Auberginen verfaulten, ihre Tomaten gingen plötzlich ein, niemand schnitt mehr den Weg zu ihrem Haus frei. Sie hatten die Spielregeln verletzt, und deshalb mussten sie gehen. Niemand hilft Verräterinnen.

OKTOBER UND DIE
VERSCHWUNDENEN FISCHE
Karakalpakstan

W ie kommt ein Journalist in ein Land, in dem der Ausdruck «Journalist» eine Beleidigung ist? Dazu gibt es einen beliebten Witz: Wer die Berufsbezeichnung «Terrorist» angebe, sagen Kollegen, erhalte mit höherer Wahrscheinlichkeit Einlass in die glorreiche Republik Usbekistan als jemand, der sich als «Publizist» oute.

Tatsächlich offenbart sich der Charme eines usbekischen Presseattachés eher schleichend. Das Telefonat beginnt mit der herzerwärmenden Begrüßung «WAS WOLLEN SIE???», um dann für einen Augenblick aufzutauen und schließlich in einer Salve durchaus wohlwollender, aber militärisch prononcierter Anweisungen zu münden: Ausdrucken! Ausfüllen! Abschicken! Und das alles am besten bis gestern. Diese genauso notwendige wie erniedrigende Prozedur verschlang acht Monate und kostete mich etliche Lebensjahre.

So warf ich mich in den bürokratischen Schützengraben, schaltete eine tapfere Kompanie kyrillischer Formulare aus und entsandte einen Feldbrief an den Botschafter, in dem ich vor seinem ultraautoritären Staat salutierte, als sei er die Vision all meiner Kinderträume. Diplomatie ist die Kunst, mit hundert Worten zu verschweigen, was man mit einem Wort sagen könnte, meinte ein französischer Dichter, und der Grieche Herodot schrieb: Wenn du lügen musst, dann lüge. Dass ich mich eher beiläufig für Usbekistan interessierte, konnte ich dem Botschafter jedenfalls nicht verraten. Zumindest nicht unverblümt.

Mein wahres Ziel verbarg ich hinter Lob und Schmeicheleien in einem der letzten Sätze meines Bittschreibens. Wie sonst hätte ich den Wunsch äußern sollen, über die größte und marterndste Wunde eines ganzen Kontinents berichten zu dürfen? Ich hatte von einem geheimnisvollen Reich im wilden usbekischen Westen erfahren. An neunzig Tagen im Kalender soll es von Sandstürmen verhüllt sein, doch wenn die Winde nachlassen, sagt man, geben sie den Blick auf eine genauso aufregende wie ernüchternde Welt frei. Dort, viele hundert Meilen von der usbekischen Hauptstadt Taschkent entfernt, beginnt die autonome Republik Karakalpakstan – das Land der schwarzen Mützen. Obwohl sich kaum eine Seele dorthin verirrt, ist sein Schicksal berühmt. Es lag früher am Wasser und liegt heute in der Wüste, denn sein Meer, das sich Aralsee nannte, ist verschwunden.

Wenn ich mit der Botschaft telefonierte, irritierte mich noch etwas anderes. Egal, welche Nummer ich auch wählte, mir war so, als würde ich von immer derselben männlichen Stimme am anderen Ende der Leitung ausgeschimpft, und kam dieser Mensch erst so richtig in Fahrt, dann hallte es, als würde er mutterseelenallein auf den Kacheln einer entwässerten Badeanstalt kauern.

Das alles klärte sich, als er mich nach Berlin einbestellte. Ich klingelte und wartete eine Viertelstunde vor dem vergitterten Tor des Konsulats, bis ein äußerst kräftiges Männlein vor mich trat. Weil die Hauptstadt den wärmsten Nachmittag seit Beginn der Wetteraufzeichnungen erlebte, führte es ein kurzärmliges Sommerhemd spazieren, das seine imposanten Unterarme bestens zur Geltung brachte.

Der kleine Diplomat hatte den Pförtner gemimt, jetzt spielte er den Fremdenführer, denn tatsächlich schien er der einzige Bewohner seines Schlosses zu sein. Als würden wir durch einen Adventskalender wandeln, öffnete er Portal um Portal, und hinter jedem kam ein stiller Prachtsaal zum Vorschein, dessen Stuckdecken bis hoch in den Himmel und weiter reichten. Das Licht der vergoldeten Kristallleuchter fiel auf Säulen und Symmetrien, spiegelte sich in den Marmorböden und erhellte die langgezogenen, mosaikgeschmückten Fluchten. Abgesehen von der etwas eigenwilligen Farbgestaltung – Mintgrün meets Babyblau –, war ich tief beeindruckt von so viel Stil.

Würde die Welt einen Palast bauen, wären die Usbeken seine Dekorateure. Amerika entwirft den Grundriss, Russland sorgt für Sicherheit, deutsche Ingenieure kümmern sich um die Technik, die Franzosen bestücken den Weinkeller und suchen die Bettwäsche aus. Doch wahrscheinlich zerstreitet sich die Welt noch während des Planfeststellungsverfahrens, und am Ende kommt der Wein aus Sibirien, die Amerikaner besorgen die Kredite, die Franzosen bewachen die Arbeitsmoral, die Deutschen bemühen sich, dem Ganzen etwas Liebe zu verleihen, und Usbekistan stellt sicher, dass alles bis auf den letzten Cent korrekt abgerechnet wird. In der internationalen Rangliste der Korruption muss sich der Staat nur wenigen anderen geschlagen geben. Darunter Somalia, Afghanistan und Nordkorea.

Nachdem wir einen Abstecher in den Park der Botschaft gemacht hatten, versuchte ich, die Tür zur Veranda zu schließen, und hielt plötzlich die Klinke in der Hand. Der Diplomat, ganz diplomatisch, tat so, als hätte er nichts bemerkt, und deutete auf eine Sofakombination aus dunklem Speckleder, in der ich im nächsten Moment versank. «Es tut mir leid», sagte der Mann, «momentan sind all meine Kollegen im Urlaub, aber trotzdem möchte ich Ihnen zeigen, was usbekische Gastfreundschaft bedeutet.» Dann verschwand er für eine Weile. Irgendwo in den Katakomben seiner Hallen musste sich doch ein Kühlschrank verstecken.

Als er mit Wasser, Tee und Süßigkeiten zurückkehrte, begannen sensible bilaterale Gespräche mit klarer Rollenverteilung. Ich, der untertänigste Journalist der Erde. Er, der allmächtige Gesandte eines Diktators, der sein Land seit einem Vierteljahrhundert in unendlicher Weisheit erblühen ließ. Dabei beherrschte er die perfekte Balance aus Smalltalk und Hardtalk. Mein Gegenüber wechselte nahtlos von liebenswert verschmitzt auf dominant autoritär.

«Welche Marschrichtung hat Ihnen Ihr Verlag vorgegeben?», fragte er, um mir im nächsten Atemzug seine Doktrin einzuschärfen. Erstens: Nichts Negatives schreiben! Zweitens: Nur Positives schreiben! Drittens: Niemals, wirklich niemals den großen usbekischen Volkshelden Timur beleidigen!

Timur, auch Tamerlan genannt, war ein bemerkenswerter Feldherr des vierzehnten Jahrhunderts, der genau wie mein Gastgeber über eine sympathische und eine weniger sympathische Seite verfügte. Einerseits galt er als feiner Geist und Kunstförderer. Andererseits, und daran stoßen sich seine Kritiker ein wenig, ließ er einhunderttausend Hindus strangulieren, zweitausend Menschen bei lebendigem Leib einmauern und, aber wirklich nur zu besonderen Anlässen, neunzigtausend Unschuldige köpfen und ihre Häupter zu Gebirgen aus Blut und Schädeln auftürmen.

«Sie dürfen ihn dafür aber nicht verurteilen», erklärte der Gesandte. «Jeder westliche Artikel über Usbekistan beginnt mit diesen Blutpyramiden, mit abgerissenen Köpfen, Gehirnen und Eingeweiden, und das ist doch wirklich widerlich. Das verletzt uns. Timur ist unser Idol!»

«Sie haben recht», bemühte ich mich um Konsens, «das wäre ja so, als würde jeder Artikel über Deutschland mit Hitler beginnen.»

«Über Hitler und den Zweiten Weltkrieg reden Sie in Usbekistan besser nicht», hakte er ein und hatte damit Regel Nummer vier erklärt.

Rasch schaltete der Machtmensch auf charmant. Ob ich verheiratet sei, wollte er wissen, was ich verneinte. «Aber die Freundin haben Sie schon?», zwinkerte er. «Sonst könnten wir ein wenig nachhelfen und mal schauen, was Usbekistan für Sie auf Lager hat.»

Ich sah ihn etwas verwundert an, bis ich merkte, dass ich ihn etwas verwundert ansah.

«Im Ernst: Familie ist der Sinn des Lebens», fuhr er fort, auch er sei ein hundertprozentiger Familienmensch, betonte er, doch dann fiel ihm ein, dass er damit ja möglicherweise ein nullprozentiger Staatsdiener war. «Natürlich bin ich auch einhundertprozentig für meine Arbeit da», schob er nach, «hier rutscht am Ende alles auf meinen Schreibtisch, und ich muss überall meinen Namen druntersetzen.»

Der zweihundertprozentige Repräsentant schien nun das Schlusszeremoniell einzuleiten. Doch anstatt mir feierlich meine Papiere zu überreichen, verlas er ein Schriftstück, das den vierundzwanzigsten Unabhängigkeitstag der Republik Usbekistan ankündigte. Zu diesem bedeutenden Anlass gebe es einen Festakt unter dem Motto «Tag der Senioren», und ich möge doch bitte einen Videogruß für die dort anwesenden Ehrengäste und Staatsdiener einsprechen.

«Also, das wäre ein weiteres Plus für Ihre Reise», lächelte er, und mir war klar, dass ein «Nein» ein deutliches Minus bedeutet hätte.

In der darauffolgenden Szene stehen wir auf dem penibel gemähten Rasen des Konsulatsgartens. Der Diplomat hat ein Stativ aufgebaut und ist dabei, seine Kamera auf meine sonnengeröteten Wangen auszurichten. Ich halte ein Mikrophon in den Händen, und während ich auf meinen Auftritt warte, delegiert mich der Auslandsvertreter ein wenig nach rechts, dann wieder einen Schritt nach links, bis er schließlich das Objektiv scharfdreht und mir mit einer Geste signalisiert, dass wir jetzt laufen.

«Und bitte!»

Leider erinnere ich mich nicht an meinen genauen Wortlaut. Ich stelle mich vor, gratuliere zum Geburtstag und leiste mir irgendeine gewagte Aussage über die wichtige Rolle älterer Menschen in unserer Gesellschaft. Ich glaube, ich habe behauptet, Senioren seien unsere Zukunft. Schließlich lobe ich die hervorragenden deutsch-usbekischen Beziehungen und finde meine Ansprache bis auf wenige Aussetzer ziemlich gelungen.

«Schnitt!»

Mein Gegenüber kraulte sich das Kinn.

«Herr Gastmann, vielleicht könnten Sie noch erwähnen, dass Usbekistan ein multinationaler Staat ist?»

«Multinational?»

«Sie wissen schon: über hundert Kulturen und Sprachen, friedliches Zusammenleben und so weiter ...»

«Okay. Dann also noch mal von vorn?»

«Nein, nein, sagen Sie einfach: Usbekistan ist ein multinationaler Staat ... Und bitte!»

«Usbekistan ist ein, ähm, multinationaler Staat.»

«Danke, das schneide ich zusammen.»

Am Ende dieses denkwürdigen Nachmittags dokumentierte der Diplomat unser Treffen mit Erinnerungsfotos vor wechselnden mintgrün-babyblauen Hintergründen. Er händigte mir mein Visum aus und beschenkte mich mit einer dunkelblau glitzernden Präsenttüte. Darin entdeckte ich etwas Propaganda und überraschenderweise einen preiswerten Cabernet Sauvignon. «Dieser Wein ist so ausgezeichnet», murmelte der Gesandte sibyllinisch, «dass ich Ihnen einfach eine Flasche davon schenken musste.» Er riet mir in aller Männerfreundschaft, einen «guten» Bericht zu schreiben. Wer weiß, vielleicht könne er mir dann noch weitere Aufträge vermitteln. Schließlich verabschiedete er sich mit einem Händedruck, den ich noch heute spüre. Sollte ihm der folgende Text nicht gefallen, wird er mich vermutlich zwingen, den Wein zu trinken.

Selbst mit vollständigen Papieren dürfen Journalisten nicht einfach so nach Zentralasien aufbrechen. Sie müssen sich von einem usbekischen Reisebüro bei ihrer Planung helfen lassen. So geht niemand verloren, und der Geheimdienst weiß immer, wo man gerade steckt. Mein neuer Freund aus der Botschaft empfahl mir die Agentur seiner ehemaligen

Lehrerin, und was Empfehlungen bei ihm bedeuteten, hatte ich ja mittlerweile gelernt.

Tatsächlich arbeitete die Dame zuverlässig, schnell und ausgesprochen professionell, auch wenn mich ihre Abrechnung etwas erstaunte. Ich sollte die Gebühren für Hotels, Zugfahrkarten und die Vermittlung eines erfahrenen karakalpakischen Guides auf das Konto der kanadischen Firma Microlight LED Technologies in Coquitlam, British Columbia, überweisen.

Eine weitere verbindliche Empfehlung brachte mich an Bord einer in die Jahre gekommenen Boeing 767 der Uzbekistan Airways. Es sei zwar nicht die günstigste, dafür aber die sicherste Fluggesellschaft der Welt, hatte man mir versprochen, und außerdem die einzige, die direkt nach Taschkent fliegt. Und noch etwas machte die Airline einzigartig: Kurz vor der Reise hatte sie angekündigt, ihre Gäste künftig mitsamt ihrem Handgepäck auf die Waage zu stellen – ob damit auch Prämien verbunden sind nach dem Motto «Wer weniger wiegt, zahlt auch weniger», behielt Uzbekistan Airways für sich. Bis zum Flughafen Frankfurt schien sich diese Maßnahme nicht herumgesprochen zu haben. Die Security erleichterte die Passagiere auf ihre Weise. Ich werde nie den Gesichtsausdruck des Beamten an der Sicherheitskontrolle vergessen, der nach dem Durchleuchten einer Damenhandtasche zwei volle Flaschen Wodka aus ihrem Inneren zog.

Ja, das Land der Usbeken ist ein multinationaler Staat, und entsprechend bunt sah es in der Maschine aus. Ich saß zwischen Russen, Turkmenen, Afghanen, Kasachen und erstaunlich vielen Koreanern. Vielleicht gehörten sie zu den Korjo-Saram, auch Sowjetkoreaner genannt, einer Minderheit aus Sibirien, die von Stalin deportiert worden war. Weniger farbenfroh präsentierten sich die deutschen Touristengruppen an Bord. Sie hatten sich in kleinstädtisches Rentnerbeige gewandet und schwelgten in Orientphantasien. Ob sie auch an ihren Magen dachten? Ein Usbekistanabenteuer ohne Darmkatarrh zu überstehen sei ein ambitioniertes Unterfangen, weiß jeder zu berichten, der einmal dort war. Schon Alexander der Große habe arg gelitten, als er die Region verwüstete, und sei entnervt nach Indien weitergezogen.

Das alles mag etwas negativ klingen, doch während dieses Flugs passierte etwas, das mich für immer und ewig in Zuneigung mit meinem Reiseziel verbinden sollte. Ich saß am Notausgang, hatte halb aufgetauten Lachs gespeist und trank einen Chai, um den Bauch zu beruhigen, als mich eine ältere, sowjetisch geschminkte Stewardess auf Russisch ansprach. Leider verstehe ich außer ein paar wirklich versauten Schimpfwörtern nur wenig, deshalb wechselte die Frau einige Sätze mit meiner jungen Sitznachbarin, um kurz darauf mit drei warmen Decken zurückzukehren. Die erste legte sie mir wortlos über die Beine, die zweite um Rücken und Schultern, und mit der dritten wickelte sie mich bis zum Hals ein, als wäre ich ihr eigener Sohn.

«Was hat sie gesagt?», fragte ich das Mädchen neben mir.

«Sie hat deine Hände gefühlt, als sie dir Chai brachte, und dachte, dir sei kalt. So sind wir Usbeken.»

Ich schlief ein und wachte im dreizehnten Stock des Hotels Uzbekistan wieder auf, ein Haus, das in besseren Zeiten Mastroianni und Fellini beherbergt haben soll. Der alte Plattenbau war eine typische Sünde kommunistischer Machtarchitektur. Man hatte ihn zum fünfzigsten Jubiläum der Sowjetrepublik Usbekistan in die Höhe gezogen, und nun blickte er in Form eines monumentalen aufgeschlagenen Buches auf den Unabhängigkeitsplatz von Taschkent und die ehemalige KGB-Zentrale, über die man heimlich sagte, es habe sich zwar ihr Name geändert, aber nicht ihr Inhalt.

Acht Boulevards laufen sternförmig auf eine archaische Reiterstatue zu. Natürlich ist Timurs Abbild wesentlich prächtiger und imposanter geraten als seine reale Erscheinung. Er soll eine eher zwergenhafte Person mit einem Hinkefuß gewesen sein, der ihm den Beinamen «der Lahme» einbrachte. Goethe, von dem ich mich in diesem Punkt ausdrücklich distanziere, beschrieb den Rothaarigen sogar als hässlichen Mann mit einem blinden Auge. Der Marmorsockel, auf dem Timur nun reitet, hat in der Vergangenheit andere Helden getragen. Zuerst einen Gouverneur des Zarenreichs, dann die Skulptur «Befreiung der Arbeit», gefolgt von Stalin, Marx und Engels. Schließlich kam unser Freund, der liebenswerte Schlächter. Die Regierung hat ihn aus den Geschichtsbüchern hervorgeholt, in der Hoffnung, er möge diesem jungen Land ein neues, betont männliches Nationalbewusstsein schenken. Sagen wir so: Das Prinzip des Gender Mainstreaming ist in Usbekistan noch nicht sonderlich verbreitet.

Im hohen Alter, als Timur bereits ein Weltreich von Bagdad bis Delhi erobert hatte, entschloss er sich noch einmal, mit zweihunderttausend Mann nach Osten zu ziehen, um China zu unterwerfen. Doch er rechnete nicht mit den eisigen Zungen des Winterwinds. Um seinen wackeren Soldatenkörper zu wärmen, begann er bald, gegen den Frost anzutrinken. Er trank und trank und vergaß dabei ganz das Essen. Zwei volle Tage ließ er nicht ab vom Arak, bis er den letzten Schluck genommen hatte und jener Moment gekommen war, so schildern es Zeitgenossen, an dem sein liebendes Volk den Himmel zusammenfaltete wie der Schreiber einen Brief. Emire und Prinzessinnen schwärzten sich die Gesichter, Händler schlossen ihre Märkte, und gemeinsam erhoben sie «ein lautes Wehgeschrei, das weithin in alle Welt erscholl».

Wer Timurs Ruhe stört, bringt Unheil über die Welt, das gilt in Usbekistan als Common Sense. Es gibt dazu eine Legende aus dem Zweiten Weltkrieg, und der Diplomat in Berlin hatte sie mir so erzählt: Wir schreiben den April 1941. Die Wehrmacht hat Frankreich erobert, breitet sich in Nordafrika aus und fliegt Luftangriffe auf Belgrad, als sich sowjetische Historiker und Anthroposophen daranmachen, die Gruft des Feldherrn zu öffnen. Neben ihnen stehen drei Weise und warnen: «Mensch, habt ihr sie noch alle?», rufen sie im Chor. «Wisst ihr denn nicht, dass wir geliefert sind, wenn ihr den Alten weckt?»

Doch weder die Prophezeiungen der Meister halten die Wissenschaftler von ihrem Vorhaben ab noch die Inschrift auf Timurs Grab: «Vorsicht, nicht öffnen, sonst erzittert hier die Erde.» Und so legen sie das Skelett eines gedrungenen Mannes frei, dessen eines Bein deutlich kürzer ist als das andere, und bringen es arglos zur näheren Untersuchung nach Moskau.

Noch während sie unterwegs sind, entwickelt ein anderer kleingewachsener Heerführer wilde Eroberungsphantasien. Bald wird die Sowjetunion vom Land der Richter und Henker überfallen, das kommunistische Imperium steht vor dem Untergang, und Stalin erkennt, dass er den Krieg nur gewinnen kann, wenn er Timurs wütenden Geist besänftigt. Der Stählerne erhebt sich höchstpersönlich in die Lüfte und eskortiert die verhexten Gebeine zurück in ihre Heimat. Auf seinem Weg lässt er die gesamte russisch-deutsche Frontlinie abfliegen, möge der Fluch des Usbeken nun die Wehrmacht treffen. Als Timur schließlich wieder unter seiner Grabplatte verschwindet, gelingt der Roten Armee die Wende in Stalingrad, und Mütterchen Russland schlägt zurück.

Das Hotel Uzbekistan war so monströs, dass ich mich darin unendlich klein fühlte. Du bist nichts, das Kollektiv ist alles. Ich frühstückte in einem Ballsaal und saß an einem runden Tisch, um den elf leere Stühle standen. Sie waren mit silbrigen Hussen aus verschiedenen Epochen des Hauses überzogen, und manche Rückenlehne trug eine Schleife. Am Vorabend hatte eine Hochzeit mit fünfhundert Gästen in der Halle gewütet, und die Reste der Party hingen noch in den dunkelroten Vorhängen. Das Personal richtete Wurst- und Käsescheiben an, als würde es ein Staatsbankett vorbereiten. Mir vis-à-vis standen zwei festlich gekleidete Kellner, die hinter einer Legion aus Tassen und Untertassen auf Kundschaft warteten. Der linke schenkte Kaffee ein, der rechte Chai.

Es war das Hotel der Ausländer. Sie trugen Camcorder um den Hals, hatten sich Lederhalfter an die Gürtel geschnallt und würden nachmittags die letzten türkis leuchtenden Kuppeln der allerletzten Moscheen ablichten, die es in Taschkent noch gab. Die Stadt wurde exakt auf der Naht zwischen eurasischer und indischer Kontinentalplatte errichtet, der

Boden knirschte und knarzte, und in den sechziger Jahren öffnete er sich plötzlich. Zwei Drittel aller Gebäude fielen damals in sich zusammen, dreihunderttausend Menschen brauchten rasch eine neue Bleibe. So kehrte die Metropole als sowjetisches Ungeheuer wieder. Ihre wahre Schönheit liegt heute im Untergrund: Der barocke Glanz der U-Bahn-Paläste erinnert an die unterirdischen Extravaganzen von Moskau und St. Petersburg.

Wie alle Hauptstädter halten sich auch die Taschkenter für privilegiert. Den Namen ihrer Residenz übersetzen sie gerne mit «Stadt der tausend Springbrunnen», obwohl er wörtlich «Stadt aus Stein» bedeutet. Beides war an diesem Oktobertag Programm. Grauer Regen fiel auf grauen Beton und füllte graue Brunnen auf grauen Plätzen in grauen Häuserschluchten. Dazwischen fuhren graue und weißgraue Chevrolets – der Hersteller hatte sich in einem brüderlichen Deal mit dem Staatspräsidenten ein Monopol gesichert. Wer nicht Chevy fuhr, saß entweder in einem Lada oder in einem Importwagen, den er sich trotz der enormen Schutzzölle leisten konnte. Doch erst nachts, hieß es, würden die wirklich großen Limousinen aus ihren Höhlen kommen. Sie tauchten aus Tiefgaragen auf und verschwanden in anderen Tiefgaragen, wo ihre Halter «speziellen Geschäften» nachgingen.

Wenn Europäer die Silben dieses Ortes hören und sie entrückt über ihre Zunge zischen lassen – Taschhh...kent –, materialisieren sich Bauwerke in ihrer Vorstellung, die sie eher in anderen usbekischen Märchenmetropolen finden: der Palast von Chiwa, die Moscheen von Buchara, die geschwungenen Ornamente auf den Medresen des Registan von Samarkand. Die Stadt aus Stein dagegen ist für drei andere Highlights bekannt. Nummer eins ist der zentrale Basar, auf dem dir heute verkauft wird, was dir gestern geklaut wurde. Nummer zwei ist die beeindruckende Uniformendichte. Der Taschkenter Beamtenapparat ist so exorbitant groß, dass sich manchmal fünf Polizisten gleichzeitig in einem Wachhäuschen drängen, und wie sie das anstellen, ist schon eine Attraktion.

Wer den Schnellzug nach Samarkand nehmen will, sollte rechtzeitig am Bahnhof sein, denn vor jedem Eingang lauert ein uniformierter Fahrkartenkontrolleur, der Pass und Ticket verlangt. Nun salutiert die Miliz und wirft einen Blick in das Gepäck, bevor es andere Milizionäre, die ebenfalls salutieren, durchleuchten. Sie tasten die Kleidung ab und überprüfen den Ausweis ein zweites Mal, woraufhin ihn ein Bahnmitarbeiter, der nicht salutiert, ein drittes Mal kontrolliert. Der nächste Beamte fragt nach dem Fahrschein, und ist alles in Ordnung, stempelt ihn ein weiterer Kollege ab. Vor ausnahmslos jeder Waggontür steht noch einmal ein Schaffner, der Pass und Ticket ein viertes und letztes Mal in Augenschein nimmt, aber auch so freundlich ist, einen Ausländer wie mich an seinen Platz zu führen.

Ich möchte nicht so weit gehen und behaupten, dass der Samarkand-Express, ein spanischer Hochgeschwindigkeitszug, der Stolz des ganzen Landes wäre, aber die Staatsmacht brüstet sich gerne damit. Dieser Deal wurde von der ehemaligen Lieblingstochter des Präsidenten eingefädelt, die damals nicht ganz zufällig als Botschafterin in Madrid residierte. Dann allerdings stolperte sie über diverse Geldwäschegeschäfte und wurde medienwirksam aus der Familie verstoßen. «Wir sind alle nicht sauber», schoss sie öffentlich zurück und warf ihrer Mutter, der First Lady, vor, Scheine unter der Badewanne des Diktators zu verstecken. Seither ist es still um das renitente Töchterchen geworden. Es wird gemunkelt, dass sie in Haft sei oder unter Hausarrest stehe – viele Menschen verschwinden. Ihre jüngere Schwester übrigens, der sie Kokainkonsum unterstellte, leistete sich vor nicht allzu langer Zeit ein Anwesen in Beverly Hills für angeblich fünfzig Millionen Dollar. Manche sagen, Usbekistan sei das größte und erfolgreichste Familienunternehmen der Welt.

Die dritte Attraktion von Taschkent ist das wunderbare Zentrum des Plow, auch wenn ich dort keinen anderen Ausländer entdeckte. Dafür warteten Hunderte Taschkenter im Lichte eines einzigen Kronleuchters auf eine äußerst schmackhafte Speise, die in Pfannen, so groß wie Kutschenräder, vor der Halle brutzelte. Plow, auch Pilaw, ist das usbekische Nationalgericht und geht ausgerechnet auf Alexander den Großen zurück, der bekanntlich wenig Freude an der lokalen Küche hatte. Während seiner strapaziösen Eroberungszüge soll er seine Köche angewiesen haben, ein einfaches und vor allem magenschonendes Gericht für sich und seine Heerscharen zu kreieren. Heraus kam ein Berg aus Reis, Fleisch und Hammelfett, der je nach Region mit Eiern, Erbsen, Rosinen, Quitten oder was auch immer verzehrt wird. In Taschkent isst man ihn mit einer Scheibe Pferd, um die Manneskraft zu stärken. Eine Scheibe, versicherte man mir, habe die Wirkung einer Viagra. Männer sind es übrigens auch, die Plow zubereiten. Angeblich, weil sie nicht mit den Zutaten geizen. Ihr Rezept lautet: von allem viel zu viel und niemals etwas für schlechte Zeiten beiseitelegen. Frauen denken an morgen, Männer halten sich für unsterblich.

Mein staatlich organisierter und geheimdienstlich über-
wachter Plan sah eine weitere Nacht in Taschkent vor. Danach sollte ich in aller Frühe mit dem Zug in die Republik
Karakalpakstan aufbrechen. Sie hat zwar ihre eigene Sprache,
ihre eigene Flagge, ihren eigenen Präsidenten und ihr eigenes Parlament – ihre Währung jedoch ist dieselbe wie in
Usbekistan und heißt «Sum», was sich wiederum von «Som»
ableitet und in den Turksprachen «rein» bedeutet. Damit
karikiert sie sich selbst, denn tagsüber hatte ich beobachtet,
wie man sich Sum beschafft.

Wer sie aus dem Automaten zieht, ist ein Idiot. Der Kurs in
den Wechselstuben der Hotels oder Flughäfen ist nicht viel
besser. Reizvoller tauscht es sich in den Wirren des Basars,
doch es kann passieren, dass dein Dealer dich direkt nach
dem Geschäft bei einem Polizisten anschwärzt, der um die
Ecke lauert, und mit ihm halbe-halbe macht.

Ich selbst entschied mich, auf einen Handel einzugehen,
der mir abends im kathedralenartigen Foyer meiner Betten-
burg angeboten wurde. Ein Concierge begrüßte mich, um
dann etwas näher an mich heranzutreten und mir flüsternd
zu verstehen zu geben, dass der Wechselkurs seines Kum-
pels deutlich besser sei als der seines Arbeitgebers. Die Sache läuft so: Man drückt dem Mann im Vorbeigehen zweihundert Dollar in die Hand, so als gäbe man ihm Trinkgeld,
und verschwindet dann in einem der goldenen Lifts, die
nicht schließen, wenn der Gast es möchte, sondern wenn
sie Lust darauf haben. Nach einer Stunde klopft es an der
Zimmertür, und ein Unbekannter in Lederjacke betritt den
Raum, der zwei dicke Bündel druckfrischer Banknoten auf
den Sekretär legt, nickt und wortlos wieder verschwindet.

Man zählt nach und stellt erstens fest, dass man auf dem Schwarzmarkt doppelt so viel bekommt wie auf legale Weise, und zweitens, dass hier keineswegs mit Blüten gehandelt wird. Der Kumpel des Portiers muss also einen guten Kumpel bei der Bank haben, oder er hat vor kurzem eine Bank ausgeraubt.

Der Zug war ein dunkelblaues Biest aus Sowjetzeiten, das die usbekischen Nationalsymbole wie einen Schild vor sich hertrug. Rollendes Machismo. Die kompromisslose Art, mit der es in die Station strotzte, glich einem Statement. Diese Bestie würde auch dann noch über die Gleise wummern, wenn wir schon lange in unseren Gräbern schliefen. Man hatte mir mehrfach nahegelegt, einen Flug nach Karakalpakstan zu buchen. Die Bahn sei nun wirklich nicht angemessen für einen Ausländer und verschlinge zehnmal so viel Reisezeit. Doch zumindest einen Weg wollte ich auf Schienen zurücklegen, da ich hoffte, auf dieser Etappe unbehelligt mit Einheimischen reden zu können. Welcher staatliche Spitzel würde diese Strapazen auf sich nehmen? Vor uns lagen tausend Kilometer Einöde und zwanzig Stunden Fahrt.

Was nun passierte, überraschte mich wenig. Im Westen wie im Fernen Osten läuft das Einsteigeritual nach ein und demselben Muster: Keep calm and mind the gap. In den unendlichen Weiten dazwischen aber gilt es als verweichlicht, sich brav anzustellen und andere Passagiere aussteigen zu lassen. Stattdessen drängt man sich in einem Pulk vor den Waggontüren, macht sich locker und lässt sich von ihm hineinschieben.

Ich landete in einem Schlafabteil für vier Personen und

machte Bekanntschaft mit einem älteren Herrn, der sich mit dem armenischen Vornamen Vahram vorstellte. Er trug eine Mercedes-Benz-Pudelmütze, hockte auf seinem Bett und ließ Dudelmusik aus einem kleinen Lautsprecher spielen, den er mit sich führte. Leider kam ich mit meinem Fäkalrussisch nicht weiter, verstand aber die Frage nach «rabote». Vahram, so deutete ich seine Gesten, hatte offenbar einmal als Ingenieur gearbeitet. Ich antwortete mit tippenden Bewegungen und war froh, dass er mich fortan für einen Computertechniker hielt.

Vahram hatte gutmütige Augen, die hinter einer arg verbogenen Lesebrille hervorlugten. Er zeigte mir, wo in diesem winzigen Verschlag noch ein Platz zu finden war, um meine Reisetasche zu verstauen. Dann machte er mir mit Händen und Füßen klar, ich möge mich besser noch nicht in mein Bett legen. Tatsächlich sah es gefährlich nach Wanzen oder Flöhen oder beidem aus, und glücklicherweise tauchte jemand auf, der mir frische Laken und einen Waschlappen reichte. Eine alte Frau trat in unsere Tür und hielt uns einen Räucherfisch unter die Nase, ein Bahnangestellter fegte den Gang mit einem Reisigbesen, dann setzte sich der Zug in Bewegung.

«Germania!», rief mein aufgeregter Begleiter, als zwei andere Männer den Raum betraten. «Germania! Germania!» Anders als Vahram trugen sie erkennbar mongolische Züge, möglicherweise waren sie die ersten Karakalpaken, die ich auf meiner Expedition traf. Der eine hatte nur ein halbes Gebiss, dafür aber eine ansehnliche Menge Goldzähne. Der andere grüßte mich mit den Worten «Hitler kaputt!», schwang sich in das Bett über mir und schlief augenblicklich ein.

Einen Deutschen hatten sie offenbar nicht erwartet. So setzte sich der mit dem halben Gebiss neben mich und begann, mit seinen Händen ein hübsches Paar Brüste zu formen. Es dauerte eine Weile, bis mir aufging, dass er wissen wollte, ob es eine Frau an meiner Seite gebe, und ich zeigte ihm ein Foto. Der Goldzahn wiederum deutete pantomimisch an, dass er drei heiratsfähige Töchter habe, die allesamt bemerkenswert gut gebaut seien.

Seine nächste Geste machte mir Sorgen, denn ich kannte sie aus folgenschweren Abenden in russischen Datschas und ukrainischen Discos. Er schnipste sich an den Hals, was von Warschau bis Wladiwostok dasselbe bedeutet: Lasst uns Wodka trinken, bis die Zugbegleiterin nackt im Abteil tanzt, und zwar sofort! Doch stattdessen brachte Vahram eine ganze Kanne duftenden Chai, wo auch immer er sie aufgetrieben hatte. Vielleicht blieb ich verschont, weil es noch früh am Morgen war. Vielleicht hatte ich auch einfach nur Glück.

Zur Mittagszeit schlossen sich drei weitere Männer unserer Runde an, darunter sogar der Schaffner. Einer davon klappte mein Lager um, unter dem ein Hohlraum zum Vorschein kam, aus dem er gekochte Eier, Brot, Süßigkeiten, Fisch und allerlei Frittiertes nahm. Jeder meiner Begleiter holte nun etwas aus seinem Gepäck hervor und breitete es für alle greifbar auf dem Tischchen zwischen den beiden Etagenbetten aus. Vahram erfreute uns mit einer groben Pferdewurst, und während er sie in Stücke schnitt, legte ich immerhin eine Packung russischer Zuckerzigarren dazu, die ich irgendwo in Taschkent aufgetrieben hatte.

Dass ich den Männern nicht mehr anbieten konnte, war mir unangenehm. So viel Großzügigkeit kannte ich nicht aus meiner Heimat. Stell dir einen beliebigen Zug vor, der irgendwo durch Europa rollt, und nun setze einen einsamen Karakalpaken dort hinein, dessen Sprache niemand versteht. Wer würde sein Essen mit ihm teilen oder ihm gar seine Tochter zur Frau anbieten? Neben der Korruption hatte offensichtlich auch die Solidarität den Sozialismus überlebt. Je perverser ein System, desto mehr rücken die Menschen zusammen. Sie teilen Brot, Leid und Feinde – das ist kein Kitsch, das ist die Kunst des Überlebens.

Wie die Männer miteinander umgingen, war rührend, aber dennoch stets maskulin. Die Teereste warfen sie sorglos auf den Teppich, wo auch schon Gräten und Wurstpelle lagen. Wir schmatzten, rülpsten und furzten, wie wir konnten, und zwischendurch ruhten wir. Wenn ich aus dem milchigen Fenster auf die Wüste Kizilkum blickte, sah ich immer dasselbe Bild: Sand, Kiesel, Strommasten und ab und zu einen kleinen Bahnhof, an dem niemand aus- und niemand einstieg – sieht man von den Bäuerinnen ab, die neben Fladenbrot und Teigtaschen auch Kreuzworträtsel, Instantkaffee, Pall Mall und andere Genussmittel in ihrem Körbchen trugen. Mit den Stunden verschwanden auch sie, genau wie die Bahnhöfe, die Steine und die Strommasten. Zurück blieb nichts als Sand und die Gewissheit, in eine der traurigsten Regionen der Erde zu fahren.

Und wie verbringt man die Nacht in einem usbekisch-karakalpakischen Schlafwagen? Ich dachte, man schläft. Vahram und die anderen zwei taten das auch, ich aber wurde immer wieder von Fremden geweckt, die der Zugbegleiter lautstark in unser Abteil kommandierte. Er wollte sich unbedingt mit dem Mann aus Germania austauschen und suchte einen Übersetzer. Dabei muss er auf einen ganzen Waggon voller Chinesen gestoßen sein. Einen nach dem anderen schob er vor mein Bett – die Leute sollten sich gefälligst mit mir unterhalten. Wer weiß, vielleicht konnte einer von ihnen ja Deutsch oder Englisch oder irgendeine andere seltsame Sprache aus dem Westen? Sobald der Schaffner merkte, dass keine vernünftige Kommunikation zustande kam, so wie bei zwei Hunden, die sich einfach nicht beschnüffeln wollen, zerrte er seinen Chinesen wieder auf den Gang und holte den nächsten Kandidaten.

Schließlich kapitulierte er, legte seine Uniform beiseite, verputzte mein Zuckerzeug, und wir begannen, russische Schimpfwörter in die Sprache der Karakalpaken zu übersetzen. Wie völkerverbindend es doch sein kann, das Wort «Scheiße» mit anderen Vokabeln zu kombinieren. Seine Favoriten waren Scheißzug, Scheißregierung, Scheißmiliz.

Ist es möglich, einen Ort nur am Geschmack zu erkennen? Seoul? Verona? Pittsburgh? Schließ die Augen und sag mir, wonach deine Heimat schmeckt.

Die Luft von Nukus liegt so schwer auf der Zunge, dass sogar ein Blinder sofort wüsste, wo er gerade aus dem Zug gestoßen wurde. Seit sich der See bis auf ein letztes kleines Becken zurückgezogen hat, müssen sich die Menschen, die noch hier leben, mit völlig neuen Wetterlagen arrangieren: Salz und Staub. Der Wind sammelt das Unheil in der Aralwüste, trägt es in Wolken und Wirbeln über die Flachdächer und lässt es auf Balkone, Monumente und Prospekte rieseln, bis alles von derselben fingerdicken gelben Kruste überzogen ist. Der Salzhauch kriecht in jeden Zweig der Lunge und bringt

Asthma, Blutkrebs und Tuberkulose. Du schmeckst die Stadt, du atmest sie, und abends hustest du sie wieder aus.

Im Zentrum von Karakalpakstan wohnt der Tod. Der Bahnhof war nicht mehr als ein Gleis im Sand, und die leergefegten Straßen platzten unter den Temperaturen auf wie die Wasserleitungen in den gespenstischen Großwohnsiedlungen. Früher wurden die Eiswinde aus dem Norden vom verdunstenden Nass des Arals gemildert, heute friert die Stadt im Winter unerbittlich ein, um sich im Sommer unerträglich aufzuheizen. Fünfzig Grad im Juni, minus fünfzig Grad im Januar, kontinentales Klima in seiner gnadenlosesten Form. Angeblich harrten noch zweihunderttausend Seelen hier aus, vier von fünf ohne Job, doch sie versteckten sich gut. Ein einsamer Bauarbeiter pflasterte einen namenlosen Platz, und ich fragte mich, ob jemals ein Fuß die Steine betreten würde, die er verlegte.

Man könnte Nukus gottverlassen nennen, doch auf den Brettern solcher Bühnen führt der Himmel seine Wunder auf. Ausgerechnet hier, in der Hauptstadt der Tristesse, lagert eine der bedeutendsten und kostbarsten Kunstsammlungen der Erde. Leider lagert sie nur, kaum geschützt vor Salz und Sand, denn das Savitsky Museum verfügt weder über die Mittel, die Werke zu restaurieren, noch über genügend Raum, sie angemessen auszustellen. Jeder Quadratmeter der Flure und verwinkelten Räume war mit Gemälden zugedeckt. Sie hingen dicht an dicht und wirkten in ihrer Flut wie wertlose Schnappschüsse in einem Familienalbum. Dabei hatte so mancher für sie geblutet.

Igor Savitsky, ein klapperdürrer Maler aus Kiew, war 1950 nach Nukus gekommen, um die Kultur der Karakalpaken zu erforschen. So leitete er Expeditionen, ließ Tongefäße und antiken Hochzeitsschmuck ausgraben, häufte Seidenteppiche und Kreuzstickereien und trat vehement dafür ein, die Artefakte in einem Nationalmuseum kuratieren zu dürfen. Manche sagten, er habe sich in Karakalpakstan verliebt, und das, obwohl die Sowjets in der Region biologische Vernichtungswaffen testeten.

Als man ihm endlich seinen Wunsch erfüllte, begann er jedoch, sich einer ganz anderen Leidenschaft zu widmen. Savitsky durchquerte das Imperium und suchte verdeckt nach Werken russischer Künstler, die es in den zwanziger und dreißiger Jahren gewagt hatten, gegen die Linie der Partei anzupinseln. Wer zu ihrer Zeit etwas anderes auf die Leinwand brachte als die Helden des Arbeiter-und-Bauern-Staats, konnte verschleppt oder auf der Stelle erschossen werden. Stalins Gefolgsleute wollten strahlende Flugpioniere und Klassenkampf unter roten Fahnen sehen. Sie duldeten keine narzisstischen Kritzeleien.

Savitsky erwarb die verbotene Kunst und versteckte sie hier in Nukus, weitab staatlicher Kontrollen. Als er verstarb, hinterließ er dem Museum zwei bis zum Rand gefüllte Frachtcontainer. Sie enthielten die größte Sammlung von Werken der russischen Avantgarde außerhalb St. Petersburgs.

Nicht einmal ein Prozent dieser neunzigtausend Juwelen schmückt heute eine verwaiste Galerie im Niemandsland, die Romantiker den «Louvre des Ostens» nennen. Nur die Flüche eines Ehepaars aus Iowa, das offenbar die Mona Lisa vermisste, füllten die menschenleeren Korridore. «Nun machen sie schon hin!», herrschten die beiden eine Fremdenführerin an, die vergeblich zu erklären versuchte, dass auch abstrakte Kunst zur Kunst gehört. «Come on, zeigen Sie uns die Highlights, nicht diesen Schund!»

Kurz vor meinem Besuch war die langjährige Direktorin des Museums entlassen worden, eine Freundin von Savitsky, die das Haus in seinem Sinne weitergeführt hatte. «Ich wurde gefeuert!», empörte sie sich in der New York Times und beteuerte gegenüber der BBC, dass die Anschuldigungen gegen sie absurd seien. Sie sprach sogar von einer Intrige, doch was warf man ihr vor? Als hätte jemand zu viel Dan Brown gelesen, hieß es, die Direktorin habe Kunstwerke gestohlen und die Originale durch Fälschungen ersetzt. Dabei versicherte das Personal, dass die Ausstellung intakt und die Chefin absolut integer sei.

Wahrscheinlich hatte sie einfach zu oft mit Westmedien gesprochen. Während die Usbeken als eher verschwiegen gelten, sagt man den Karakalpaken eine gewisse Direktheit nach. So verriet die Direktorin vor ein paar Jahren der Presse, dass immer wieder Sammler mit Taschen voller Geld durch die Museumstür schlichen. Eines Tages, fürchtete sie, könnte die Regierung in Taschkent schwach werden und die besten Stücke verscherbeln.

Ich hätte mehr Zeit in der Ausstellung verbracht, wenn mir nicht auf Schritt und Tritt eine Dame im dunkelblauen Kostüm gefolgt wäre. Sie blieb immer exakt zwei Meter hinter mir, und sobald ich mich umblickte, drehte sie eine halbe Pirouette auf ihren Absätzen.

Während der langen Zugfahrt hatte ich mir ausgemalt, wie wohl der karakalpakische Reiseführer sein mag, der mir vermittelt worden war. Wenn ich die Lider schloss, sah ich einen unnahbaren Presseoffizier vor mir, ein Neutrum, das seine wahren Gedanken hinter verbalen Nebelkerzen und einer Uniform verbirgt. Doch stattdessen begegnete ich Oktjabr. Seine Eltern hatten ihn nach der Oktoberrevolution benannt und wählten damit einen eigenwilligen Vornamen für ein eigenwilliges Kind. Als Oktjabr noch ein Junge war, hatte er einen ständigen Begleiter an seiner Seite. Keinen Teddybären und auch keinen unsichtbaren Hasen, sondern ein abgegriffenes Wörterbuch aus dem Jahre 1957, mit dem er sich Englisch beibrachte. Dass ihn das äußerst verdächtig machte, ahnte er nicht. Selbst dann nicht, als seine Lehrerin das kleine Lexikon entdeckte und damit wie mit einem Staubwedel vor seinem Gesicht herumfuchtelte.

«Oktjabr, warum lernst du die Sprache der Kapitalisten?», fuhr sie ihn an.

«Ich mag Englisch!», gab er zurück. «Wer weiß, vielleicht gibt es die Sowjetunion eines Tages nicht mehr, und wir können mit Ausländern reden.»

Entsetzt über diese Unverschämtheit zog die Lehrerin den Burschen an seinem linken Ohr ins Büro des Dekans, der ihn strengen Blickes ein zweites Mal verhörte: «Junge, im Ernst, sag mir, warum lernst du Englisch?»

«Ich mag Englisch!», antwortete Oktjabr, noch immer keiner Schuld bewusst. «Die Sprache könnte mir einmal weiterhelfen.»

Weil der Knabe sich so gänzlich uneinsichtig zeigte, blieb dem Dekan keine andere Wahl, als nun Oktjabrs alten Herrn in die Schule zu bestellen und auch ihn ins Gebet zu nehmen.

«Bei allem Verständnis für den Leichtsinn der Jugend, verraten Sie mir einen Grund, warum Ihr verzogener Bengel Englisch lernt!»

«Weil er recht hat!», erwiderte der Vater, ignorierte die Tiraden des Dekans, der die beiden als besonders nichtsnutzige Exemplare einer ganzen Familie von Dummköpfen beschimpfte, und zog mit seinem kleinen Rebellen von dannen.

Oktjabr wuchs heran, lernte neben Englisch noch Französisch, Russisch, Kasachisch, Turkmenisch und Kirgisisch, und er studierte Archäologie. Doch in den Abschlussprüfungen rasselte er erneut mit der Obrigkeit zusammen. Diesmal ging es nicht um seine Sprachkenntnisse, sondern um etwas weitaus Verwerflicheres. In Kapitel vier seiner Diplomarbeit hatte er sich mit Timur, dem großen usbekischen Feldherrn, befasst und schonungslos all seine Grausamkeiten aufgezählt: die Gehängten, die Eingemauerten, die Geköpften, das volle Programm. Er konnte sich nicht einmal die pikante Fußnote verkneifen, dass Timur Tausende Karakalpaken auf dem Gewissen hat.

Viermal musste Oktjabr seinen Text verteidigen, bis man ihm endlich eine Urkunde überreichte. Dreimal hieß es: «Der Mann sagt zwar die Wahrheit, aber wer so schlecht über Timur redet, bekommt kein Diplom.»

Eines Tages wurde der unbelehrbare Oktjabr zur Armee einberufen, und er äußerte den Wunsch, irgendwo nahe dem Eisernen Vorhang in Europa stationiert zu werden. «Das kommt überhaupt nicht in Frage!», schnauzte ihn der Oberfeldwebel an. «In deinen Akten steht, dass du Englisch kannst, und wer sagt mir denn, dass du nicht gleich in Europa bleibst und überläufst? Weißt du was, ich schicke dich lieber in den Krieg nach Afghanistan!»

In dieser Nacht hatte Oktjabr einen Traum, in dem Gott zu ihm sprach. «Hab keine Angst», sagte er, «du wirst nicht in Afghanistan sterben. Deine Aufgabe ist es, die Geschichte deines Volkes zu erzählen.»

Als ich Oktjabr kennenlernte, war seine Gottesmission noch lange nicht beendet. Auch wenn sich seine Frau darüber beschwerte, lag er jede Nacht wach und las karakalpakische Literatur. Jedes Jahr schrieb er zwei Bücher über sein Volk. Jeden Monat verfasste er mehrere Artikel und veröffentlichte sie in wissenschaftlichen Zeitungen – die kritischen natürlich nur im Ausland. Bestünde der Tag aus achtundvierzig Stunden, hätte Oktjabr gerne einen richtigen Englischkurs besucht. Doch weil ihm nun mal die Zeit dazu fehlte, beließ er es bei seiner Lexikonsprache aus dem Jahre 1957, die auf jegliche Deklination verzichtete. Dafür kamen seine Worte von Herzen, Oktjabr war ein Freund. Er brachte mich in meine Herberge, und wir beschlossen, am nächsten Morgen aufzubrechen.

Dass Hotels sentimentale Namen tragen, hat eine gewisse Tradition. «Jipek Joli» bedeutet «Seidenstraße». Es war das erste Haus am Ort, obwohl es genau genommen «Jipek Joli II» hieß. Das in die Jahre gekommene «Jipek Joli I» befand sich nur einen Block entfernt, und bedauerlicherweise beherbergte es ebenfalls ein unvergleichliches Museum. Dieses erinnerte an die verstorbene Hotelbesitzerin, und nach dem Frühstück bekniete man mich, es zu besichtigen.

Der Rezeptionist öffnete zwei Rumpelkammern, in denen

die Handtaschen und Kleider der Dame hingen. Auch ihr Schminkzeug und ihren Röhrenfernseher hatte man der Nachwelt erhalten. Da sie offenbar eine berühmte karakalpakische Sängerin war, hockte ich mich respektvoll vor den Bildschirm und bewunderte eines ihrer sirenenhaften Konzerte im televisionären Schneegestöber. Das Prunkstück der Schau war ein persönliches Telegramm von Josef Stalin, in dem er sich für den außergewöhnlichen patriotischen Einsatz der Diva bedankte. Sie soll einen Teil ihrer Tantiemen für sowjetische Kampfflugzeuge gestiftet haben.

Auch ich bekam nun die Möglichkeit, etwas Gutes zu tun. Nachdem ich brav den Eintrittspreis entrichtet hatte, etwa fünf Dollar, führte man mich zu einer gläsernen Spendenbox, die ich genauso brav fütterte. Sie war bereits bis oben hin mit großzügigen Geldscheinen gefüllt, die meine zahlreichen Vorgänger in ihrer übersprudelnden Euphorie hinterlassen haben sollen. «Und nun dürfen Sie entscheiden, wie Sie mich für diese Führung belohnen wollen!», grinste der Rezeptionist.

Ich muss wohl nicht erwähnen, wie dankbar ich war, als mich ein guter Geist aus meiner Lage befreite. Wäre ich länger geblieben, hätte ich wahrscheinlich noch den neuen Westflügel des Museums finanzieren müssen.

Das Fluchtauto war ein silberner, allradgetriebener Krieger, denn Oktjabr gehörte zu den Archäologen, die ihren Beruf in der Tradition von Indiana Jones ausüben. Wer von einem Reitervolk abstammt, braucht Pferdestärken unterm Hintern. Oktjabrs Urahnen sollen in Horden aus Sibirien gekommen sein, und weil sie riesige Jimi-Hendrix-Afros aus dunkler Schafswolle trugen, nannte man sie Karakalpaken, die schwarzen Mützen. Ihre Messer schwingend zogen sie durch die Steppen, wo es immer etwas zu metzeln gab, bis sie im achtzehnten Jahrhundert ihr Electric Ladyland fanden. So ließen sie sich im Delta des Amudarja nieder, der den Aral speiste.

Bis heute gebe es neunundneunzig karakalpakische Stämme, erklärte Oktjabr. Er selbst gehört den Bhalla an, die sich «Balchrrrralla» aussprechen, mit mindestens vier «r». Die Stammeszugehörigkeit ist unter Karakalpaken entscheidend, sogar dann noch, wenn sie seit Generationen im Ausland leben.

Nehmen wir beispielsweise zwei Bhalla, die sich auf einer Rooftop-Party im New Yorker Stadtteil Soho kennenlernen und sich gegenseitig attraktiv finden. Ihr Flirt wird sich zunächst nicht darum drehen, welchen Job sie haben oder wie alt sie sind. Sie werden sich fragen, welcher Sippe sie angehören, und sollten sie entdecken, dass sie vom gleichen Blut sind, ist das Date beendet.

Jeder Karakalpake muss die Geschichte seiner letzten sieben Generationen erzählen können. Welche Berufe hatten sie? Waren sie beliebt? Wie haben sie gelebt, und woran sind sie gestorben? Oktjabr kommt aus einer traditionsreichen Fischerfamilie und wuchs auf der Aralinsel Moynak auf. Als er vier oder fünf war, setzten ihn sein Vater und sein ältester Bruder in ein Holzboot und ruderten mit ihm auf den See hinaus, der so schäumte und wütete wie ein Meer. Nach einer Stunde, als er keine Hütte und keinen Baum mehr sah, begann der Kleine zu weinen. Doch sein Vater gab nicht nach. «Hör zu», sagte er, «du bist ein Mann! Du musst das aushalten.»

Nach einer weiteren Stunde hielten sie auf einen Kutter zu, der gerade die Netze einholte. Ein alter Fischer hob den Jungen an Bord und zeigte ihm seinen reichen Fang. «Nun sag mir mal, welcher Fisch der beste ist», forderte er ihn auf, und Oktjabr deutete auf einen Wels.

«Ausgezeichnet! Aus dir wird mal ein guter Seemann!», rief der Alte und fing an, seine Beute auszunehmen. «Weißt du denn auch, wie man diesen Fisch hier nennt?»

Oktjabr betrachtete das Tier, über das sich der Angler beugte. Doch als das Messer den Magen öffnete und der Junge sah, wie daraus plötzlich viele kleine Stichlinge glitten, rannte er davon und rief nach seinem Vater. «Papa! Er hat einen Hai gefangen!»

Damals entschied sich Oktjabr gegen die Fischerei und für sein kleines Wörterbuch.

Wir tankten.

«Where him? Very strange», seufzte Oktjabr. Er hatte am Abend einige Anrufe getätigt und versucht, einen Schwarzhändler zu finden, der ihm anständigen Diesel verkauft. «Oh, Oktjabr, no good quality, no good quality», hätten sie alle geantwortet, und was sie damit meinten, wusste er. Manchmal war das Zeug dünn wie Wasser. Wenn man es zwischen den Fingern rieb, musste es ölig sein, sonst ruinierte es seinen Motor. Erst in der Nacht hatte er jemanden erreicht, der ihm gute Qualität versprach, doch heute Morgen war er nirgends zu sehen. Wir warteten mit dem Geländewagen in einer zwielichtigen Gasse, atmeten in unsere Fäuste und starrten auf eine Eisentür, die sich partout nicht öffnen wollte.

Manche Autos fuhren mit Erdgas und trugen deshalb ein

Warnzeichen mit einer Flamme auf dem Heckfenster (wenn Frauen am Steuer saßen, trugen sie übrigens ein Warnzeichen mit einem Stöckelschuh). Gas war billig und der karakalpakische Boden voll davon. Mit einer rollenden Bombe wollte Oktjabr dennoch nicht unterwegs sein. Erst vor kurzem waren zwei von ihnen frontal zusammengeprallt, und acht Menschen verglühten in einem Feuerball.

Ich war also dankbar, dass wir in einem Diesel saßen, doch mehr als Sitzen schien heute nicht drin zu sein, denn wie soll man fahren, wenn alle Zapfsäulen bis auf den letzten Tropfen leer sind? Warum, wusste Oktjabr nicht, aber manche seiner Landsleute behaupteten, die usbekische Regierung verscherbele den Treibstoff ins Ausland. Andere meinten, die Obrigkeit habe verfügt, den Dieselkraftstoff einzig für Erntemaschinen zu reservieren. Ihre eigene karakalpakische Regierung residierte zwar in entzückenden, frisch getünchten Parlamentspalästen im Westen von Nukus, hatte aber nichts zu sagen. Gesetze, Militär und Miliz kamen aus Taschkent.

Oktjabr war nah daran aufzugeben, da öffnete sich die Eisentür für einen Spalt. Wir betraten einen finsteren Verschlag, in dem mehrere Fässer vor sich hinrosteten. Manche waren halb geöffnet, und die zahlreichen Pfützen, die den Boden bedeckten, schimmerten in bedrohlich vielen Farben. Ein Funke, und die ganze Bude wäre in die Luft geflogen. Sie gehörte einem verschlagenen Lastwagenfahrer, der den Sprit gegen druckfrische Sum aus Russland und Kasachstan schmuggelte. Mit Schlauch und Trichter füllte er den Tank und die Reserve, dann konnten wir endlich weiterziehen.

Wie ein Deal auf den Straßen von Nukus abläuft, habe ich nicht durchschaut, ich weiß nur, dass man in seiner heißen

Phase an einer Gabelung hält und telefoniert. Nun kurbelt man ein Fenster herunter. Nicht zwei. Das ist wichtig, denn sonst könnte die blickdichte Geldtüte, die jetzt geflogen kommt, durch das Auto hindurch auf die Straße oder den Gehsteig segeln – je nachdem, ob sie ein Passant oder ein Kurierfahrer wirft. Die Tüte wird nicht geöffnet, sondern, noch während man zügig anfährt, in der Konsole oder besser im Handschuhfach versteckt. Verstaut man sie in einer Tasche, sollte man sie besser nicht auf den Basar tragen, sonst könnte sich jemand von hinten nähern und sie unbemerkt vom Rücken schneiden. Sie wäre zwar nicht verloren, aber möglicherweise müsste man lange mit der Miliz diskutieren, bis sie ganz zufällig von einem Gurkenhändler gefunden wird, der sich über einen angemessenen Finderlohn freut.

Oktjabr riet mir, besser keine Fotos auf dem Basar zu schießen, weil zwischen Granatäpfeln und Rosinen noch weitere Geschäfte abliefen, die uns nichts angingen. Wir kauften Wasser, Reis und Rindfleisch, das offen und ungekühlt auf einem Holztisch in den Schattenflecken einer löchrigen Plastikplane lag. Meinem Magen gefiel das alles nicht, doch Oktjabrs alter Herr hätte gesagt: «Du musst das aushalten!»

Ich weiß nicht, ob er dieselben Lachfalten hatte wie sein Sohn, doch ich weiß, dass er deutlich höher gewachsen war. «Two metre more high!», erzählte Oktjabr gern, und manchmal erinnerte er sich daran, wie der Riese nach Hause kam und einen fetten Wels über der Schulter trug, der die ganze Familie für zwei Tage ernährte. Das wollte was heißen, denn der Vater hatte dreizehn Brüder und Schwestern, und Oktjabr selbst war eines von acht Kindern.

Doch der Aral hatte auch eine boshafte Seite. An einem Wintermorgen fuhr der Ehemann seiner jüngsten Schwester mit einem Pferdekarren auf den See, um im Eis zu fischen, und kehrte nicht zurück. Nicht am Mittag und auch nicht am Nachmittag. Als man schließlich nach ihm suchte, fand man nur seinen Gaul, kalt und erstarrt im Frost.

Wir verließen Nukus und tauchten in die Weiten Zentralasiens, die an diesem Morgen unter einem marmorierten und unendlich hohen Himmel lagen, der schon so viele Herrscher gesehen hatte. Die Baktrier, die Perser, Alexander den Großen, die chinesischen Yuezhi, die Weißen Hunnen, die Araber, die Samaniden, Dschingis Khan, Timur, die Schaibaniden, die russischen Zaren, die Sowjets. «And now the Uzbeks!», lachte Oktjabr. Unabhängig war sein Volk nie gewesen, dabei wären die Voraussetzungen nicht übel: Neben Erdgas hütete der karakalpakische Boden auch Uran, Öl und sogar Gold.

Die Karakalpaken sind, was ihre Lebensweise und ihre Religion angeht, sauflustige Muslime. Sie trinken, sie beten nur dann, wenn ihnen danach ist, sie essen sogar Schweinefleisch. Die Araber brachten den Islam, und die Kommunisten gaben den Wodka dazu. Die Leute verehren Mohammed und Siddharta, und auch ein Sonnengott findet Platz in ihrem Glauben. So bestatten sie ihre Toten streng nach muslimisch-christlich-schamanisch-buddhistisch-zoroastrischer Tradition. Sie hüllen sie in Tücher und tragen sie auf einer siebensprossigen Leiter eine Hügelkette hinauf, die über und über mit Grüften bedeckt ist. Manche dieser Nekropolen reichen so weit, dass man einen ihrer Gipfel erklimmt und dann meint, die Erde sei ein einziger Friedhof. Ist der Leichnam beigesetzt, legen sie die Leiter über die letzte Ruhestätte, damit sich die Seele, die sich auf dem Sprung in eine andere Welt befindet, nicht wieder mit ihrer sterblichen Hülle verbinden kann. Nach einiger Zeit, wenn der Körper verfault, bricht das Grab ein. Dann nehmen sie die Leiter zur Seite und lassen das Sonnenlicht auf Fleisch und Knochen fallen. Die Vögel kommen und picken und rupfen und fressen und tragen den Verstorbenen in alle Winde, möge er eines Tages wiederkehren.

Oktjabr pflegte einen eigenwilligen Fahrstil. Er ignorierte die Kurven. Wenn sich zwei- oder mehrspurige Straßen wanden, raste er einfach geradeaus über alle Fahrbahnmarkierungen hinweg. So musste er niemals den Fuß vom Gas nehmen, es sei denn, ein Schlagloch, eine Bodenwelle oder ein anderer Verkehrsteilnehmer tauchte auf.

Wenn wir jemanden überholten, was selten geschah, war es entweder ein Esel, ein Pferdefuhrwerk oder ein blauer, grüner, gelber oder roter Lada aus Sowjetzeiten, in dem sich nicht selten eine fünfköpfige Familie drängte. Die Sattelzüge, die daran erinnerten, dass wir auf der Seidenstraße reisten, bereiteten mir Sorgen. Ihre Lenker walzten so rücksichtsvoll wie Hooligans über den Asphalt und hatten ihren Führerschein offensichtlich gewonnen oder gekauft.

Denke ich an Karakalpakstan, sehe ich Menschen, die hocken. Sie hocken an Melonenständen, sie hocken unter Strommasten, sie hocken irgendwo, scheinbar ohne Sinn und ohne Grund, als hätte sie jemand dort hingesetzt wie eine Spielfigur im Miniaturwunderland. Ein Junge hockte auf dem Mittelstreifen einer Schnellstraße, während die Lastwagen mit hundert Sachen an ihm vorbeiflogen. Ein anderer war aus der Hocke umgefallen und schlief im Schatten eines Verkehrsschilds, das vor wilden Dromedaren warnte. Sie alle trugen schwarze Mützen wie ihre Vorväter und schwarze Ballonseide wie andere junge Männer in anderen Ländern, die gerne eine Perspektive oder wenigstens eine Aufgabe hätten.

Manchmal streckte jemand den Daumen raus, doch Oktjabr vertraute keinem Anhalter mehr, seit ein guter Freund von einem Mütterchen gelinkt wurde. Die Frau hatte auf der Rückbank Platz genommen, man plauderte freundlich, und irgendwann sagte sie: «Danke schön, hier kannst du mich rauslassen, mein Junge, Allahs Segen über dich.» Sie drückte ihm einen kleinen Schein in die Hand, was in dieser Region üblich ist, denn Taxen gibt es nicht.

Nur einen Kilometer weiter geriet der Mann in eine Polizeikontrolle. Als die Miliz ihn aussteigen ließ, fragte er, ob er etwas falsch gemacht habe. «Wir glauben, dass Sie in Ihrem Fahrzeug Drogen transportieren», antwortete der Beamte. Kurz darauf zauberte er ein Tütchen weißes Pulver aus der Tasche hinter dem Fahrersitz. Nun durfte Oktjabrs Freund wählen: fünfzehn Jahre Zuchthaus oder eine Geldstrafe ohne Quittung.

Zugegeben kursierte diese Story in ähnlich vielen Varianten wie die Legenden über den Aralsee, und wer Wahrheiten finden will, muss dem Lauf des Wassers folgen. Als sich die Karakalpaken am Amudarja niederließen, nannten sie ihn den Tollwütigen, weil er wild und unberechenbar war. Heute jedoch wirkte er gezähmt und schwermütig wie ein müdes Raubtier in einem viel zu engen Zwinger. Hinter Nukus teilte er sich in zahllose Stichkanäle und spülte die Felder auf beiden Seiten der Landstraße.

«Welcome to Amsterdam of the East!», scherzte Oktjabr. Zu der sonderbaren Grachtengegend gesellten sich alpine Landschaften aus schneeweißen Baumwollbergen. Jetzt, in den Erntemonaten, wurden Studenten, Lehrer, Ärzte, Beamte und ganze Dörfer auf die Plantagen abkommandiert, um das weiße Gold mit bloßen Händen zu pflücken. Baumwolle ist ein tropisches Gewächs. Sie ist durstig wie keine andere Nutzpflanze, aber Regen schadet ihr, denn die wertvolle Watte saugt sich voll und verfault. Deshalb wird sie in trockenen Gebieten angebaut und künstlich bewässert. Acht Millionen Liter, sagt man, verschlingt ein Hektar Ernteland pro Saison, und hier verschlangen die Felder einen ganzen Fluss.

Das Dilemma begann in der Sowjetzeit. Zentralasien müsse den Baumwollbedarf des gesamten Imperiums decken, hatte Lenin befohlen, und das Wasser für den Anbau entnahm man den beiden größten Lebensadern des Aralsees: Amudarja und Syrdarja. Mit der Zeit jedoch schraubte die Partei das Plansoll in ausbeuterische Höhen, und heute, das ist kein Geheimnis, wohnen die Ausbeuter in Taschkent. Usbekistan ist einer der größten Baumwollproduzenten der Welt, und gehen wir mal davon aus, dass sich die Präsidentenfamilie über jeden patriotisch verdienten Dollar freut. Die Stärke eines Vogels, sagt ein altes usbekisches Sprichwort, liegt in seinen Flügeln. Die Stärke eines Mannes aber liegt im Kreise seiner Freunde. Wie es schien, verfügten weder die Männer noch die Frauen von Karakalpakstan über genügend kameradschaftliche Beziehungen.

Wir näherten uns Oktjabrs Kindheit. Moynak, die Stadt,

in der sein Vater begraben ist, war einmal eine Insel mit zwölf Häfen. Nun rosteten die Gerippe der Fischerboote im Sand einer Wüste, die sich bis zur Himmelslinie streckte, schutzlos der Sonne und dem Verfall ausgesetzt wie das Fleisch auf dem Basar und die Toten in den Gräberstädten. Es war wie ein Bild von Dalí. Gestrandete Kolosse, fernab ihres Elements, warteten darauf, dass ein Ozean zurückkehrt, den es nicht mehr gab. Ihre Zeit war lange zerronnen, doch sie schienen es noch nicht zu wissen.

In einer Nacht des Jahres 1965, Oktjabr schwor es bei der Ehre seiner Mutter, soll der Aral plötzlich verschwunden sein. Als die Sonne aufging, war der Wasserspiegel um mehrere Meter gesunken, und niemand konnte sich erklären, warum. Bis heute existieren nur Theorien darüber, was damals geschah. Die tektonischen Platten hätten sich bewegt und den See angehoben, vermuten russische Wissenschaftler. Auf diese Weise sei das Wasser ins Kaspische Meer geflossen, das tatsächlich angestiegen ist. Oktjabr aber glaubte ihnen nicht. Er verdächtigte die Sowjets. Wer weiß, vielleicht hatten sie bei einem ihrer Bombenversuche einen unterirdischen Krater gerissen, so immens, dass er ein ganzes Meer verschlucken konnte.

Wenn es so war, hatte er auch das Leben in der Stadt verschluckt, die jetzt ein schmutziger, sterbender, hässlicher Ort war, gefangen in der Melancholie. Seine berühmte Konservenfabrik, in der täglich zwanzigtausend Menschen in drei Schichten gearbeitet hatten, wurde geplündert – vom Staat, sagen die einen, von der Armut, sagen die anderen. Zu guten Zeiten hatte sie einhundert Tonnen Fisch an einem Tag verarbeitet und Kaviar in kiloschweren Boxen nach Moskau geliefert, wo er in kleine Dosen verpackt wurde. Nun stand sie da wie ein Mahnmal. Ich wollte sie ablichten, doch wie aus dem Nichts tauchte ein Milizionär auf und scheuchte uns davon.

Hinter Moynak endete die Straße, wir fuhren über entseelten Meeresgrund, und ich versuchte mir vorzustellen, wie über uns das Wasser wogte, zwanzig, dreißig Meter hoch. Wie ein alter Fischer die Netze einholte. Wie der kleine Oktjabr sich in einem Holzboot näherte, und einen Hai entdeckte. Doch alles, was sich noch über uns bewegte, waren Flugzeuge, die Millionen klitzekleiner Samen abwarfen, um den Wüstenwind zu bändigen. Gelbe, grüne und violette Sträucher waren die einzige Antwort eines Diktators auf eine heraufbeschworene Tragödie. Sie krochen durch Schichten aus Salz, Staub und Pestiziden, standen meterweit auseinander und sollten allein verhindern, dass der Aral, der einst Leben schenkte, nun den Tod in die Dörfer wehte.

Mit jeder Stunde, die unsere Fahrt andauerte, wurde es stiller um uns, und als wir, die Jäger des verlorenen Schatzes, schließlich das erreichten, was vom Meer übrig geblieben war, blickten wir stumm auf eine stinkende Brühe, so versalzt und vergiftet, dass kein Fisch mehr darin leben konnte. Jedes Jahr verschwand der See um einen weiteren Meter, und vielleicht war dies die letzte Chance, auf ihn zu trinken. Wir entzündeten ein Feuer gegen die Schlangen, wir kochten Plow gegen den Hunger, und gegen die verlorene Hoffnung wärmten wir uns mit karakalpakischem Wodka und Oscar Wilde. Am Ende wird alles gut. Wenn es nicht gut wird, ist es noch nicht das Ende.

DER STAAT BIN ICH
Von Ladonien bis Seborga

M ein Land heißt Ladonien. Seine Flagge schmückt ein grünes Kreuz auf grünem Grund. Seine Nationalhymne ist das Geräusch, das ein Stein macht, wenn er ins Wasser plumpst, und seine Sprache kennt nur zwei Ausdrücke: «waaaall», mit beliebig vielen Vokalen, und «ÿp».

Natürlich weiß ich, was man über meine Heimat sagt. Ladonier seien notorisch unpünktlich und vollkommen nutzlos für die Gesellschaft. Das stimmt. Aber dafür gibt es eine Erklärung: Unsere Zeitzone hinkt der mitteleuropäischen um drei Minuten hinterher, und unsere Währung besteht aus nur einer Banknote, dem Fünfhundert-Milliarden-Örtug-Schein. Deshalb zahlen wir unsere Steuern nicht in Form von Geld, sondern von Kreativität.

Wer einen ladonischen Weisen fragt, wo der Ursprung unserer Nation liegt, wird die Legende von Ladon hören, einem furchterregenden hundertköpfigen Drachen, der die drei goldenen Äpfel der Unsterblichkeit hütete und niemals schlief. Seine Schuppen waren hart wie Titan, statt Zähnen trug er Dolche in seinen Mäulern, und aus jedem seiner Echsenaugen sprühten Funken, siebenmal heller als die Sonne und tausendmal heißer als ihre Glut. Sie brannten durch jeden Schild, jede Rüstung und das Fleisch eines jeden armen Helden, der es wagte, Ladon zu berauben. Eines Tages sah sich unser Drache sogar dem ruhmreichen Herkules gegenüber. Da breitete er seine Schwingen aus, streckte jeden Muskel in jedem seiner Hälse und spie Feuer, bis der Tag zur Nacht und die Luft zu Gift wurde. Wie es dem Griechen gelang, ihn mit einer gewöhnlichen Keule zu erschlagen, bleibt für immer ein Rätsel.

Ladonische Geschichte wird nur mündlich überliefert. Deshalb berichten andere von einem zwielichtigen König namens Ladon, der allzu sorglos mit seinen goldenen Äpfeln umzugehen pflegte, und obwohl die Details unappetitlich sind, ist das Vertrauen in die ladonische Monarchie ungebrochen. Ein Hoch auf unsere Königin, unsere Kronprinzessin und unsere inoffizielle zweite Nationalhymne, die gerne mit Händeklatschen begleitet werden darf:

ÿp waaaall waaaall ÿp ÿp hey,
ÿp waaaall waaaall ÿp ÿp hey,
ÿp waaaall waaaall ÿp,
ÿp waaaall waaaall ÿp,
ÿp waaaall waaaall ÿp ÿp hey.

Wie gründet man ein Land? Die Antwort ist simpel: Jeder kann zu jeder Zeit seine eigene Nation ausrufen und sie «State of Sabotage» oder «Freistaat Flaschenhals» nennen. Beide Länder hat es gegeben, beide sind untergegangen. Wenn man es jedoch ernst meint, so wie das tapfere Volk von Ladonien, sollte man gewisse Spielregeln beachten. Sie sind im ersten Artikel der Konvention von Montevideo über Rechte und Pflichten der Staaten festgehalten.

So ist es ratsam, eine Regierung zu ernennen. Ob sie nun demokratisch gewählt, diktatorisch eingesetzt oder durch

Schere, Stein, Papier ausgeschnuckt wird, spielt erst mal keine Rolle, Hauptsache, man hat eine. Ladonien ist eine konstitutionelle Monarchie, die es mit dem Regierungsapparat vielleicht etwas übertreibt. Wir leisten uns ein Ministerium für extraterrestrische Ozeane, ein Ministerium für gebrochene Herzen und ein Ministerium für verlorene Zeit. Es gibt sogar einen vielbeschäftigten Minister für Dinge, die unter Steinen liegen, und einen weniger beschäftigten Minister für Käse und Schach.

Die zweite Voraussetzung für einen Staat ist ein Staatsgebiet. Man kann es erobern, ganz klassisch, man kann es käuflich erwerben, man kann es auch still und heimlich besetzen. Ladonien liegt auf der Halbinsel Kullaberg, versteckt in einem Naturschutzgebiet nördlich von Helsingborg. So gut versteckt, dass es die Ordnungshüter eines Anrainers namens Schweden erst nach zwei Jahren entdeckten. Sie durchquerten einen Wald, kletterten einen Abhang hinunter und stießen auf ein Labyrinth aus Räuberhöhlen und Brettertürmen am Ufer des Kattegat, das Lars Vilks, unser Landesvater, aus Treibholz gezimmert hatte. Als Schweden beschloss, es abzureißen, rief er dort das glorreiche Königreich Ladonien aus, möge es wachsen, blühen und gedeihen. Dies war die Geburtsstunde unserer erstaunlichen Nation.

Man kann sein Territorium auch einfach aufschütten. Ein Millionär aus Las Vegas ließ viele Tonnen Sand auf ein unbewohntes Riff südlich von Fidschi abladen, wo er eine Stadt für dreißigtausend Einwohner plante. Als er schließlich die Symbole seiner Republik Minerva hisste, eine sonnengelbe Fackel auf meerblauem Grund, dauerte es nicht lang, bis er das erste Staatsoberhaupt begrüßen durfte. Der König von

Tonga besuchte ihn mit seinen Truppen und holte die Flagge wieder ein. Merke: Wer ein Land regieren will, sollte es auch verteidigen können.

Fürst Roy von Sealand, Gott hab ihn selig, gründete sein Reich auf einer verlassenen Seefestung aus dem Zweiten Weltkrieg. Sie ragt zehn Kilometer vor der Küste von Suffolk aus der Nordsee und besteht aus einer Stahlplattform und zwei archaischen Betonsäulen, die sie tragen. Im Inneren der Pfeiler verstecken sich sieben Stockwerke mit Schlafräumen, einer Kapelle und einem ehemaligen Munitionsdepot. Obwohl das Ungetüm außerhalb britischer Hoheitsgewässer liegt und von der Kriegsmarine aufgegeben wurde, versuchte die Royal Navy mehrfach, es zurückzuerobern. Doch mit Benzinbomben, Gewehrschüssen und unermüdlichem Eifer gelang es dem Fürsten, jeden Soldaten in die Flucht zu schlagen, der ihm seinen Thron streitig machen wollte. Durchlaucht überlebte sogar einen Putsch und einen Brand, unerfreulicherweise jedoch nicht seinen eigenen Tod. So werden die Staatsgeschäfte heute von seinem Prinzregenten Michael geführt.

Was wäre ein angehender König, Präsident oder Diktator ohne Untertanen, die er beherrschen, regieren oder unterdrücken kann? Auf Sealand verharrt immerhin ein Wachmann. Seborga, ein Fürstentum bei San Remo, zählt sogar dreihundert Abtrünnige, die ihre Unabhängigkeit fordern und einen eigenen Grenzsoldaten beschäftigen. Die etwa eintausend Bewohner des Freistaats Christiana halten tapfer einen kleinen Stadtteil von Kopenhagen besetzt. Sie werben für den Frieden und pflegen ihre Drogen- und Gewalttradition.

Leider wohnt niemand in meinem Land. Alle Ladonier sind Nomaden, und über den Aufenthaltsort unseres Staatsgründers ist wenig bekannt. Er musste untertauchen, weil ihm eine absurde fusselbärtige Bananenrepublik den Krieg erklärt hatte. Der sogenannte Islamische Staat setzte eine Belohnung von einhunderttausend Dollar auf ihn aus und bot sogar noch mehr für denjenigen, der ihn schlachten würde wie ein Lamm. Und das alles nur, weil unser Landesvater den Propheten Mohammed gezeichnet hatte. Allerdings als Hund. Seit er sich auch noch in seiner unendlichen Weisheit erkundigte, ob islamistisches Kopfgeld steuerpflichtig sei, lebt er unter Polizeischutz und hält sich mit dem Verkauf von Adelstiteln über Wasser. Ich schrieb ihm einen patriotischen Brief, schob dreißig Dollar hinein und darf mich seither in aller Bescheidenheit «Letzter Kaiser von Ladonien» nennen.

Wer nun alles beisammenhat, Regierung, Staatsgebiet und Volk, kann seine Nation nach Herzenslust gestalten. Einige Fragen sind schließlich noch offen. Braucht man eine Verfassung, und wenn ja, sollte man sie niederschreiben? Dürfen Männer Frauenkleider tragen, und wenn ja, dürfen sie damit auch Auto fahren? Ist Waffenbesitz legal, und wenn ja, was passiert, wenn ein Untertan den anderen umlegt? Hacke ich ihm die Hände ab? Setze ich ihn auf den elektrischen Stuhl? Verteile ich noch mehr Waffen?

Wie auch immer man sich entscheidet, ein Staat wird erst zu einem Staat, wenn er das vierte und letzte Kriterium erfüllt: Er muss Beziehungen zu anderen Staaten aufbauen können. Bedauerlicherweise haben Ladonier keine Lobby. Obwohl wir so wunderbare Festakte wie den «Tag der Heiligen Beleidigung» oder den «Tag des kunstvollen Springens» begehen, werden wir von der Weltgemeinschaft ignoriert und weder vom Königreich Schweden noch vom Fürstentum Sealand anerkannt. Doch unser Schicksal lässt sich leichter tragen in der Gewissheit, dass es viele andere Nationen teilen. Lang lebe Ladonien, ÿp, ÿp, hurra!

SUCHT DICH DER DSCHINN,
SO SALZE DEIN BETT
Ra's al-Chaima

———◦◦◦———

You like fast?», fragte Omar, und heute wünschte ich mir,
ich hätte einfach nein gesagt. Vielleicht wäre ich dann
nicht tausendundeinen Tod gestorben. Er fuhr einen rein-
rassigen Jaguar, offen, ungezügelt, rubinrot, und jetzt jagte
er. Omar hatte die Gurte ausbauen lassen, angeblich um Ge-
wicht zu sparen, und während wir mit zweihundert Sachen
durch die Nacht fegten, hielt eine Hand das Steuer, während
die andere auf einem von vier Mobiltelefonen herumspielte,
die er in der Krokodillederkonsole aufbewahrte. Die Lichter
der Häuser, die vorbeiflogen, vereinten sich zu Strahlen, und
diese Strahlen strömten in einen leuchtenden Tunnel, der
sich im Chrom widerspiegelte und uns mit Körper, Geist und
Carbon verschluckte. Manchmal, wenn sich die Raubkatze
rigoros in den Asphalt krallte und auf einen anderen Wagen
zusprang, schloss ich die Augen. Wenn ich sie wieder öffnete,
fühlte ich mich, als wären wir durch jemanden hindurch-
gerast.

Dass etwas Unheilvolles über diesem Trip lag, hatte ich
schon in den Tagen gespürt, bevor ich Omar kennenlernte.
Es begann im Flieger. Das Dunkel stieg in der Sitzreihe hinter
mir auf und machte sich von dort aus genüsslich breit. Drei
alte Klageweiber, in trauerschwarze Tücher gehüllt, krümm-
ten sich auf den Plätzen in meinem Rücken und reckten ihre

knochigen Finger unter unerträglichem Wehgeschrei gen Himmel. Sie wollten nicht aufhören, zu jammern, zu jaulen und zu zetern, und für einen kurzen, angsterfüllten Moment wirkte es, als beweinten sie unser aller Schicksal. Ich hätte schwören können, dass Rauch aus den Triebwerken kam. Mein Nachbar, der am Fenster saß, rief sogar um Hilfe, doch als sich der Steward näherte und sich über uns beugte, entdeckte er da draußen nichts weiter als Herden unschuldiger Wölkchen, die friedlich in der Abendsonne weideten.

Die Tränen der drei Frauen kullerten weiter, benetzten ihren Tschador und versickerten im Sand einer Wüstenstadt, deren Türme ich in der Ferne glitzern sah. Ich verlor mich in einer Schar aus mehreren tausend Menschen, die sich traumwandelnd vor der Passkontrolle drängten, und als ich endlich an der Reihe war, schlummerte der Schalterbeamte vor meinen Augen ein. An die Fahrt ins Hotel erinnere ich mich nicht mehr. Ich weiß nur noch, dass sie weit, weit weg führte.

Der Morgen kam, und ich erwachte in einem Bett, das stärker vibrierte als der Airbus, der mich hergetragen hatte. Ich schob einen Vorhang beiseite und blickte auf zwei Klimaanlagen, groß wie Schiffscontainer, neben einem Swimmingpool, in dem das Wasser zu kochen schien. Das Hotel war erst halb fertig, aber es hatte bereits ein Trauerspiel erlebt. Der arme Nachtwächter lag im Koma. Kurz nach seinem Dienstantritt hatte er ein rätselhaftes Wesen über das Meer kommen sehen und darüber erst den Verstand, dann das Gleichgewicht und schließlich das Bewusstsein verloren. Es näherte sich wie ein kriechender Schatten, und als es wenige Zentimeter vor ihm schwebte, wuchsen ihm lapislazulifarbene Flammen über das Haupt, und aus den Finsterhöhlen seiner Augen krochen

Vipern, die in den Unglücklichen fuhren und seine Seele vergifteten.

So erzählten es zwei Gestalten, die in der Lobby warteten. Der eine war Kofferträger, der andere Portier. Der eine trug eine schwarze Uniform, der andere eine weiße. Der eine war ein Riese, der andere ein Zwerg, und obwohl sie sich äußerlich so widersprachen, glichen sie sich doch. Beide kamen aus Indien. Beide verrichteten ihre Arbeit in würdevoller Eleganz. Beide trugen einen großen, kunstfertig gezwirbelten Schnurrbart, auch wenn der des Riesen so lang war wie der Unterarm des Zwergs.

Was die Vorzüge dieses Orts waren, an dem sich all diese Menschen eingefunden hatten, der Zwerg, der Riese und der Nachtwächter, wollte ich von dem kindlichen Taxifahrer wissen, den der Portier für mich bestellt hatte. «Keine Ahnung, Sir», antwortete er. Ich hatte ihn wohl zu lange ungläubig angestarrt und dadurch verärgert. Er litt an Vitiligo, einer seltenen Pigmentstörung, bei der sich helle Flecken auf der dunklen Haut bilden, die sich weder abwaschen noch übertünchen lassen und für immer und ewig bleiben. Einer dieser Flecken wuchs ihm quer über das Gesicht, und so sah es aus, als sei er halb weiß und halb braun.

Der Junge nannte sich Wasim, was im Arabischen «schön» bedeutet, und war aus Peshāwar, wo seine Frau und seine Kinder lebten. «Pakistan», sagte er, «ist das beste Land der Erde. Atombombe, Militärzirkus, völlig geisteskranke Regierung.» Spätestens nach zehn Sommern, wenn er genug Geld verdient hätte, wollte er zurückkehren und seiner Familie ein Haus bauen. Wenn aber den Scheichs vorher die Petrodollars ausgingen, würde er seine Familie hierherholen und der neue Herrscher von Ra's al-Chaima werden. So nannte sich dieses Emirat.

Überraschenderweise sind die Erdölvorkommen in Ra's al-Chaima eher bescheiden. Es lebt von Gas, Keramik, Pharmazeutik, Dattelanbau und einem natürlichen Hafen in der Lagune Al Khor. Nun aber wollte es mit aller Macht den Tourismus ankurbeln, und deshalb war ich hier. «Ein aufstrebendes Emirat!», «Die ultimative Destination für Jung und Alt!», «Perle des Orients!» – die Zeitungen und Hochglanzmagazine in den Kiosken meiner Stadt waren voll von teuer erkauften, euphorischen Superlativen und lockten Pauschalurlauber auf Flip-Flops in die Wüste.

Mir hatte vor allem dieser etwas zusammengescrabbelt wirkende, aber durchaus rhythmische Klang gefallen, den man so schön rollen kann: Rrrra's al-Chaima. Der Name bedeutet «Spitze des Zelts», weil das Scheichtum im nördlichen Zipfel des Arabischen Golfs beheimatet ist und wie das Dach einer Beduinenbehausung in die Straße von Hormus hineinragt. Möglicherweise bezieht er sich auch auf die fast zweitausend Meter hohe Bergspitze des Jabal al Jais oder auf ein Turmfeuer, das Seefahrern einst den Weg wies.

Ich befand mich also hundert Kilometer nordöstlich von Dubai, einer Metropole, die mehr Reisende zählt als New York. Von Ra's al-Chaima jedoch hatte ich noch nie gehört. Auch mein Fahrer wirkte nicht so, als würde er sich besonders gut auskennen. Ich zog eine Landkarte aus der Tasche, doch Wasim konnte sie nicht lesen. Wie er seine Taxilizenz bekommen hatte, fragte ich ihn nicht.

«Sir, wo soll ich Sie hinfahren?», drängte er.

«Was schlägst du vor?»

«Weiß ich nicht, Sir. Ich pendele nur zwischen Flughafen, Hotels und Shopping Malls.»

«Du musst mich nicht Sir nennen.»

«Bedaure, Sir, das ist die offizielle Anweisung, sonst klebt mir mein Boss noch heute eine Briefmarke auf den Arsch und schickt mich zurück nach Peshāwar.»

«Wohin gehst du denn so in deiner Freizeit?»

«Ich habe nie frei, Sir.»

Er fahre fünfzehn Stunden am Tag, manchmal auch achtzehn, momentan aber sogar zwanzig, denn er sei in einen Unfall geraten, habe eine Woche im Krankenhaus verbracht und müsse nun die versäumte Arbeitszeit nachholen. Tatsächlich war seine Lippe dick geschwollen, und über dem rechten Auge trug er eine Naht aus einem halben Dutzend Stichen.

«Also, Sir, welches Einkaufszentrum darf es sein?»

Noch immer hielten wir mit laufendem Motor vor dem Hotel, flankiert von Zwerg und Riese, und ich versank in meiner Karte, die nur wenige, dafür aber umso kryptischere Informationen enthielt. Abgebildet war auch die Landesfahne von Ra's al-Chaima: Sie zeigt ein rotes Rechteck in einem weißen Rechteck, so als hätte jemand mit der Faust auf die japanische Flagge geschlagen.

«Manche Touristen bringe ich auch ins Nationalmuseum», sagte Wasim, und ich blickte von meiner Karte auf, «aber das ist Bullshit, Sir.»

«Warum ist es Bullshit?»

«Sir, ich habe es nie besichtigt, aber alle kommen spätestens nach fünf Minuten wieder heraus.»

Wie sehr er recht hatte, wurde mir schon nach einer Minute klar. Ich wollte ein Ticket kaufen, doch mit Besuchern hatte offensichtlich niemand gerechnet. Auf einem Diwan im vergitterten Kartenschalter lag eine verschleierte Person und schnarchte. Vielleicht hätte ich nicht zur Mittagszeit erscheinen sollen. Ich stahl mich an ihr vorbei und suchte nach irgendetwas von Wert unter den Windtürmen eines ausgeräumten Forts, das einst der Emir und dann die Polizei bewohnt hatte. Doch alles, was ich fand, waren ein paar Muscheln und das angeknabberte, schwarzweiße Foto eines Perlenfischers, das an die Betteljahre vor dem Ölboom erinnerte. Die zweite bedeutende Kultureinrichtung des Scheichtums, eine private Sammlung, die dem großen Navigator Ahmad bin Majid gewidmet war, hatte dauerhaft geschlossen. Der «Löwe der See» soll einst Vasco da Gama den Weg von Afrika nach Indien gewiesen haben, und ehrlich gesagt hätte ich einen wie ihn jetzt gut gebrauchen können.

«Welche Mall, Sir?», fragte Wasim, nun schon leicht genervt, und weil ich kapitulierte und ihm die Entscheidung überließ, beförderte er mich selbstverständlich in den Shopping-Komplex, der am weitesten entfernt lag. Wir fuhren einmal längs von Nordosten nach Südwesten durch Ra's al-Chaima, und unsere Tour dauerte immerhin eine halbe Stunde. Ohne die vielen Ampeln wären wir deutlich schneller gewesen. Manche konnte Wasim austricksen, indem er einen Parkplatz oder eine Tankstelle überquerte und dann wieder zurück auf die Straße bog, doch andere hielten uns für eine kleine, lästige Ewigkeit auf. «Motherfucker!», rief Wasim dem Fahrer eines Toyota-Pick-ups zu, als es endlich weiterging. «Aus dem Weg! Wenn du schleichen willst, dann nimm die rechte Spur, du Hurensohn!» Jenseits des

Kundenkontakts waren seine Umgangsformen noch etwas ungeschliffen.

Wäre ich ein Evolutionsforscher, würde ich Ra's al-Chaima als Missing Link zwischen einem Fischerdorf und den hochgetunten Retortenmetropolen Dubai oder Abu Dhabi bezeichnen, die außer fliegenden Autos mittlerweile alles zu bieten hatten, was uns «Blade Runner» in den Achtzigern versprach. Zwar wuchsen schon die ersten Wolkenkratzer in den Himmel, sie verdeckten aber noch nicht das Hadschar-Gebirge, das sich wie ein ockerfarbenes, schützendes Segel im Rücken des Emirats ausbreitete und ihm von Zeit zu Zeit etwas schenkte, das im Persischen Golf äußerst selten war: Regen.

So durchquerten wir eine Art Land, das eine Viertelmillion Menschen beherbergte und mir eigenartig konturlos erschien. Es war weder Wüste noch Oase. Es war weder schillernd noch grau. Es war weder alt noch neu, sondern vor allem das, was man unter «Work in Progress» versteht. Ich war auf einer Großbaustelle gelandet, die sich unter den tanzenden Fingern der verschleierten Emporkömmlinge langsam, aber unvermeidlich in Größenwahn verwandelte.

«Was machen die Einwohner von Ra's al-Chaima?», fragte ich.

«Neunzig Prozent sind Gastarbeiter, Sir, und hundert Prozent von uns sind des Geldes wegen hier. Tagsüber verdienen wir es, und nachts schicken wir es nach Hause. Glauben Sie, ich wäre in diese beschissene Wüste gezogen, wenn ich hier nicht das Drei- oder Vierfache von dem bekäme, was ich in Pakistan verdienen würde?»

«Und warum kommen die Touristen hierher?»

«Weil es billiger ist als Dubai oder Abu Dhabi und weil sie jederzeit in meinem Taxi nach Abu Dhabi oder Dubai verschwinden können.»

«Hast du gerade vergessen, mich Sir zu nennen?»

«Sir, sorry, Sir.»

Als sich die Türen des vollklimatisierten Einkaufsboulevards aufschoben, sah es so aus, als wäre dies die Pointe auf meinem unentdeckten Witz.

Da saß ich also. Auf einem Plastikstuhl im Morgenland. Zwischen Subway und Kentucky Fried Chicken. Ich trank Pepsi aus einem Plastikbecher und hielt Plastikbesteck in den Händen, das sich durch einen Burrito wühlte, der ebenfalls nach Plastik schmeckte. Aus der Fun City, die im pastellfarbenen Miami-Style gestaltet war, bimmelte eine Spielzeugeisenbahn, und aus den Lautsprechern, die überall im Einkaufszentrum hingen, sang der digitale Imam. Allahu Akbar und Ronald McDonald vereint in einem Raum. Nüchtern betrachtet, könnte man sagen, ich bin auf eine Werbekampagne hereingefallen.

Der Zauber des Orients war lange verflogen, und mit ihm verflüchtigte sich auch meine Lust an dieser Reise. Wenn ich ehrlich war, gab es hier, in Ra's al-Chaima, nichts zu sehen, und keine Seele schien es zu kümmern. Die Touristen schwitzten hinter blickdichten Mauern. Sie verließen ihre Hotelstrände nur, wenn sich die wochenlange Cocktailparty dem Ende zuneigte. Die Inder, Pakistani und Nepalesen schwitzten auf den Baustellen. Sie hatten andere Sehnsüchte als Sightseeing. Die Gastarbeiter aus dem Westen, sie nannten sich «Expats», weil sich das in ihren Ohren besser anhörte als «Immigrants», schwitzten in Meetings und Präsentationen. Und die Locals? Sie schwitzten nicht. Sie waren hier.

Die weiß gewandeten Männer, manche küssten sich zur Begrüßung und liefen Hand in Hand, kontrastierten mit dem nussbraunen Mobiliar von Starbucks und erfüllten die Luft mit dem süßlichen Duft ihres Aftershaves. Er löste sich aus frisch gestutzten Bärten und erzählte von einem Barbierbesuch im Morgenlicht. Einige waren aus ihren Sandalen geschlüpft und saßen im Schneidersitz auf den Kunstledersofas der Cafékette. Manikürte Nägel, gepflegte Haut, die Sonnenbrille auf der Stirn und das Handy davor. Ihre Frauen tippelten derweil hinter den Schaufenstern von Victoria's Secret auf und ab und hielten Wäschestücke in die Höhe, die sie prüfend von links nach rechts wendeten. So lüfteten sie unfreiwillig das Geheimnis, was sich wohl unter den schwarzen Schleiern verbergen mochte, die sie bis zu den Knöcheln verhüllten. Surprise, surprise. Es waren die heißesten Dessous, die das Sortiment hergab. Balconette, Ouvert, die ganze verruchte Liga.

Und mit dieser epochalen Rechercheleistung wäre meine Geschichte beinahe zu Ende gewesen. Ich hätte Wasim gerufen, um mich zurück in mein improvisiertes Hotel kutschieren zu lassen, wo ich tagelang mit der Lichtschalterbande in meiner Suite gekämpft hätte: Legte ich einen um, kamen zwei andere nach, und niemals taten sie das, was ich von ihnen verlangte. Manchmal blieb alles dunkel. Dann leuchteten auf einmal fünf konzentrische Kreise in der Wand hinter dem Flatscreen auf, bevor sich der Hipsterlüster über dem Lacktisch entflammte und die beiden schwarz getünchten Räume mit psychedelischen Discowellen aus grünen, roten und blauen Laserstrahlen beschoss, begleitet vom monotonen Flackern eines Wackelkontakts im Bad.

Wasim arbeitete mit Missed Calls: «You give me missed call, I give you missed call, I pick you up.» Ich rief ihn also an und legte wieder auf. Er rief zurück, tat dasselbe, und stand fünf Minuten später wieder vor dem Einkaufszentrum. So ließ er mich wissen, dass er verfügbar war, und verhinderte gleichzeitig, dass ihn die Kosten für das Gespräch mit irgendeinem ausländischen Handy ruinierten.

«Zurück ins Hotel, Sir? Es gibt auch noch ein Spaßbad, den Iceland Water Park, sehr beliebt bei Familien mit Kindern, wollen Sie vielleicht dorthin?»

«Wasim, hast du schon mal von einer Geisterstadt hier in der Gegend gehört?»

Ich deutete auf einen Punkt auf meiner Karte, nicht weit entfernt von der Shopping Mall, unter dem «Jazirat al Hamra Ghost Town» geschrieben stand, und vergaß, dass Wasim weder Stadtpläne noch Straßenschilder lesen konnte. Er wiegte den Kopf, startete den Motor, verließ den Parkplatz und grüßte die Rushhour mit den herzlichen Worten «Fuck you all!», als würden seine Flüche auch nur einen einzigen Wagen verscheuchen. «Sie sind der Boss, Sir.»

Wir fuhren auf der Schnellstraße weiter nach Süden und machten bald darauf einen Bogen gen Westen, wo sich Ra's al-Chaima allmählich auflöste. Die Wege wurden staubiger und schmaler, die Gebäude schrumpften, und alles, was blieb, waren flache Ladenzeilen in schwindendem Wüstenrot. Tankstellen, Werkstätten, Autoteile, Fried Chicken und Hafenlichter, die in einiger Entfernung zu leuchten begannen. Weil wir nicht wussten, wonach wir suchten, erkundigten wir uns bei einem Fladenbäcker, einem Waschmaschinenverkäufer und einem Mann, der sich offenbar auf goldene Thermoskannen spezialisiert hatte, doch erst der Besitzer eines Elektrohandels konnte mit der Landmarke «Ghost Town» etwas anfangen. Er fragte uns selbst, wohin wir unterwegs waren, und wies dann freundlich in eine Richtung. Dass er blind war, hätte uns normalerweise irritiert, aber so blieb er unsere einzige Hoffnung.

Tatsächlich verlor sich das Emirat nun ganz. Seine Bewohner flüchteten, seine Kinder verstummten, seine Märkte schlossen, seine Händler zogen von dannen, seine Früchte verdorrten, seine Ziegen verhungerten, seine Autos verrosteten, seine Straßen zerrissen, seine Minarette kippten, seine Mauern bröckelten, seine Möbel verwitterten, seine Bäder trockneten aus, seine Quellen versiegten, seine Fenster zerbrachen, seine Türen fielen heraus, seine Dächer stürzten ein, seine Gebetsteppiche flogen davon, seine Böden wucherten zu, seine Treppen gaben nach, sein Holz verrottete, sein Korallengestein zerrieselte, alles löste sich auf und wurde vom warmen Wind dorthin zurückgetragen, wo der Mensch es gestohlen hatte.

«Scheiße, Sir», Wasim trat auf die Bremse, «wissen Sie, warum dieser Ort Ghost Town genannt wird?»

«Weil er verlassen ist?»

«Er heißt Ghost Town, weil hier Geister wohnen, Sir.»

Ich lächelte.

«Im Ernst, Sir. Sind Sie Christ?»

«Mehr oder weniger.»

«Lesen Sie den Koran, Sir. Es steht alles da drin. Sie wohnen in verlassenen Häusern, sie leben in einer Parallelwelt, wir können sie nicht sehen, aber sie sehen uns. Vielleicht beobachten sie uns schon.»

Ich öffnete die Autotür, doch Wasim lehnte sich blitzartig über mich und zog sie wieder zu.

«Gehen Sie da nicht raus, Sir, bitte! Es könnte sein, dass einer von ihnen schon neben dem Wagen steht. Sie treten ihm auf den Fuß, er wird wütend, und wenn Sie Glück haben, bewirft er Sie nur mit Steinen.»

«Und wenn ich Pech habe?»

«Sie ärgern einen Geist, er ärgert Sie Ihr ganzes Leben lang. Er steigt auf Ihren Rücken, er schläft in Ihrem Bett, er fährt in Ihrem Taxi, er hängt sich an die Tragfläche des Flugzeugs und fliegt mit Ihnen zurück nach Europa ...»

«Sir!», beendete ich den Satz und salutierte vor ihm. Dann stieg ich aus und wagte einen ersten, vorsichtigen Schritt in die Geisterstadt hinein. Wasim aber wetterte und schimpfte und brauste, noch bevor ich ihn bezahlen konnte, auf schnellstem Wege zurück in die Zivilisation.

Ich will nicht behaupten, dass ich ihn vermisst hätte. Aber nun stand ich allein an der Schwelle eines offenbar seit Jahrzehnten aufgegebenen Viertels und blickte in das düstere Innere halbverfallener Häuser, die in der Dämmerung immer bedrohlicher wirkten. Obwohl es nur Steine waren und sie mich reizten, denn das einzig Unentdeckte in Ra's al-Chaima schien die Vergangenheit zu sein, gab ich Wasim einen Missed Call. Diesmal jedoch antwortete er nicht. Er schrieb nicht mal einen Gruß, «Hurensohn», «Missgeburt» oder wenigstens «Fuck you, Sir». Nein, ich sollte nie wieder ein Wort von ihm hören.

So blieb mir nichts anderes übrig, als zurück zu einigen Ladenzeilen zu schlurfen und dort, irgendwo zwischen Tankstellen und Werkstätten, begegnete ich dem Zufall. Das Erste, was ich von ihm sah, war ein mächtiger Bauch, der sich unter seinem Gewand spannte und zusammen mit einem Bein aus der Tür einer Geländelimousine hing. Zwei dunkelhäutige Diener halfen dem anderen Bein, einem Bart und einer Sonnenbrille an die frische Luft, und eine rechte Hand steckte ihnen dafür gefaltete Geldscheine zu. Die linke hielt ein Mobiltelefon an ein linkes Ohr, zu dem selbstverständlich auch ein rechtes gehörte, und wer diese Einzelteile sorgfältig zusammenfügt, erhält einen ersten Eindruck von Omar.

Der Mann machte seine Geschäfte mit Aluminium und bot alles feil, was sich daraus fertigen lässt: Fenster, Türen, Scharniere, Kühlerfiguren, Ziergitter, Zargen und, ja, bei Interesse möglicherweise auch einen Dolch oder andere Waffen. Obwohl bitterböse Zungen sagen, man möge seine Finger zählen, nachdem man einem arabischen Händler die Hand gegeben habe, freute sich meine Neugier darüber, dass er mich wie selbstverständlich in seine dienstlichen Gemächer einlud. Vielleicht konnte er mir verraten, mit welchen guten oder bösen Geistern ich es in seiner Nachbarschaft zu tun hatte.

Einer der beiden Diener brachte Chai und suchte dafür einen Platz auf Omars Schreibtisch, was sich als anspruchsvolle Aufgabe erwies, denn so wie sein gesamtes Büro war er über und über mit luftdicht verpackten Utensilien bedeckt. Vom Taschenrechner bis zum Lineal hatte Omar seine gesamte Ausstattung penibel in Plastikfolie einschweißen lassen, um sie gegen den feinen Aluminiumstaub aus der angrenzenden Werkstatt und den Atem der Wüste zu schützen. Auch seine Ray Ban wanderte in die Obhut eines Etuis, und nun gingen in einem dunklen Gesicht erstaunlich helle Augen auf, die mir von der Welt der Dschinn erzählten.

«Natürlich gibt es sie», sagte Omar und rührte in seinem Tee. «Dein Fahrer hatte recht, und du hast Glück gehabt da draußen. Wenn sie spüren, dass du dich fürchtest, machen sie dir noch mehr Angst, und irgendwann wirst du sie nicht mehr los. Sie suchen dich, sie finden dich, sie kriechen sogar in dich hinein, und Inschallah, dann fressen sie dein Herz und verzehren deinen freien Willen.»

Neben dem Palast des Emirs, das wisse jedes Kind in Ra's al-Chaima, stehe eine prächtige verwaiste Villa. Ihr Besitzer sei nie eingezogen, weil ein böser Dschinn darin herrsche, der jeden, der dort die Nacht verbringe, in den Wahnsinn treibe. Was hatte ihn so verärgert? Als die Bauarbeiter einen uralten Süßhülsenbaum im Garten gefällt hatten, war ihnen entgangen, dass darunter eine fünfköpfige Geisterfamilie wohnte. Die Dschinn, so beteuerte Omar, leben in ähnlichen Verwandtschaftsbeziehungen wie wir, gewöhnlich aber an dunklen und feuchten Orten, die uns unheimlich und feindlich erscheinen. Sie lieben Gräber, Schlangengruben und eben auch modrige Wurzelhöhlen. So überrollte der Bulldozer die Heimstatt der Geisterfrau und ihrer drei Töchter, und der Dschinn schwor Rache. Sobald das Gebäude fertiggestellt sei, würde er darin spuken und keine Menschenseele in Frieden lassen.

«Ich habe Kamele gesehen», schwor Omar, «die ohne Kopf durch die Dünen gelaufen sind. Ich habe Hunde bellen hören, obwohl sie keine Zunge hatten. Manchmal stellen sich hundert Geister Fuß auf Schulter übereinander, um dort oben im Himmel mit unserem Schöpfer zu reden. Der Mensch kann direkt mit Allah sprechen, sie nicht, aber ansonsten sind wir fast gleich.»

«Und wie schütze ich mich gegen sie?», fragte ich und blickte auf einen eingeschweißten Schnellhefter.

«Wenn du nachts aufwachst und eine alte Frau entdeckst, die vor einem Spiegel in deinem Schlafzimmer steht und sich die Haare kämmt, dann solltest du am nächsten Morgen dein Bett salzen. Wenn das nicht hilft und sie in der folgenden Nacht wiederkommt, schlag sie mit dem Koran tot!»

Dschinn, so sagt der Islam, sind atmende Kreaturen wie Menschen, Tiere oder Pflanzen und unterliegen den Gesetzen des heiligen Buches, das ihnen sogar eine eigene Sure schenkt und verblüffend präzise über ihr Leben und Sterben berichtet. Demnach wurden sie aus rauchlosem Feuer geboren, bevölkern Land und Meer und sind dazu geschaffen, Allah zu dienen. Manche von ihnen beten, fasten und geben Almosen, andere wenden sich ab und schmoren nach ihrem Tod, der für gewöhnlich einige Jahrhunderte auf sich warten lässt, in der Hölle.

Sie nehmen jede nur erdenkliche Form an, und so verweilen einige unerkannt in der Menschenwelt. Manche von ihnen sind sogar glücklich mit Menschen verheiratet und gehen einem Beruf nach. Möglicherweise lenken sie Schiffe oder Staaten, was einiges erklären würde. Natürlich gibt es wohlwollende Geister und auch solche, die sich völlig gleichgültig verhalten. Vor den Dämonen aber nimm dich in Acht. Sie können sieben gehörnte Köpfe tragen, schleichen auf Löwentatzen umher und locken Reisende in die Wüste, um sie dort wie ein Wildtier zu reißen, auszuweiden und ihren Leichnam zu fressen. Die Mächtigsten unter ihnen, die Marid, wohnen in Gewässern und machen sich am liebsten über Nachtwächter her.

«Wie ist dein Name?», fragte Omar, nachdem ich eine Weile bei ihm gesessen, seinen Tee getrunken und begierig seinen Geschichten gelauscht hatte. «Du gefällst mir. Ich möchte, dass du heute mit mir isst.»

Das war der Abend, an dem ein rubinroter Jaguar vor meinem Hotel einschwebte. Omars Diener hatten mich nach Hause gefahren, damit ich mich frischmachen konnte, und unterwegs an einer Mall gehalten, wo ich ein Geschenk besorgte. Die arabische Gastfreundschaft kennt in diesen Breitengraden drei goldene Regeln. Erstens: Wer nur den Freund, aber nicht den Fremden einlädt, ist ein Geizhals. Zweitens: Der Gast sollte die Einladung mindestens dreimal ablehnen, bis er sie annimmt, so gewährt er seinem Gönner eine Exit-Option. Drittens: Wer kein Gastgeschenk mitbringt, ist schlimmer als ein Dieb.

Ich hatte Omars Offerte erst beim fünften Mal akzeptiert und teure Schweizer Schokolade aufgetrieben, die ich in eine goldene Schachtel verpacken ließ, damit sie noch wertvoller wirkte. Was mir nicht klar war, lässt sich wohl unter Regel Nummer vier einordnen: Jedes Geschenk zieht ein Gegengeschenk nach sich. So eilte Omar zum Kofferraum der Raubkatze und zauberte daraus ein Eau de Toilette hervor, auf dem ein Ferrari-Emblem prangte. Die inoffizielle Regel Nummer fünf bewahrheitete sich dagegen nicht, was ich noch heute bedaure: Der Gast sollte das Eigentum seines

Gastgebers nicht zu sehr bewundern, sonst wird dieser sich verpflichtet fühlen, es ihm zu überlassen. Sosehr ich Omar auch schmeichelte, er machte einfach keine Anstalten, seine Autoschlüssel in meine Hände zu legen.

Was sechshundert Pferdestärken in Hirn und Blutbahn eines Reiseschriftstellers auslösen, habe ich ja bereits erwähnt. Mein Adrenalinspiegel normalisierte sich, als wir Al Marjan erreichten, eine künstliche Landzunge, die mit Luxushotels zubetoniert worden war. Omar parkte den Jaguar direkt vor dem Hilton und nahm sich die Zeit, jedem einzelnen Portier, der vor dem Eingang wartete, ein Trinkgeld zuzustecken. Danach wies er mit der stolzen Geste eines Sultans, der seinen Protegé in die Gemächer seines Palastes bittet, in Richtung der Empfangshalle.

Einerseits wollte er mir zeigen, welch moderne Wunder seine Heimat bereits hervorgebracht hatte. Andererseits dachte er wohl, ich würde mich in Gegenwart meiner Landsleute besonders zu Hause fühlen. Sie flanierten auf Sandalen über den Marmor und saßen sonnenverbrannt an der Bar, während ihre Kinder die Teppiche ruinierten. Dass sich Deutsche im Ausland selten darüber freuen, einem anderen Deutschen zu begegnen, ist für Araber ein Phänomen. Geschieht so etwas unter ihresgleichen, fallen sie sich zwar nicht sofort in die Arme, aber sie begegnen sich in der Regel mit Neugier und Respekt. Wo kommst du her, wo gehst du hin, warum bleibst du nicht zum Essen? Sobald ich dagegen unter Palmen einen schwäbischen Akzent höre, ist meine Laune dahin. Im Ausland wird uns Deutschen klar, dass wir alles sein wollen, nur nicht deutsch.

Am Buffet stieß Omar auf einen Freund, den er herzte

und küsste und so euphorisch begrüßte, als hätte er ihn seit Ewigkeiten nicht mehr gesehen. Dass die beiden gestern erst zusammengesessen hatten, erzählten sie mir beim gemeinsamen Diner am Hotelpool, wo sie zwischen all den Urlaubern ein ungewöhnliches Bild abgaben. Mehr noch: In ihren Gewändern waren sie eine Attraktion. Die Familien kamen an unseren Tisch, um Erinnerungsfotos mit Omar zu schießen, diesem seltsamen Geschöpf aus einer fremdartigen, gefährlichen Welt, die direkt vor ihrer Hoteltür begann.

Omar genoss die Aufmerksamkeit. Was in den Emiraten geschah, war für ihn wie der Traum, den er als Kind geträumt hatte, wenn er unter dem bloßen Himmelszelt schlief. Genau wie seine elf Geschwister lag er auf einer Pritsche, die etwas erhöht auf hölzernen Pfeilern stand, damit Schlangen und Skorpione fernblieben. Fand er dennoch keine Ruhe, so riet ihm seine Großmutter, die Sterne zu zählen, und spätestens bei hundert war er eingedöst, es sei denn, er stellte sich mal wieder schlafend. Dann wartete er, bis alle Erwachsenen eingenickt waren, richtete sich langsam auf, huschte auf leisen Sohlen hinüber zu den Vorräten und stahl etwas Brot. Nicht, weil er hungrig war. Er zerrieb es, streute die Krumen um die Füße seines jüngsten Bruders, kroch wieder unter sein Laken und ließ die Kamele kommen.

Das waren die Nächte, in denen er leuchtende Schleier beobachtete, die geräuschlos durch die Wüste zogen wie das Segel einer Dhau, und Wesen, die dahinter lauerten, hungrig und auf Menschenjagd. Wenn er jetzt auch nur einen Zeh regte, das wusste Omar, würden sie ihn und seine Brüder holen und niemanden verschonen, nicht die Männer, nicht die Frauen – und auch nicht die Besucher, die bei ihnen ein uns aus gingen, obwohl Omars Familie manchmal selbst nicht wusste, wovon sie sich ernähren sollte. Sein Vater hatte ihn gelehrt, dass man in der Abgeschiedenheit der Wüste nur zwischen Verwandten, Feinden und Gastfreunden zu unterscheiden habe. Einen Fremden drei Tage und drei Nächte zu beherbergen, zu beschützen und mit allem zu speisen, was die Vorräte hergeben, war schon immer altes Beduinenehrenwort, und es galt noch heute.

Historiker sagen, Ra's al-Chaima sei jahrhundertelang ein verrufenes Piratennest gewesen, aber Omar wollte davon nichts hören. «Würdest du die Amerikaner als Piraten bezeichnen, nur weil sie mächtig sind und überall auf der Welt ihre Schiffe haben, sogar in der Straße von Hormus?», fragte er. «Ihr schimpft unsere Vorväter Banditen, aber wir nennen sie stark.»

Das Emirat soll auf die antike Handelsmetropole Julfar zurückgehen, von der nicht allzu viel überliefert ist, aber Omar, der ein begnadeter Erzähler war, beschrieb sie sehr anschaulich. Er nannte sie das Dubai seiner Zeit. «Wenn du nach Afrika oder Ostindien segeln wolltest, bist du im Hafen von Julfar vor Anker gegangen», erklärte er mir, während wir am nächsten Morgen in seinem Landcruiser auf einer Ausfallstraße unterwegs waren und die Berge allmählich näher rückten. Seine tapferen Ahnen hätten die komplette östliche Golfregion kontrolliert, die Portugiesen aus dem Land geworfen, möglicherweise auch die Holländer, und sogar den Briten mit einer Flotte von dreihundert, vierhundert Schiffen ordentlich in den Allerwertesten getreten, bis sie dennoch die Stadt eroberten und leider Gottes niederbrannten.

In den Sommermonaten hätten die alten Fischer von Julfar Hammerhaie und Schwertfische aus dem Meer gezogen, wie es heute noch vor der Küste geschehe, und sich täglich hinab in das Reich der Marid gewagt, wo sie nach Austern suchten und nicht selten den Tod fanden, denn statt einer Perle konnte sich natürlich auch ein Dschinn in den Muscheln verstecken. Im Winter, wenn der Regen kam, schlugen sie ihre Zelte im Landesinneren auf, um im milden Klima des Hadschar-Gebirges, dort, wo die Süßwasserquellen sprudeln, Weizen und Mangos anzubauen.

Noch immer ist diese Gegend erstaunlich fruchtbar, Palmenhaine, Mangrovenwälder und Gemüsegärten rauschten vorbei. Als ich sorglos mit dem Finger auf ein staubiges Areal voller Käfige deutete, ahnte ich nicht, dass Omar im nächsten Moment sein Steuer herumreißen würde, um die Fahrbahn zu verlassen und querfeldein darauf zuzuhalten. Er hatte ein sechsmonatiges «Dunebashing-Training» hinter sich, weil er es liebte, die Luft aus den Geländereifen zu lassen und im Sonnenuntergang mit seinem SUV über die orangeroten Sanddünen zu surfen. «Small mistake, big problem», rief er, «ein Fehler, und du überschlägst dich.»

Es war kein besonders geeigneter Ort für einen Freitagsausflug, den Tag der Zusammenkunft, der eigentlich Allah und der Familie gewidmet sein soll. Schweiß, Kot und Schlimmeres lagen in der Luft. Kaum waren wir ausgestiegen, stürzten sich die Fliegen auf uns, und Bauern zerrten Kaschmirziegen und Lämmer herbei, hundert Dollar pro Schafskopf. Gleich ein paar hunderttausend Dollar sollten die jungen Dromedare kosten, die man neben der Kamelrennstrecke abrichtete. Jemand band sie mit Seilen an älteren Höckertieren fest und machte ihnen dann Feuer. Das ist durchaus wörtlich zu verstehen. In den Wettkämpfen, die nach Sonnenaufgang stattfanden, wurden die Dromedare nicht geritten. Man motivierte sie mit Elektroschocks.

«Hier!», rief Omar und bewies mir, wie wunderbar testosterongeladen er mit seinen siebenundvierzig Jahren noch Hände zerquetschen konnte. «Junge, du musst Kamelmilch probieren. Kaum Fett, kein Cholesterin und voller Vitamin C. Trink das Zeug zwei Wochen vor deiner Hochzeit, jeden Morgen und jeden Abend, und ich verspreche dir, deine Zukünftige wird dich dafür lieben!»

Auch die Schwefelquelle, an der wir bald darauf hielten, wirkte nicht besonders appetitlich. Sie sah aus wie eine Badeanstalt ohne Schwimmbecken. Unmittelbar neben der Fahrbahn hatte ein privater Gönner eine Reihe aus Duschkabinen aufbauen lassen, in die man sich stellen oder setzen konnte. Drehte man an den rostigen Armaturen, wurde man mit herrlich heißem, faulig riechendem Wasser übergossen, das direkt aus der Erde sprudelte und angeblich gegen Gicht, Rheuma und alles andere half. Ganz sicher aber ruinierte es das nächste Date. Die Anlage gehörte einem Freund, den ich nun kennenlernen sollte.

Bis dahin hatte ich geglaubt, dass Beduinen noch immer unter den Sternen schliefen, wie es Omar als Kind getan hatte, doch diese naiven Träumereien verloren sich in der Schatzkammer von Mohammed Al-Khateri, Sohn von Rashed, Enkel von Khalfan, Vater von neun Söhnen und drei Mädchen, die ihm von nur einer einzigen Gemahlin geschenkt worden waren.

«Sie hat mir leider nie erlaubt, noch weitere Weiber zu ehelichen!», lachte er und begrüßte Omar mit dem arabischen Bruderkuss. Sie pressten ihre Nasen aufeinander, soweit es ihre Bäuche zuließen, und deuteten mit den Lippen ein Bussi an. Weil alles so schnell ging, erinnere ich mich nur noch an Mohammeds kräftigen grauen Vollbart und seine Arbeiterhände, die von Leberflecken übersät waren und wie abgenutzte Werkzeuge aus seiner kostbaren, makellos weißen Kandora ragten. Er muss uralt gewesen sein, doch er führte uns mit den flinken Füßen eines Knaben durch seine Gemächer.

Die goldene Palasthalle, in der uns der Beduinenführer willkommen hieß, sei nur ein Empfangsraum, erklärte Mohammed. Was es bedeute, wenn sein Stamm einen Gast mit allen Ehren empfange, sollte ich gleich erfahren. Man setzte mich auf einen goldenen Thron, dem viele goldene Kanapees gegenüberstanden, und brachte mir eine Etagere mit taubenetzten Feigen und frischen Trauben. Nun bildeten Mohammeds Enkelsöhne eine Menschenkette, und so hüpften noch zahlreiche andere goldene Gefäße auf mich zu, in denen Datteln, Nüsse und in Gold verpackte, eisgekühlte Pralinen wie Edelsteine drapiert waren. «Die Schokolade ist von Harrods aus London!», rief Mohammed aufgeregt. «Kennst du Harrods?»

All das möge ich unbedingt probieren, hieß es, doch bevor ich zugreifen konnte, schob man mich an Antilopenhörnern und dem Modell eines F16-Kampfjets vorbei in das zweite goldene Kabinett. Dieses wirkte noch erheblich größer, war von weiteren Enkelsöhnen bevölkert und bot Raum für mehrere goldene Tafeln, die mit goldenen Tellern, Messern und Gabeln eingedeckt waren. Wir knieten uns auf einen fliegenden

Teppich und schwebten durch die Geschichten von Scheherazade. Als wollte mir Mohammed beweisen, dass er schon lange kein Ziegenhüter mehr war, sauste er von Zimmer zu Zimmer und öffnete Großküchen, Lager und sogar eine geräumige Kammer, die nur zum Bügeln seiner Kleider diente.

Nachdem ich auch die prächtige Familienmoschee bewundert hatte, kamen wir in einen blumenumrankten Innenhof, in dem die kleinsten Enkel spielten, und allem Anschein nach war unsere Tour damit beendet. Doch sie fing gerade erst an, denn der Platz lief auf einen weiteren goldenen Palast zu. Dieser gehörte Mohammeds zweitältestem Sohn Jamal und warf kühlende Schatten auf einen dritten goldenen Palast, hinter dem sich noch ein vierter und ein fünfter versteckten. Wie sich herausstellte, war die gesamte Nachbarschaft im Besitz der Al-Khateris. Sie residierten in zehn Palästen. Der größte und glänzendste für Mohammed, die anderen für seine neun Söhne, und eines Tages, möge der Himmel es gestatten, würden diese Söhne noch Dutzende andere Paläste für ihre eigenen Söhne bauen und das Stammesgedeihen auf Jahrhunderte sichern.

«Wie viele Enkel hat Mohammed bloß?», flüsterte ich Omar zu, und er schätzte, es seien wohl neunundneunzig Enkelkinder und darunter fünfzig Knaben. Damit wollte er mir wohl sagen, dass er zwar die genaue Zahl nicht kannte, aber wusste, dass sie sehr hoch war. Als ich fragte, ob er selbst ebenso viele Söhne und Töchter habe, begann Omar, sie an seinen Fingern abzuzählen. Er endete beim Daumen der zweiten Hand. Eigentlich seien es dreizehn, doch seine Frau habe bedauerlicherweise sieben Fehlgeburten erlitten.

«Es ist so», hob er an. «Du selbst bestimmst nicht über

die Menge deiner Nachkommen. Allah entscheidet, wie viele Kinder dir vergönnt sind, und Allah trägt auch dafür Sorge, dass du sie ernähren kannst.»

Heute jedoch sorgte eine andere unsichtbare Macht für unser Überleben. Als wir gemeinsam in den Speisesaal zurückkehrten, warteten neun Söhne und mehr oder weniger fünfzig Enkel darauf, dass ich, ein Fremder aus dem Abendland, das Galabuffet eröffnete. Nicht etwa, weil ich Teil einer Feier wurde, sondern einfach, weil es Freitag war und sich die Familie einem Besucher gegenüber von der besten Seite zeigen wollte. Die Mütter und Frauen, die nebenan in der Küche weilten, hatten Salate, Süßspeisen und Reistafeln aufgetischt, so groß, dass darin zehn ganze gebratene Hähnchen und fünfzehn Rinderkeulen Platz fanden. «Das ist nichts!», scherzte Mohammed. «Das ist meine Pflicht. Wenn ein Gast kommt, schlachtest du ein Kamel. Heute essen wir den Kopf, und du, mein Freund, bekommst die Augen.»

Selbstverständlich hatte kein männliches Wesen einen Finger gerührt, doch dafür lieferte man mir eine vollkommen überzeugende Erklärung: Die Hände eines Kerls seien nicht zum Kochen, sondern zum Kämpfen und Töten geschaffen. Wenn ein Mann Teig knete oder Kühe melke, würden seine Handflächen schon nach zwei Wochen so butterzart wie die einer Tempelhure. Und was eine solche Frau mit ihren Händen anstelle, wolle man vor den Kindern nicht ausführen.

«Nur Schwule kochen!», brachte es einer der Söhne gekonnt auf den Punkt.

«Wir lassen unsere Frauen in der Küche gegeneinander antreten», feixte ein anderer, «und nach jedem Essen verleihen wir die bronzene, die silberne und die goldene Gabel. Wenn deine Frau eine Woche lang keine goldene Gabel gewonnen hat, heiratest du eine zweite!»

Weil nun alles durcheinander redete und Mohammed etwas erschöpft wirkte, ergriff sein zweitältester Sohn das Wort. Jamal war das heimliche Familienoberhaupt. Wenn er sprach, schlossen sich die Münder, und die Ohren öffneten sich. Dabei hatte er es nicht nötig, seine Stimme zu heben. Es reichte ein dezentes, gehauchtes, vergiftetes Lob. «Ich möchte dir ein Kompliment machen. Wir sitzen hier zusammen beim Essen, ich erzähle dir von meiner Familie, und du notierst dir nicht ein Wort. Sag mal, wie kannst du dir das alles merken? Du musst ein Genie sein, ich bewundere dich, meinen Glückwunsch», säuselte er und reichte mir für alle anderen sichtbar die Hand. Eilig zog ich einen alten Kalender aus der Tasche und tat so, als würde ich mitschreiben.

Jamal war Leutnant bei den Streitkräften der Vereinigten Arabischen Emirate und der Einzige unter seinen Brüdern, der keinen Wanst unter seinem Hemd duldete. Alle anderen bezeichneten sich als Geschäftsleute. Einer war Manager im wichtigsten Unternehmen der Telekommunikationsbranche, ein Zweiter handelte mit Immobilien, ein Dritter mit Honiggebäck. Der Clan verfügte über ausgezeichnete Beziehungen in die Paläste des Emirs von Abu Dhabi, und seine Macht vergrößerte sich mit jeder Generation. In vierzehn Jahrhunderten Stammesgeschichte hatten die Al-Khateris durch geschicktes Heiraten und Verheiraten alle Konflikte mit anderen Sippen beigelegt und den Frieden gesichert, heute besiegelte eine gute Ehe ein gutes Geschäft. Collect power, make peace.

«Wir Araber sind es gewohnt, die Dinge unter uns zu regeln, und das ist der wahre Grund, warum der Westen uns nicht versteht», sagte Jamal. «Sieh mal, manche von euch fragen mich: Warum trägst du einen Putzlappen auf dem Kopf?»

«Weil es Teil eurer Kultur ist?»

«Nein, wegen des Wetters. Bei uns scheint die Sonne, bei euch regnet es. Ihr habt eure Demokratie, wir haben unser Blut.»

Die demnächst anstehende Hochzeit konnte für das Blut der Al-Khateris allerdings nicht besonders gesund sein. Einer von Jamals Söhnen, er war vierzehn, würde im Dezember die dritte Tochter seines älteren Bruders heiraten. Vielleicht war es auch die zweite Tochter seines jüngeren Bruders oder die erste Tochter seines jüngsten Bruders, ich hätte mir wirklich mehr notieren sollen. «Er heiratet seine Cousine?», fragte ich, und der Leutnant nickte wie selbstverständlich. Die geplante Ehe habe den Zweck, die Familie zu beschützen, orakelte er, weil er gerne in Rätseln sprach. Man erwarte tausend Männer auf der ersten Hochzeitsparty und tausend Frauen auf der zweiten.

Als Mohammed aufgegessen hatte, sein Besteck niederlegte und sich ein wenig träge am Tischende aufrichtete, war das Festmahl für alle beendet. Er hatte nicht viel geredet und sich dennoch so viel Zeit gelassen, dass sich jeder seiner Söhne und Enkel in Ruhe satt essen konnte. Nun folgten wir ihm in die Empfangshalle, fläzten uns in die goldenen Sessel und genossen Kardamomkaffee, den unsichtbare Hände zubereitet hatten. So störten wir die Frauen nicht beim Abräumen und Spülen.

«Unser Vater ist unser größtes Vorbild», sagte Jamal, der von Zeit zu Zeit alle Knaben in einem Zelt versammelte und sie am Lagerfeuer in den drei wesentlichen Lehren des Patriarchen unterrichtete: Wie hat man sich zu benehmen? Wie behandelt man einen Gast? Wie erzählt man Geschichten?

Der Legende nach war der große Mohammed Rashed Khalfan Al-Khateri in einer einfachen Hütte aus Stein aufgewachsen, deren Dach nur aus Ästen bestand. Sie schützten zwar vor der Hitze, aber kaum vor Wind und wilden Tieren. Er lebte darin mit seinem Vater und, so wie ich es erinnere, drei weiteren Männern, die vermutlich seine Onkel waren. Das Haus stand genau dort, wo heute die zehn Paläste stehen. Einer der Urahnen hatte die Stelle für die Familie ausersehen, weil er spürte, dass es hier Wasser gab. Wer in der Wüste lebt, muss seine Sinne schärfen, sonst bleibt er hungrig.

Obwohl die Sonne von Ra's al-Chaima unbarmherzig sein kann und Sand in Glut verwandelt, wanderte Mohammed Tag für Tag auf bloßen Füßen in die entlegene Oase Digg Dagga, um Milch gegen Fisch, Holz gegen Kohle oder Datteln gegen Tabak zu tauschen. Die harte Arbeit war für das Wohl der Familie unerlässlich, und so duldete es der Vater nicht, dass der Junge seine Zeit mit Bildung verschwendete. Mohammed aber schlich sich, wann immer es ging, heimlich in die Schule. Er lernte Lesen und Schreiben, versteckte seine Bücher und holte sie nur heraus, wenn er sicher war, dass ihn niemand beobachtete.

Eines Tages eröffnete er seinem alten Herrn, dass er nach England gehen und dort studieren wolle. Doch der warnte ihn. Bei Allah, dort, in England, gebe es Gebäude höher als der Himmel, und wenn er die Wüste tatsächlich verließe, würden diese Gebäude einmal einstürzen und ihn für immer unter sich begraben. Mohammed aber wagte sich in die Fremde, und immer wenn er in den folgenden Jahren nach Hause kam, um die Familie zu besuchen, begleitete ihn der zivilisatorische Fortschritt.

Das erste Geschenk, das er aus dem Westen mitbrachte, war ein Radio. Er trug es in einer Tasche und knüpfte sie an einen Esel, den ein anderer zog. Aus Versehen jedoch schaltete er das Gerät dabei ein, und plötzlich drang ein seltsames Zischen aus dem Beutel, das der Eseltreiber so noch niemals gehört hatte. Er erschrak, nahm einen Knüppel und schlug so lange auf die Tasche ein, bis das Geräusch endlich verstummte. Der Mann hatte geglaubt, eine Schlange sei hineingeschlüpft.

Das zweite Geschenk war ein Fernseher, und er gelangte unversehrt ins Haus. Eltern, Großeltern, Onkel, Tanten, Kinder und Kindeskinder drängten sich ruhelos vor dem kleinen Kasten und warteten auf die Wunder, die ihn ihm wohnten. Als Mohammed den Bildschirm zum Leben erweckte und sich die tanzenden schwarzweißen Teilchen darin zu einem bärtigen Nachrichtensprecher zusammenfügten, verhüllten die Frauen blitzartig ihre Gesichter. Sie dachten, der Fremde könne sie sehen.

Als schließlich das erste Auto vor dem Anwesen der Al-Khateris hielt, brachten sie Wasser und Heu, weil sie dachten, man müsse es füttern.

Die Zeit verstrich, und ein ganzes Land erlebte ein Märchen. Sand wurde zu Stahl, Bauernsöhne wurden zu Königen, und Mohammed brachte es zu einem der meistangesehenen

Männer in ganz Ra's al-Chaima. Man ernannte ihn zum Finanzdirektor im Landwirtschaftsministerium. Heute sind seine Säle mit aufwendig gerahmten Fotos geschmückt, die ihn mit den ehemaligen, den aktuellen und den designierten Herrschern der Emirate zeigen. Die Al-Khateris sind loyal zu ihrer Familie, zu ihrem Stamm und, das betonen sie, ganz besonders zu ihrer Regierung, denn als plötzlich Öl aus dem Sand sprudelte, habe man sie gut bedacht.

«Es ist nicht so, dass wir die Emire darum gebeten hätten», sagte Jamal. «Sie sind zu uns gekommen. Als wir arm waren, waren alle arm. Als wir reich wurden, wollten sie, dass wir alle reich werden.»

«Ist das nicht Vetternwirtschaft?», fragte ich.

«Nein, nein», antwortete Jamal, «bei uns gibt es keine Korruption, es gibt nur gute Beziehungen. So verfahren wir seit eintausendvierhundert Jahren. Siehst du, das ist es, was der Westen nicht versteht.»

«Und was wird aus den Emiraten, wenn das Öl einmal versiegt?»

«Wir haben es geschafft, in einer Wüste zu überleben. Wir werden auch das aushalten», gab Jamal zurück, schwieg für einen Moment, und seine Augen wanderten zur Seite. Dann wanderten sie wieder zurück und fixierten mich: «Du stellst ausgezeichnete Fragen, ich halte dich für einen hervorragenden Schriftsteller. Willst du nicht noch mehr wissen?»

Ich verstand, dass es Zeit wurde, das Thema zu wechseln und dann, höflich ergeben, das Reich der zehn Paläste zu verlassen.

«Hast du mal einen Dschinn gesehen?», suchte ich einen Ausweg und hatte ihn wohl gefunden, denn Jamal antwortete ohne ein Zögern. Er sei überzeugt, dass jede, wirklich jede Geistergeschichte, die ich in Ra's al-Chaima aufgeschnappt hätte, wahr sei. Die Story vom schlafenden Nachtwächter, die verfluchte Villa und die mysteriöse Geisterstadt, die übrigens einmal den Perlenfischern gehört habe, bevor diese ihre vier Wände fluchtartig verlassen hätten.

«Ich will dir beweisen, warum du besser an Geister glauben solltest», begann Jamal und schenkte mir eine letzte Erzählung. Mohammeds Ehefrau, Jamals Mutter also und die Mutter seiner acht Brüder, sei noch in Zeiten der Armut jeden Tag mit ihren Schwestern am frühen Morgen losgezogen, um Datteln zu sammeln. Eines Tages aber ging sie vor den ersten Sonnenstrahlen aus der Tür, denn die Frauen waren in einen Wettstreit darüber geraten, wer wohl die meisten und süßesten Früchte nach Hause trage. Als sie sich den Palmen näherte, ärgerte sie sich, denn eine ihrer Schwestern war ihr offenbar zuvorgekommen und hatte bereits einen schönen Korb voller Datteln beisammen. Nun gut, dachte sich die Mutter, wenn sie schon nicht die Erste sein konnte, so wollte sie ihrem Schwesterherz wenigstens einen gehörigen Schrecken einjagen. Sie pirschte sich lautlos von hinten an sie heran, streckte ihre langen Finger aus, berührte die Schultern ihrer Schwester, und in der gleichen Sekunde schrie diese laut auf. So laut und ohrenbetäubend schrill, dass es bis über alle Sanddünen zu hören war und durch jedes Zelt, jedes Haus und jeden Palast in der gesamten arabischen Welt fuhr. Es war ein Schrei, den kein Mensch und kein Tier von sich geben konnte, da war sich die Mutter sicher, und so trat sie ein paar Schritte zurück und sah, wie sich das Wesen, das sie für ihre Schwester gehalten hatte, mit einem Mal in einer giftgrünen Rauchwolke auflöste und fluchend darin verschwand.

«Und nun, mein Freund» lächelte Jamal, «darfst du entscheiden: Glaubst du diese Geschichte, oder willst du mir sagen, dass unsere Mutter lügt?»

KRIEGER UND KÖNIGE

Palästina und Akhzivland

———※———

Welcher orientalische Herrscher verweilt am längsten auf seinem goldenen Thron? Es ist Qabus bin Said al Said, der erhabene Sultan des Oman. Und wer ist Nummer zwei? Bedaure, weder der König von Saudi-Arabien noch der König von Jordanien. Es ist seine Majestät, der König von Akhzivland. In Weisheit und Güte waltet er über ein glanzvolles Reich aus zwei Einwohnern und acht bis zehn Katzen. Sein Wappentier ist eine Meerjungfrau und seine Nationalhymne das Rauschen der See.

Vor einem halben Jahrhundert besetzte Eli Avivi einen winzigen Strand an der Küste Galiläas und verteidigte ihn gegen israelische Behörden und Bulldozer, bis Israel, zu aller Verwunderung, kapitulierte. So rief er seinen eigenen Staat aus, widmete ihn der Liebe und hieß jeden willkommen, der seine Werte teilte, ganz gleich, ob Jude, Araber oder Christ. In einen alttestamentarisch weißen Kaftan gehüllt, die Locken über die Schultern wallend, predigte Eli den Frieden und begann das zu leben, wovon Millionen im Land der Verheißung träumen. Als ich diese Geschichte hörte, verliebte ich mich in sie, doch ich hätte es besser nicht getan.

Zwei Gefühle begleiteten mich auf dieser Reise. Das eine war der Kinderfuß, der in meinem Gesicht landete, weil Elias und seine Brüder über die Sitzreihen surften, obwohl sie doch schlafen sollten. Es war der Hintern, der sich aus der streitenden und gestikulierenden Traube ungebremst auf meinen Rucksack niederließ. Es war der Alte, der von einer Stewardess zurechtgewiesen wurde, weil er sich weigerte, sein Tischchen hochzuklappen, und ihr hinterrücks die Zunge zeigte. Danach drehte er sich zu mir und grinste wie ein fünfjähriger Junge. Es war Glück. Es war Euphorie. Es war kindlich naive Freude über das Leben. Die Juden sind ein lästiges Volk, sagte Kishon, wenn sie allerdings nicht so lästig wären, dann wären sie vielleicht kein Volk mehr.

Das zweite Gefühl nahm ich bei der Hand, als ich den Flughafen von Tel Aviv verließ, und wenig später nahm ich es auf den Schoß, denn das Scherut, in das ich gelockt wurde, war von oben bis unten mit Gitarrenkoffern und Tortenschachteln beladen. Die sieben Fahrgäste des Sammeltaxis, anscheinend eine Mariachi-Band mit erhöhtem Cholesterinspiegel, warteten noch auf einen achten, der sich Zeit ließ und schließlich eine weitere Gitarre brachte, die er mir entschuldigend ins Kreuz drückte. Warum hatte ich auch geglaubt, dass die Taxifahrer im Heiligen Land keine Verbrecher wären?

Dennoch lohnt sich ein Scherut auf dem weiten Weg nach Jerusalem. Es ist so gut wie umsonst und kutschiert einen Passagier nach dem anderen bis vor die Haustür. So kann die Fahrt allerdings, je nach Tierkreiszeichen und Position der Planeten, kürzer oder länger dauern. Ich hatte mich irgendwann damit abgefunden, für den Rest meines Daseins in diesem Kasten durch die Nacht zu schaukeln. Wir steuerten zielsicher die zwielichtigsten Hinterhöfe des Nahen Ostens an, entluden eine Gitarre, eine Torte und einen Mariachi, und weiter ging die stundenlange Odyssee über leere Straßen im orangeroten Licht der Laternen.

Es muss fünf Uhr morgens gewesen sein, als ich dem Fahrer sechzig Schekel dafür in die Hand drückte, dass er mich vor einem Supermarkt aussteigen ließ. Er hatte mein Hotel nicht finden können und schließlich unter Flüchen aufgegeben. Da stand ich nun. Allein mit dem zweiten Gefühl, das mir nach Israel gefolgt war und so schwer auf mir lastete, dass ich es kaum gewagt hatte, einem anderen Reisenden in die Augen zu schauen. Es war Scham. Tiefe deutsche Scham, und sie löste sich nur, weil die Welt so herrlich absurd ist.

Tatsächlich hatte der Fahrer das Hotel gefunden. Es befand sich direkt vor meiner Nase. Als ich reserviert hatte, ahnte ich nicht, dass es Teil eines Supermarkts ist. So checkte ich zwischen Kaugummi und Schokoriegeln am Tresen ein und folgte der Kassiererin in eine Kammer, die zwar wenig luxuriös, dafür aber umso zweckmäßiger eingerichtet war. Die Toilettenschüssel stand direkt neben dem Bett, und künstliches Licht war nicht notwendig. Eine nervös blinkende Leuchtreklame auf der gegenüberliegenden Straßenseite schien durch die Milchglasscheibe und tauchte mein Heim touretteartig in rotes und grünes und wieder rotes und wieder grünes und wieder rotes Licht.

Hätten mich nicht tausend leere Flaschen geweckt, die aus einem Glascontainer vor meinem Fenster in einen Recyclingwagen stürzten und darin zerbrachen, hätten es die Luftschutzsirenen getan. Sie heulten um Punkt zehn auf und riefen mir in Erinnerung, wo ich gelandet war und was mich in diese Gegend führte. Seit einem Jahr hatte Jerusalem sie nicht mehr gehört, und wer nicht wusste, dass es sich nur um einen Probealarm handelte, fand sich bald zwischen anderen blass erschreckten Gesichtern wieder, die zwischen

Bars und Straßencafés nach einem Bunker fragten und kurz darauf einen doppelten Espresso bestellten.

Ich war das erste Mal im Heiligen Land, und ich bekam es roh und ungeschönt. Ob es Besucher gibt, die angesichts der latenten Gefahr in psychotische Angstzustände verfallen, weiß ich nicht. Manche aber, und das ist keine Erfindung, sind so überwältigt vom Charisma dieser Stadt, dass sie sich plötzlich für Jesus von Nazareth, Mose oder den Apostel Petrus halten. Sie lassen sich Bärte wachsen, hüllen sich in altertümliche Gewänder und beginnen zu predigen und die Welt zu retten. Eine Schwangere soll von Jerusalem bis in die Geburtskirche von Bethlehem gepilgert sein, um dort zu entbinden. Sie dachte, sie sei die Jungfrau Maria. Wer es zu sehr übertreibt, landet für eine Weile in der berühmten psychiatrischen Klinik Kfar Shaul, deren Ärzte auf die Therapie dieses Syndroms spezialisiert sind. Fragt sich nur, wie sie einen Verwirrten von einem Erleuchteten unterscheiden und welche Medikamente sie verabreichen, sollte sich der echte Erlöser eines Tages wieder herablassen.

Mit diesen ketzerischen Gedanken schlenderte ich durch das Jaffator, und weil ich keinen Bedürftigen fand, dem ich Almosen geben konnte, spendete ich fünf Dollar für die israelische Armee. Möge der Herr meiner gnädig sein und mich wenigstens nicht in Judas oder Hiob verwandeln. Und so entzauberte er meine Welt. Ich stieg Stufe um Stufe hinab, lief über lichtbeschienene Basare hinein in das Herz der heiligen Stadt, und als ihre Mauern zusammenrückten und die Gassen enger und düsterer wurden, spürte ich, dass ich nichts spürte. Nicht den Atem, der aus den Fugen der Kalksteine kam, nicht das Flüstern der Stimmen, die aus der

Quelle der Seelen drangen, nicht mal die Sonne, die sich in der goldenen Kuppel darüber spiegelte. Mir entging sogar, dass ich auf der Via Dolorosa unterwegs war, dem Leidensweg Jesu Christi. Wohin war seine Aura? Was ist aus den Wundern der Propheten geworden, die hier gewandelt waren? Wo war Gott?

Alles, was mir auf dem Weg der Schmerzen auffiel, waren die Bermudas der Touristen und die Einheitsware der Händler. Die ewig gleichen Plastikukulelen made in China, wie man sie auf den Märkten von Bali bis Istanbul findet, die gefälschten Fußballtrikots, die Rosenkränze neben den Maschinengewehren für Kinder. Den Fremdenführern gelang es, ihre Gruppen zielsicher vorbei an allen Sehenswürdigkeiten in eine Falafelbude zu lotsen, von der sie Provision bekamen. Warum hätten sie auch ernsthaft versuchen sollen, Jerusalem, die Unerklärbare, auf nur einem einzigen Rundgang zu ergründen? Eine Stadt, die das Wort «Frieden» im Namen trägt und so oft erobert, zerstört und wiederaufgebaut wurde, dass sich die Gelehrten darüber streiten, ob es achtzehn- oder fünfundfünfzigmal geschah?

Jerusalem war wie ein Kinofilm, dem ich zu sehr entgegengefiebert hatte. In den Szenen, die auf Zelluloid durch mein Unterbewusstsein liefen, leuchtete die Klagemauer, als seien ihre Steine vergoldet und die Gebetszettel silbern. Was die Kamera nicht zeigte, waren die Selbstsüchtigen am Bildrand, die eine Teleskopstange in den Himmel hielten und mit einem Telefon auf ihr Gesicht zielten, als wollten sie sich mit einem letzten debilen Grinsen das Hirn wegblasen.

Erst in den Katakomben der Mauer schaltete mein geistiges Auge wieder auf Empfang. Ich weiß wenig über das, was mancher Glauben nennt, nur so viel, dass tatsächlich etwas in der Luft liegt, wenn Menschen die Hände falten, wenn sie sich kasteien und wenn sie die weisen Verse ihrer Meister immer und immer wieder gemeinsam rezitieren. So ist es in der Blauen Moschee, so ist es auf dem Petersplatz, so ist es im Minakshi-Tempel von Madurai, so wird es in Mekka sein, und so ist es auch hier. In den entrückten Blicken der Männer, die ihre Arme mit Lederriemen abgebunden hatten, Gebetskapseln auf dem Kopf trugen und sich unermüdlich vor jener Macht verneigten, die den Stein, dem sie gegenüberstanden, erschaffen hatte, lag etwas Wundervolles. Ich beneidete sie um das, was sie empfanden, denn es war das, was mir fehlte. Religion gibt vielen Menschen Halt. In einer Welt, die von Religion zerrissen wurde.

Bald saß ich auf einer Mauer vor dem King David Hotel und wartete schon viel zu lange auf einen Bus. Ist nicht auch das Westjordanland in gewisser Weise unentdeckt? Ich wollte es sehen und nicht sehen, und in meinem Zögern war ich über einen Reiseveranstalter gestolpert, der für seltsame Kaffeefahrten warb. Das Angebot «Come to Palestine, feel the Occupation!», Transfer und Eintrittsgelder inklusive, Verpflegung exklusive, klang so grotesk, dass ich es als meine journalistische Pflicht betrachtete, es zu buchen. Doch irgendetwas stimmte nicht, und der Bus wollte nicht kommen. Vielleicht waren meine Gotteslästereien schuld.

Nach einer Dreiviertelstunde, ich wäre beinahe aufgestanden und gegangen, näherte sich ein Taxi. Der Fahrer ließ mich einsteigen und erzählte mir, dass dieselbe Armee, für die ich am Vortag noch fünf Dollar übrig hatte, am frühen

Morgen in ein palästinensisches Dorf eingerückt sei. Dabei hätten die Israelis einen Mann erschossen, und weil niemand voraussehen könne, was heute noch geschehe, hätten alle anderen Touristen kurzfristig gecancelt. Nur ich nicht. «Das hat den Reiseführer etwas verwundert», sagte er, «aber er freut sich auf Sie.»

Meine Vorfreude hingegen sank mit jedem Meter, den wir zurücklegten. Ich war ein einsamer Katastrophentourist, über den das Schicksal lachte, und diese Pointe bereitete mir Sorgen. Selten geht es gut aus, wenn die Protagonisten einer Geschichte mutterseelenallein in die Wüste chauffiert werden und der Mann am Steuer schweigt. Es war ein klassischer Austausch. Das Taxi mit israelischem Kennzeichen hielt neben einem Mittelklassewagen mit palästinensischer Plakette. Ein Fenster fuhr herunter, eine Tür öffnete sich, ich wechselte das Auto, eine Hand schüttelte meine, und ein Mund sprach:

«Ein herzliches ‹Tod allen Ungläubigen›, mein Freund!»

Der Mund gehörte Hussein.

«Hey, ich scherze nur, keine Sorge», sagte er. «Der zweite Teil meiner Begrüßung ist aber wahr. Ich bin heute nicht dein Guide, ich bin dein Freund, und du bist meiner. Woher kommst du?»

Erst wollte ich von Ladonien erzählen, aber dann entschied ich mich dagegen.

«Germany?», lachte er und trat auf die Bremse. «You're killing me! Du machst mich fertig. Ich habe fast nur Münchner, Berliner und Hamburger auf meinen Touren. Normalerweise sind es immer fünfzehn, zwanzig Leute, dann natürlich schön im Reisebus. Scheint so, als hättet ihr Deutschen was gutzumachen, was? Wie sagt ihr noch? Wie der Vater, so der Sohn. Wenn du ein Kind misshandelst, wird es sich an anderen rächen. Willkommen in meinem Land!»

Ein anderes Sprichwort sagt, du sollst nicht die Hand beißen, die dich füttert. Hussein biss dem amerikanischen Juden, von dem er bezahlt wurde, nicht nur in die Hand, er biss sie ihm ab, nagte an den Fingern und warf die Knochen weg. Zynismus bewegte jeden Muskel seines Athletenkörpers. Diese unsichtbare Kraft hielt seine Augenlider weit geöffnet und verzog seine Mundwinkel zu einem sarkastischen Grienen, das manches über die Schmerzen verriet, die es verbergen sollte. Angeblich wurde er während seiner Touren viermal verhaftet und verhört, einmal habe die Gruppe drei Stunden auf ihn warten müssen.

Die Frage, ob Hussein in einem legitimen Staat lebt, stellt sich für mich genauso wenig wie für den Vatikan. Palästina verfügt über einen Präsidenten, ein Territorium, eine Bevölkerung und wird von weit über hundert Nationen anerkannt, zuletzt auch vom Heiligen Stuhl, mit allen weltlichen und sakralen Würden. Die palästinensische Flagge weht sogar vor dem Hauptquartier der Vereinten Nationen in New York. Allerdings werden weite Teile des Staatsgebiets von einem zweiten, ebenso legitimen Staat besetzt, der sich zu Recht dagegen stemmt, dass ihn einige seiner Nachbarn ausradieren wollen. Vermutlich liegt das letzte Wunder, das in dieser umkämpften, surrealen Welt aus Staub, Geröll und Autowracks vollbracht wurde, Jahrhunderte zurück, und es hatte nicht den Anschein, als sollte jemals wieder eins geschehen.

Wir passierten das Dorf, in dem ein warmer Körper langsam erkaltete. Ein Panzerwagen bog in die Siedlung, und mehrere schwerbewaffnete Soldaten folgten in seinem Schatten.

«Hast du auch mal gekämpft?», fragte ich.

Hussein wischte sich mit der Hand über den geschorenen Schädel.

«Davon erzähle ich dir später», antwortete er, «sonst würdest du es nicht verstehen. Aber komm, lass uns hier für einen Moment aussteigen.» Er deutete auf ein Haus, über dem ein beachtlich großer Davidstern wehte. Es stand am Rande der Schnellstraße, eingezäunt auf einem Sandhügel, der für alles geschaffen war, nur nicht für Ackerbau, Viehzucht oder irgendeine andere Form von Leben. Die jüdische Siedlung war ein Statement, das einem blutroten Warnschild trotzte: «Achtung! Dieses Gebiet steht unter palästinensischer Verwaltung. Für israelische Staatsbürger ist der Zutritt verboten und lebensgefährlich. Er widerspricht israelischem Recht!»

«So, und jetzt verrate mir mal, wie sich diese Schweinehunde hier trotzdem breitmachen können!», schimpfte Hussein. «Das ist unser Hügel, es ist unser Boden. Schau doch, sie brechen das Gesetz! Wenn die Armee nicht ihre Frauen beschützen und ihre Kinder zur Schule bringen würde, ginge dieses Haus noch heute in Flammen auf, das garantiere ich dir. Übrigens, trinkst du Kaffee?»

Die Burg des Feindes niederbrennen, seine Weiber schänden und in aller Ruhe einen Mokka brühen. Husseins Husarenritt durch das gallenbittere Dilemma seines Alltags ließ sich nicht ohne Koffein ertragen. Ich trank meinen schwarz, bei «Stars & Bucks» in Ramallah. Der Laden kopierte das Original nicht nur, er parodierte es. Sein Besitzer amüsierte sich selbst am meisten darüber, dass amerikanische Anwälte schon zweimal versucht hatten, das Café am Al-Manara Square dichtzumachen. Schließlich imitierte es sogar die Form und die Schriftart des Starbucks-Logos, servierte aber neben Eiskrem und Frappuccino auch Hummus und Kichererbsen.

Obwohl Ramallah buchstäblich vor den Toren Jerusalems liegt, hatte es ewig gedauert, bis wir dort angekommen waren. Das Gewirr in den Kreiseln der Stadt muss sich weder vor Peking noch vor Mumbai verstecken, und der Weg hinein führt durch einen Irrgarten aus Betonmauern, Sicherheitszonen, Checkpoints, einem Grenzübergang und zahlreichen Umleitungen. Normalerweise ist eine Straße eine Straße, doch wer hier in der Westbank das falsche Wappen auf dem Nummernschild trägt, dreht eine Extrarunde und geht nicht über Los.

Und dennoch lag in dem Aroma, das von unserem Mokka aufstieg, neben Zimt, Kardamom und Schikane noch eine zarte andere Note: der Duft der Freiheit. Ramallah ist eine selbstverwaltete Stadt, und soweit ich es bei dem Tempo, das wir an den Tag legten, beurteilen konnte, herrschte auf seinen Märkten nichts weiter als das alltägliche arabische Chaos. «Thank you for visiting Palestine!», riefen die Händler, und einer von ihnen versuchte, mir eine Münze aus der Zeit anzudrehen, als sein Volk noch mit einer eigenen Währung bezahlen konnte, dem Palästinischen Pfund. Das Geldstück, erklärte der Mann, sei von 1948, es habe seinem Großvater gehört und sei heute selten und äußerst wertvoll. Eigentlich sei es unverkäuflich, aber für mich, einen Besucher aus dem

Westen, der diesem Land seinen Respekt erweise, mache er schweren Herzens eine Ausnahme.

Auf welche Weise und auf welchen Wegen wir die nächste Metropole ansteuerten, weiß ich nicht mehr. Hussein fuhr schnell, so rasch es eben ging, und dabei zog seine Heimat vorbei wie ein fahler, beängstigender Fluss. «Es tut mir leid, aber wir müssen uns beeilen!», rief er, während im Radio über das berichtet wurde, was am Morgen geschehen war. «Meine Brüder und Schwestern werden den Mann bald begraben, und danach werden sie sehr, sehr wütend sein. Am Ende riegeln die Israelis die Straße ab, und du kommst hier nicht mehr raus.»

Es kursierten viele Gerüchte und wenig Informationen. Von israelischer Seite hieß es, die Armee habe einen Terroristen gestellt, und als er die Soldaten von seinem Balkon aus bewarf – womit, wurde nicht gesagt –, habe man ihn durch einen Schuss in den Brustkorb ausschalten müssen. Auf palästinensischer Seite sprach man von einem unschuldigen Familienvater, der lediglich seine Söhne beschützen wollte. Sicher war nur, dass beide Versionen bestenfalls die halbe Wahrheit erzählten. Das Heilige Land ist auch ein Land der Lügen.

So schmeckte auch das Mujadara, ein Reisgericht mit Linsen, Zwiebeln und Joghurt, das uns ein Geschäftsmann am Nachmittag in Hebron auftischte, nach faulem Schwindel. Zufällig bot er uns ein Essen an, das zufällig gerade fertig zubereitet war, zufällig hielt er einen Raum voller Sofas bereit, in dem eine ganze Busladung Touristen Platz gefunden hätte, und völlig zufällig erzählte er mir von einem stinkreichen Juden, der ihm drei Millionen Dollar für dieses Haus geboten hätte. Die Geschichte drehte, wand und überschlug sich so lange, bis aus drei Millionen sechs wurden und aus sechs Millionen zwölf. Am Ende wollte er mir weismachen, dass er ein Angebot über einhundert Millionen Dollar kalt lächelnd ausgeschlagen hatte. «Für diese hundert Millionen hätte ich dem Juden nicht einen einzigen Stein gegeben!», schauspielerte er und schlug mit einer Hand theatralisch auf den Tisch. Die andere hielt er auf.

Der Mann war Fake, aber die Furcht, in der seine Stadt zu erstarren schien, wirkte echt und bedrohlich. Ich sah sie über das Stromkabel kriechen, das quer über die menschenleeren Straßen hing. Ich las sie im Gesicht des Mädchens, das durch ein eingeschmissenes Fenster lugte. Sie steckte in der Faust, die eine Gestalt auf den Flachdächern ballte. Sie lauerte in dem Schatten, den die zerschossenen Fassaden auf die Risse im Asphalt warfen. Sie fuhr in dem Lieferwagen, der langsam, so verdächtig langsam, an den Sperrzäunen vorbeischlich.

Über den Souq, der seltsam leblos wirkte, war ein grobmaschiges Drahtgestell gespannt, das Kleiderbügel, Schuhe und Ziegelsteine aufgefangen hatte. Hussein zuckte die Schultern. «Die Siedler bewerfen uns mit diesem Dreck. Was sollen wir machen?»

Zwischen all diesen Kulissen geisterten Soldaten mit Bübchengesichtern umher, die hilflos versuchten, ein paar hundert Ultraorthodoxe im Zentrum von Hebron zu beschützen. Sie separierten, sie blockierten, sie suchten nervös nach Deckung hinter unserem Wagen, sie zielten mit ihren Maschinengewehren auf spielende Kinder, und als ich sie ansprach, erzählten sie mir, dass sie jetzt am liebsten bei ihren

Freundinnen auf dem Sofa wären. Nur bitte nicht hier. Ihre Armee hatte dieses Viertel während der zweiten Intifada besetzt, als sich tausend Araber über zwei israelische Reservisten hermachten und ihnen die Augen herausrissen. Ausgerechnet am heutigen Tag begann man im Land des Herrn, vom dritten großen Aufstand der Palästinenser zu sprechen.

Ich folgte Hussein zur letzten Ruhestätte der Propheten Isaak, Jakob und Abraham und fragte ihn, warum er sein linkes Bein nachzog. Er drehte sich zu mir um und schenkte mir sein bitterstes Lächeln. Dann schleuderte seine Hand einen unsichtbaren Stein, ein imaginäres Gewehr erschoss seinen Bruder, und zwei Kugeln zerfetzten sein Knie.

«Damals hat mich meine Mutter so schnell es ging verheiratet, sonst wäre ich hundertprozentig in den Rachetod gegangen», sagte er, das Gesicht nah an meinem. «Heute muss ich für eine Frau und drei Kinder sorgen, Inschallah, aber wenn jemand mein Land besetzt, werde ich trotzdem um jeden Zentimeter kämpfen. Ich will nicht, weißt du, aber ich muss. Ein Araber hat keine Wahl. Greife ich die Israelis an, dann erschießen sie mich, oder ich lande für immer im Knast. Renne ich weg, dann bringe ich Schande über meine ganze Familie, und wer heiratet dann meine Schwester? Jeder Verräter wird bestraft. Sie kommen zu dir nach Hause, und weißt du, was das heißt? Es tut mir leid, mein Freund, aber in Palästina ist es so: Wenn ich kämpfe, verliere ich mein Leben. Wenn ich nicht kämpfe, verliere ich es auch.»

Als die ersten Steine flogen, brachte mich Hussein aus der Stadt, ich kehrte rechtzeitig hinter die Mauern von Jerusalem zurück und fragte mich umso mehr, wie es Eli Avivi, dem ehrwürdigen König von Akhzivland, gelingen konnte, auch nur ein Sandkorn dieser heiligen Wüste zu regieren. Wie ich herausfand, lag sein Herrschaftsgebiet irgendwo zwischen dem Badeort Naharija und der libanesischen Grenze, drei Stunden von Jerusalem entfernt. So begab ich mich zur Central Bus Station und machte Bekanntschaft mit zwei Herren. Der eine saß hinter einer Scheibe und verkaufte Fahrkarten, der andere stand davor, fuhr Taxi und hatte seinen Arschlochtag. Die Szene lief ungefähr so:

«Shalom, ich würde morgen gerne nach Naharija fahren.»

Der Schalterbeamte schwieg.

Der Taxifahrer schwieg.

«Do you speak English?»

Der Schalterbeamte nickte.

Der Taxifahrer nickte.

«Na-ha-ri-ja, morgen früh, eine Person. Bitte.»

Der Schalterbeamte lachte.

Der Taxifahrer lachte.

«Wo liegt das Problem?»

«Morgen fährt kein Bus», sagte der Schalterbeamte.

«Dann nehme ich die Bahn.»

«Morgen fährt keine Bahn», sagte der Taxifahrer.

«Okay, und wie komme ich dann dahin?»

«Ich könnte dich fahren», gähnte der Taxifahrer, «aber ich mag dich nicht.»

Mittlerweile kann ich seine Verachtung verstehen, denn ich war wohl der einzige Mensch, der nicht wusste, was Schabbat in der heiligen Stadt bedeutet. Von Freitagabend bis Samstagabend ruht das Leben nicht nur, es stirbt. Busse und Bahnen stehen still, Bars und Restaurants schließen, kein Auto fährt, kein Mensch überquert die Straße, nicht mal die Hunde bellen. Den Juden ist jegliche Form von Arbeit verboten, und die Strenggläubigen unter ihnen vermeiden es sogar, einen Lichtschalter zu betätigen, einen Kühlschrank zu öffnen oder den Fernseher einzuschalten. In manchen Häusern Jerusalems werden die Fahrstühle in einen Schabbatmodus geschaltet. Sie halten automatisch in jedem Stockwerk, öffnen die Tür, schließen sie wieder und fahren Tag und Nacht im Dauerbetrieb. So ist niemand gezwungen, irgendeinen Knopf zu drücken.

Dass ich trotzdem vom Fleck kam, hatte ich einem Hindu zu verdanken. Er kannte einen Moslem, der wiederum einen Christen kannte, und dieser Jemand ließ mir telefonisch ausrichten, ich möge doch bitte vor meinem Hotel auf ihn warten. Er ließ auch fragen, ob ich Russisch verstehe, und ich nickte vorsorglich, denn der Typ war meine einzige Chance.

So hockte ich mich neben den Glascontainer vor meiner Residenz und ließ eine Stunde vergehen. Nach einer zweiten kreuzte ein wütender spitzbärtiger Zwerg auf, der einen Tropenhut auf dem Kahlkopf trug und mich erst auf Russisch und anschließend auf Hebräisch verfluchte. Ihm war ebenfalls neu, dass man in einem Supermarkt nächtigen kann, und er hatte länger nach mir gesucht. Der Giftzwerg eilte davon, und ich lief ihm hinterher. Wir sausten um die Häuserecken, mal links, mal rechts, und liefen schließlich geradewegs auf einen Reisebus zu, der vollbesetzt in einer Seitenstraße parkte und nach einem weiteren unentdeckten Land benannt war: Atlantis Tours.

Obwohl die Insassen Sandalen trugen, wirkten sie ganz

und gar nicht wie antike Gelehrte aus den Dialogen Platons. Es sei denn, die alten Griechen hatten eine Schwäche für Muskelshirts, erdbeerdaiquirifarbenen Nagellack und Glitter auf den Wangen. Ich hatte es mit einer Gruppe von sibirischen Urlaubern zu tun, die sich auf das Mittelmeer freuten und weniger amüsiert darüber schienen, dass sie meinetwegen warten mussten. Hundert verfinsterte Glitzergesichter sahen dabei zu, wie ich bepackt in den Bus kletterte und nach einem Platz suchte.

Der Tropenhelm schnappte sich das Mikrophon und hielt eine Begrüßungsrede, die so verzerrt klang, dass es sicher keinen Unterschied machte, ob man Russisch sprach oder nicht. Viel interessanter waren die Kuscheltiere, die der Fahrer im Laufe seiner Karriere gesammelt hatte. Sie klemmten hinter Sonnenblenden und kopulierten auf den Hutablagen. Als der Giftzwerg seine Rede beendet hatte, rief er Name für Name auf. Weil niemand auf «Daniel Bergmann» reagierte, hob ich die Hand, und der Bus setzte sich in Bewegung.

Es sollte eine lange und unvergessliche Reise zu einer ganzen Reihe von Sehenswürdigkeiten werden. Wir besichtigten eine Raststätte hinter Jerusalem, einen McDonald's in Tel Aviv und einen Großmarkt in Haifa, bis Atlantis Tours in einem Abendzauber versank, den Gottes Feuerball über Galiläa schickte. Es war tatsächlich so, als hätte sich der Himmel geöffnet, um sein Reich mit einem warmen, alles erfüllenden Segen in den Schlaf zu wiegen. Wenn jede Nacht und jeder Tag mit diesem Licht begann, verstand ich einen Hauch mehr davon, warum so viele Völker um diese Erde stritten.

Der Reisebus steuerte mehrere Strandhotels an und ließ mich schließlich an einer Kreuzung am Stadtrand von Naharija aussteigen. Es mussten noch einige Kilometer bis Akhziv-land sein, allerdings war mir nicht klar, in welche Richtung ich laufen sollte. Also hielt ich ein Taxi an und erwischte diesmal einen Fahrer, der einen guten Tag hatte. «Lang lebe der König!», rief er, nachdem ich ihm verraten hatte, wohin es gehen sollte, und während wir fuhren, schenkte er mir eine reich ausgeschmückte Story, an die ich mich folgender-maßen erinnere:

Manche werden als gute und manche als schlechte Seelen geboren. Eli Avivi kam als böser Junge zur Welt. Er war ein kleiner Krieger, der sich mit den Halbstarken auf den Stra-ßen von Tel Aviv herumtrieb und Felsbrocken auf die Bahn-gleise legte, um die Züge seiner Feinde zu sabotieren. Jeden Engländer und jeden verdammten Araber wollte er ins Meer treiben, denn sie machten sich in einem Land breit, das sei-nem Volk versprochen worden war. Kaum wuchsen ihm die ersten Barthaare, schloss er sich einer Untergrundarmee an und schmuggelte Juden aus Europa an die Gestade des Herrn. Es war das erste Mal, dass er einen eigenen Staat gründete: Israel.

Als die Welt für einen Moment zur Ruhe gekommen war, brannte Eli darauf, sie kennenzulernen. Er reiste mit den Fi-schern über die See, schlief in den Häfen Afrikas und segelte in den eiskalten Winden vor Island, Norwegen und Grön-land. Einmal geriet er in einen furchtbaren Sturm, der über der Nordsee tobte und seinen Trawler beinahe versenkte. Die Wellen tanzten wie Geister vor seinen Augen und streckten ihm hämisch feixend die hässlichen Zungen heraus. Da schloss Eli die Lider und betete. Er sprach so lange zu Gott, bis das leckgeschlagene Schiff die Ufer von Großbritannien erreichte. Und während es im Dock lag, war es unserem Helden vergönnt, die Wunder von London zu sehen.

Doch kein Ort der Welt löste das in ihm aus, was er empfand, als er eines Tages die Küste seiner Heimat entlangwanderte und auf einen Strand stieß, den man Akhziv nannte. Er wusste sofort, dass er für immer bleiben würde, also blieb er und wurde zu einer Kunstfigur, die ganze Generationen inspirierte. Er ließ sich einen Rauschebart wachsen, der bald ergraute, hüllte sich in einen hermelinweißen Talar, der sein Zeremonienmantel werden sollte, und feierte Feste, die von Beirut bis Tel Aviv ihresgleichen suchten. Manchmal findet eben auch eine schlechte Seele auf den Pfad des Lichts.

Der Fahrer verabschiedete mich mit einem brüderlichen Handschlag und deutete auf ein Straßenschild, das einen Namen wie eine Sehenswürdigkeit auswies: Eli Avivi. Ich folgte einer Piste aus Sand und Schotter auf einen Hügel, öffnete eine eiserne Pforte, die blau und weiß lackiert war, und lief an einem Kanu vorbei, das aus der Dunkelheit ragte und tatsächlich den Namen «Akhzivland» trug. An einer Mauer lehnte ein ausgeschlachtetes Motorrad, das Geschichten erzählte, so wie die Amphoren, die Anker und die Menschen, die dem König einmal begegnet sind.

Manche sagen, Eli Avivi habe es sich in einem verlassenen Haus gemütlich gemacht, das zuvor einem Muslim gehört hatte. Deshalb sei wenig später die israelische Armee angerückt, um es zu zerstören. Andere sagen, er zimmerte sich sein eigenes Heim und es habe zwanzig Jahre gedauert, bis die Bulldozer kamen. In der Zwischenzeit heiratete er Rina, eine Frau, die von jedem Erzähler gleich beschrieben wird. Sie muss eine epochale Schönheit gewesen sein, vor der sich die Sonne verneigte und die Sterne freiwillig zu Boden fielen.

Dass die beiden bis heute an ihrem Strand leben, haben sie wohl dem Humor eines Richters zu verdanken. Dem gefiel anscheinend, mit welcher Hingabe Eli argumentierte. «Wenn mich mein eigenes Volk vertreiben will», soll er gewettert haben, «dann bleibt mir wohl nichts anderes übrig, als mein eigenes Land auszurufen.» So erhielt er juristischen Segen und einen Pachtvertrag über neunundneunzig Jahre. Sagen die einen. Andere sagen, der alte Hippie werde geduldet, bis er das Zeitliche segne, dann werde man seinen absurden Palast schleifen und ein Hotelresort darauf bauen. Wieder andere spotten, die rechtliche Lage von Akhzivland sei genauso eindeutig wie die geographische Lage von Atlantis.

Meine Suche nach Eli Avivi endete vor einer altersschwachen Strandvilla, die aus Treibgut zusammengesetzt war wie die Hütte Robinson Crusoes. Ihr Fundament aus grob behauenen Steinen bröckelte, ihre hölzernen Stockwerke rissen, ihre letzten Fenster splitterten und fielen heraus. Ich versuchte hineinzusehen, und die siechenden Zeugen eines langen Lebens lugten zurück. Röhrenradios, Flinten, Vogelkäfige, Geweihe, Modepuppen, verschimmelt, verrostet, lange vergangen. Manche Scherbe, die den Teppich bedeckte, huschte plötzlich davon, ein seltsamer, süßlicher Geruch verdarb die Meeresluft und mit ihr jede Illusion. Ich war viel zu spät zu einer Party erschienen, die Jahrzehnte gewährt hatte. Nun schlief Akhzivland seinen Rausch aus, und es wirkte nicht so, als würde es je wieder erwachen.

Aus der Tür des Hauses, deren Klinke aus einem Tierknochen geschnitzt war, trat eine Frau. Sie wollte wohl auf mich zukommen, fiel aber bedauerlicherweise nach wenigen Schritten auf ihren Hosenboden. Als ich ihr aufgeholfen hatte, fragte ich sie, ob sie Rina sei, und wünschte mir insgeheim, dass sie «nein» antworten würde. Die falsche Farbe im güldenen Haar der Königin und die Schminke über ihren Äderchen konnten nicht verbergen, dass sie ihre märchenhafte Schönheit an das Alter, den Alkohol und die Trauer verloren hatte.

Rina war laut und resolut, und das musste sie auch sein, denn wie sich zeigte, sorgte sie allein für Akhzivland. Wir schwankten einmal um die Villa herum, und sie sperrte mir mit einiger Mühe ein Gästezimmer auf, für das sie sagenhafte fünfzig Dollar verlangte. Wie soll ich es beschreiben, ohne Rina zu verletzen? Von außen war es ein Dichtertraum. Wilder Wein umrankte ein halbrundes, separates Portal, das aus erster Reihe auf die See hinausschaute und durch nichts weiter gestört wurde als durch die Hymne dieser Nation, das Rauschen der Wellen. Doch durch den faustbreiten Spalt unter der Tür war alles hineingekrabbelt, was auf dem royalen Territorium lebte und Beine hatte.

Und Eli?

«Es geht ihm schlecht», sagte Rina, während sie mich leise an die Schwelle seines Thronzimmers führte, das nicht mehr als eine Kammer war, «er stirbt.» Um das Bett herum wachten Katzen, Kristalle und afrikanische Statuen, jedoch keine Prinzessin, kein Prinz und auch kein Thronfolger. Elis Arme lagen leblos neben seinem Körper, als gehörten sie nicht zu ihm. Sein Haar war so weiß geworden wie sein Bart und hing schlaff und welk über dem Gewand, in dem man ihn bald begraben würde.

Wie viele Fragen ich an ihn hatte: Was hast du geträumt, als du das erste Mal in deinem Königreich übernachtet hast, und was war dein Gedanke am Morgen, als zum ersten Mal die Sonne darüber aufging? Wie hoch hat dein Herz geschlagen, als du Rina begegnet bist, und was hast du gefühlt, als du deine eigene Heimat bekämpfen musstest, die du doch fast so sehr liebtest wie deine Frau? Und damals, als die Bulldozer anrückten und du dich wahrscheinlich mit mehr als einem Bein im Gefängnis wähntest – hast du je daran gedacht aufzugeben?

«Darf ich mit ihm sprechen?», flüsterte ich.

«Das hat keinen Sinn», antwortete Rina. «Eli erinnert sich an nichts.»

So blieben all meine Fragen unbeantwortet, und ich fand mich sprachlos in einem Land wieder, das aufhörte zu existieren. Aus Erinnerungen waren Legenden geworden, und aus Steinen wurde allmählich Staub. Ich hatte mich in eine wahre Geschichte verliebt, die ich niemals mit all ihren schillernden Facetten zu hören bekommen würde. Eli konnte sie nicht mehr erzählen, und Rina wollte sie nicht mehr erzählen, weil sie zu sehr schmerzte. Jedes Land geht einmal unter, dachte ich, egal, wie groß oder klein, wie mächtig oder unbedeutend es ist, aber von diesem hier würde wohl nichts überdauern. Nichts außer einer Inschrift auf einem Leichenstein im Dickicht eines Hügels, der über einen winzigen Strand in Galiläa wacht.

Es war einmal der König von Akhzivland. Er waltete über ein Reich, in dem er für immer bleiben wollte, und doch wusste er, dass für jeden der Tag kommt, an dem er weichen muss. Als er mir eine stille Audienz gewährte, war dieser Tag nah. Eli Avivi konnte sich nicht regen, nicht sprechen und nicht sehen, doch blind war er nicht. Es schien, als würde sein leerer, entseelter Blick durch jede Wand seines Palasts dringen, durch jede Mauer in Israel und durch jeden Zaun in Palästina. Er zertrennte jeden Stacheldraht und fegte jede Straßensperre hinweg, und was blieb, war die selige Miene eines Abenteurers, der bis in den Himmel sah und in den Wolken schlief. Irgendwo dort oben hatte er ein neues Land gegründet, und diesmal würde ihn niemand mehr vertreiben. Der König ist tot. Lang lebe sein Traum.

FERIEN IM PHANTOMSTAAT
Transnistrien

Ofen ist ein Kasten von einer Frau. Nicht drall, aber eben ein Kasten. Weil ihre Schultern so breit wie ihre Hüften sind, möchte man sie am liebsten in eine Ecke stellen und sich minniglich an ihr wärmen. Auch für sie wäre das wohl angenehmer, denn ihre eigentliche Berufung bereitet ihr Schmerzen. Ofen ist Fotografin, aber ihre Bilder verkaufen sich so gut wie Heckenscheren in der Antarktis. Vielleicht weil sie jedes Mal, wenn es spannend wird, einen hoffnungsvollen Blick unter ihren rechten Arm wirft und dann feststellen muss, dass sie ihre Kamera vergessen hat. So wie an Halloween, als sie die Medizinstudenten ihrer Heimatstadt dabei erwischte, wie sie mit einem toten Arm aus einem Beichtstuhl winkten.

Dass eine Frau, die Ofen genannt wird, zu Depressionen neigt, ist verständlich. Warum sie ausgerechnet in dieses Land reisen wollte, das Hammer und Sichel in seiner Flagge trägt und alles noch schlimmer machte, nicht. Das Leben in der letzten real existierenden Sowjetrepublik zog sie nur tiefer in ihr schwarzes Loch. Selbst die Einheimischen wunderten sich über sie. «Was willst du hier?», fragte ein Väterchen, das löffelweise Katzenfutter verstreute, um die fetten Ratten der Lüfte zu nähren. «Mädchen, fahr doch lieber nach Spanien! Ach, du warst schon in Spanien? Dann fahr noch mal dahin.»

Der müde Sommerregen tropfte von Lenins wehendem Granitmantel, lief in Rinnsalen über die zerbrochenen Betonplatten auf den Paradeplätzen und verdampfte in ewigen Flammen. Wir hockten am Rande irgendeines Areals, das halb von Gräsern überwachsen war, blickten auf irgendein Monument und fragten uns, ob es irgendjemand wieder aufrichten würde, wenn es umfiele. Zwei steinerne Arbeiterhände hielten einen Strommast in den Himmel, als sei er der Heilige Gral, darüber brannte eine stilisierte Glühbirne. Kommunismus ist Sowjetmacht plus Elektrifizierung des ganzen Landes, erzählte sie uns, obwohl sie wohl selbst nicht mehr daran glaubte.

«Was hältst du von dieser Stadt?», fragte ich, und Ofen versuchte, eine Strähne ihres Krauskopfs in den Fingern zu drehen. Sie war keine Frau für ein Glätteisen.

«Tschernobyl», antwortete sie. «Tschernobyl plus Menschen.»

Seit wir die Grenze passiert hatten, einen im schlechtesten Sinne nostalgischen Ort, schien es, als hätte sich ein Graufilter über die Welt gelegt. Nicht wegen des Regens. Der kam selten, viel zu selten, und wenn er kam, nahm er etwas Hitze von den Mauern der Wohnsilos, in denen wir ohne Bettdecke schliefen und dennoch schmorten. Das Grau war immer da. Selbst in der Mittagssonne legte es sich über den Pionierpalast und den Obersten Sowjet, das Parlament, das nur aus spitzem Winkel abgelichtet werden durfte, weil es die Miliz so wollte. Dabei entfaltete es seine volle, einschüchternde Kraft erst dann, wenn man es frontal und leicht von unten betrachtete. Auch die bunten, rostfleckigen Gondeln des Riesenrads wirkten seltsam fahl. Sie baumelten schläfrig über dem Siegespark aus der Stalinzeit, und als sie sich gähnend in Bewegung setzten, hatten wir endgültig das Gefühl, in einem Vergnügungspark für masochistische Bolschewisten gelandet zu sein. Alles erinnerte an böse alte Zeiten.

Das Grau folgte uns bis in die Dämmerung. Es wich auch nicht von unserer Seite, als wir die Allee der Oktoberrevolution entlang bis zu einer Abzweigung marschierten, an der jemand sein Grundstück mit Propangasflaschen abgesteckt hatte. Obwohl die dumpfe Straßenbeleuchtung nun endete, verzichteten wir auf Taschenlampen, während wir in die Plattenbausiedlung bogen, denn manchmal, im nervösen Lichtkegel, sprangen die Hunde an. Wir fürchteten uns nicht vor ihnen, aber ihre Herrchen bereiteten uns Sorgen. Einer von ihnen taumelte uns entgegen und ähnelte, so betrunken er war, den Insassen der Irrenanstalt in der Nähe unserer Unterkunft. Sie fristeten ihr Dasein in einem eingezäunten, mit jungen Birken bepflanzten Garten, nagten an der Rinde und am härtesten wohl an ihrer Vergangenheit.

Die Glühbirnen im Treppenhaus waren vor Jahren erblindet, doch niemand sah sich genötigt, sie auszuwechseln. So blieb uns wenigstens der Blick auf die zersprungenen Glasbausteine in den Wänden erspart. Auf den Böden der Flure lagen Zigarettenstummel, und auch die Konservendosen, die in den Kehren der Treppengeländer hingen, waren voll davon. Wir ertasteten den Weg über Stufen, die Generationen treuer Genossen getragen hatten, hinauf in das sechste Stockwerk, öffneten ein Doppelschloss, und voilà, da war es wieder, dieses Grau. Diesmal stieg es aus den verwaisten Ecken auf, in denen bis vor kurzem noch ein Möbelstück gestanden hatte. Wir wohnten in den Trümmern der Ehe eines hart arbeitenden, frisch geschiedenen Familienvaters, der auf dem Balkon schlief und schnarchte.

«Gott», stöhnte Madame und sackte auf ihr Bett, «ich fühle mich so sowjetisch.»

Wer weiß, ob wir uns jemals begegnet wären, hätte uns das Schicksal nicht an diesem Ort zusammengeführt. Ofen ist Wienerin, was ihren beneidenswerten Schmäh und ihre grundpessimistische Weltsicht erklärt. Eigentlich trägt sie einen wundervollen Namen, doch anscheinend hat ihr privates Umfeld früh entschieden, dass «Sophia-Theresa» nicht wirklich zu ihr passt. Mittlerweile stellte sie sich selbst als Ofen vor, was in ihrem Umfeld für Irritationen sorgte, die sie durchaus einkalkulierte und gerne auskostete. Im Ausland jedoch scherte es niemanden, wer sie war und wie sie hieß, und deshalb brach sie aus, sooft sie nur konnte.

Wir hatten zufällig dieselbe Reise gebucht, und vier Sterne an der Costa Brava wären eine Strafe für uns beide gewesen. Ofen sammelte Grenzerfahrungen, die ihren Sarkasmus nährten und ihren erstaunlichen Schatz an Schimpfwörtern bereicherten. Es zog sie in Länder, die noch Patina haben, so formulierte sie es, und obwohl sie gleichzeitig über jeden Fleck, jeden Klecks und jeden Makel fluchte, den diese Orte nun mal mit sich brachten, genoss sie doch die Zeit, die sie dort verlebte. Sie war etwas schizophren, aber sie war eine Sensation. Nur leider war ihre Art unheimlich ansteckend.

In dieser Nacht tanzte Ofen über eine Blumenwiese. Selten hatte sie eine solche Euphorie verspürt, und fast war ihr, als würde sie auf den cremeweißen Fleck zuschweben, der vor ihr immer größer wurde und die Sommerluft mit leichtem

Jazz erfüllte. Damit ihr das Teleobjektiv, das sie ausnahmsweise über der linken Schulter trug, nicht vor lauter Übermut in die Nieren schlug, hielt sie es mit einer Hand fest am Körper. Mit der anderen würde sie gleich das Brautpaar begrüßen. Doch kaum hatte sie die Hand ausgestreckt, wichen Braut und Bräutigam zurück. Ofen blickte auf ihre Nägel und sah, dass sie sich schwarz gefärbt hatten und wuchsen. Rasch wurden sie länger und länger und bohrten sich vor den Augen der entsetzten Hochzeitsgesellschaft durch das hinreißende Ringkissen und dann ins Marzipandekor auf der Etagentorte.

Ich selbst sah finstere Wolken über meinen Phantasiewelten aufsteigen, die mit dem Wind reisten und in jeden Fensterschlitz, jeden Türspalt und jede Luftröhre drangen. Sie nahmen Licht und Leben.

Das Grau war in unser Unterbewusstsein gekrochen und richtete sich dort ein. Dennoch hielt ich die Augen am Morgen lange geschlossen, in der Hoffnung, ich könne wieder in meine Träume zurückkehren. Als ich irgendwo Gewehrschüsse hörte, schreckte ich hoch und entschied mich schließlich doch, in den Tag zu schlurfen. Ofen hockte bereits am Küchentisch und dachte nach, so laut, dass es sich um etwas Ernstes drehen musste. Obwohl der Fisch und die gebratenen Eier, in denen sie stocherte, einen durchaus passablen Eindruck machten, hatte sie noch keinen Bissen angerührt.

«Die Pfanne», flüsterte Ofen und deutete hinter sich. Ich trat näher heran und lugte am Kühlschrank vorbei. Vor dem Gasherd stand eine zum Leben erweckte sowjetische Statue und wendete Lachs. Sie trug nur eine Jeans, keine Socken und vor allem kein Hemd, das ihren ausmodellierten Oberkörper verhüllt hätte. Alexej war der Albtraum eines jeden Bildhauers, denn er bewies, dass wahre Perfektion nur von der Natur geschaffen wird. Jeden Abend, Sommer wie Winter, begab er sich zur Leibesertüchtigung in einen sowjetischen Sportpark und trainierte an Geräten aus den fünfziger oder sechziger Jahren, die seither keinen Farbeimer mehr gesehen hatten. Er stemmte sich an Stahlgerippen in die Höhe, hakte seine Beine in einen Barren, legte Mittel- und Zeigefinger an die Schläfen und spannte seine Bauchmuskeln, bis sie ihn schützten wie die Rüstung eines römischen Kriegstribunen. Seine Heimat war dem Alkohol verfallen, er aber lebte wie ein Asket.

«Ich kann auch weich sein», hatte er uns am Tag zuvor eröffnet, «aber ich glaube, es ist eine Schwäche, weich zu sein.»

Alexejs breiter, anrasierter Heldennacken war starr auf einen Krater ausgerichtet, der mit dem, was man gewöhnlich unter einer Pfanne versteht, nicht mehr viel zu tun hatte. Unser Frühstück brutzelte in einer Schicht aus Ruß und Resten, die so robust wirkte wie das Gusseisen, in das sie sich gebrannt hatte.

Seit seine Frau mit seiner kleinen Tochter ausgezogen war, hatte Alexej die Kontrolle über das Apartment verloren. Er lebte in einem Quartier mit drei Zimmern, das ihm der Staat für dreihundert Dollar überlassen hatte, damit er sein Glück nicht an einem besseren Ort suchte. Angeblich hatten Hunderttausende Transnistrier das Land verlassen – der Hunger schlägt den Patriotismus. Es war eine gute Wohnung, und er hatte sie teuer renoviert, aber leider putzte sie sich nicht von allein. Am meisten beklagte er sich über die langen weißen

Katzenhaare, die wie Plankton durch die Küchenluft schwebten und im Knäuel zu Boden fielen. Eins davon klebte neben Ofens jungfräulicher Mahlzeit.

«Ich habe Schüsse gehört», sagte ich.

«Das sind russische Friedenssoldaten», gab Alexej zurück, ohne sich nach mir umzusehen. «Sie üben nur ein bisschen, damit es hier ruhig bleibt.»

Ofen schmunzelte. «Friedenssoldat» war ein hübsches Oxymoron, so wie «Hassliebe» oder «Es lebe der Tod!». Die Kombination mit dem Adjektiv «russisch» ließ es noch absurder erscheinen. Alexej hatte mehrere Jahre für ein Propagandaradio gearbeitet, und so kamen ihm solche Begriffe ganz natürlich über die Lippen. Gelegentlich frage ich mich, ob er unsere Frühstücksgespräche unbemerkt aufzeichnete und an den Geheimdienst weiterleitete, der hier immer noch KGB hieß. Schließlich legte er sein Smartphone grundsätzlich auf den Tisch, wenn wir redeten, und es blieb grundsätzlich dort liegen, wenn er mal um die Ecke verschwand. «Wir sind hier doch nicht in Nordkorea», sagte Ofen einmal zu mir, und Alexej, der uns zugehört hatte, meinte: «Wieso nicht? Ich mag den Vergleich.»

Es ist nicht ganz leicht zu erklären, wo wir eigentlich gelandet waren. Wir hatten einen Posten passiert, der von Soldaten aus mehreren Nationen gesichert wurde. Die einen interessierten sich überhaupt nicht für uns, denn aus ihrer Sicht gab es an dieser Stelle keine Grenze. Warum sollten sie uns kontrollieren, wenn wir ihr Land gar nicht verließen? Die anderen hielten ihre Kalaschnikows im Anschlag und richteten das Geschütz ihres Panzers auf die Klassenfeinde im Westen. Zwischen den rivalisierenden Seiten stand ein

Häuschen, in dem ein Beamter seelenruhig mit unseren Pässen jonglierte. Er gehörte einer dritten Nation an, deren Name zum Streit einlädt.

Das Wort «Transnistrien» beschreibt eine Republik *hinter* dem Fluss Dnestr und beleidigt damit jeden ihrer Einwohner. Sie selbst nennen ihre Heimat «Pridnestrowje», was nach einem osteuropäischen Trinkspruch klingt, aber Republik *vor* dem Dnestr bedeutet. Amtlich befanden wir uns in der «Pridnestrowskaja Moldawskaja Respublika», kurz PMR, doch mit amtlich ist es so eine Sache. Egal, ob östlich, westlich, nördlich oder südlich des Dnestr, kein Land der Erde erkennt die abtrünnige, selbsternannte Republik offiziell an.

«Es heißt, wir seien ein Phantomstaat», wetterte Alexej und servierte mir eine Portion Spiegeleier an bestens durchgebratenem Fisch. «Aber was soll das sein? Wir haben einen Präsidenten, eine Verfassung, ein Parlament, und ich kann dir meinen transnistrischen Pass zeigen. Wir existieren, mein Freund.»

Er hätte mir auch seinen moldawischen, seinen rumänischen oder seinen russischen Pass zeigen können. All diese Dokumente bewahrte er in einer Ledertasche auf, die er stets bei sich trug, denn obwohl seine Heimat fraglos existierte, war ihr Status völlig ungeklärt. Da konnte es nicht schaden, auf mehrere Pferde zu setzen.

Transnistrien ist ein schmaler Landstrich zwischen Moldawien im Westen und der Ukraine im Osten, zweihundert Kilometer lang und etwa zwanzig Kilometer breit. Die Moldawier sagen, er gehört zu Moldawien. Die Transnistrier sagen, er ist unabhängig. Die Welt sagt, Transnistrien ist ein Staat, den es gar nicht gibt.

Alles begann mit einer gestrandeten Streitmacht. Als die ruhmreiche Sowjetunion kollabierte und in ihre ethnischen Mosaiksteine zerfiel, befand sich ihre vierzehnte Armee auf transnistrischem Territorium, östlich des Dnestr. Niemand schien sie zu vermissen, und sie selbst wusste auch nicht so recht, wohin. Gleichzeitig brach ein Bürgerkrieg zwischen den Bewohnern auf beiden Seiten des Flussufers aus. Die neugegründete Republik Moldau hatte Rumänisch als Amtssprache eingeführt, was die rumänischsprechende Mehrheit westlich des Dnestr begrüßte. Die russischsprechende Bevölkerung östlich des Dnestr aber fürchtete um ihre Rechte. So schossen Moldawier auf Moldawier. Werktags feuerten die Bewohner der Dörfer am Fluss aufeinander, und am Wochenende, wenn eine Hochzeit ins Haus stand, legten sie die Flinten nieder. Dann tranken sie sich gegenseitig unter den Tisch und beschimpften sich als beschissene Russen und verkackte Rumänen. Am Ende stellte sich die vierzehnte Armee zwischen die verfeindeten Parteien und zog niemals ab. Der Konflikt fror ein, und während die einen frühstückten, schossen die anderen auf Scheiben.

So entstand ein grotesker ideologischer Vorposten des Kreml, um den sich hundert düstere Legenden ranken. Angeblich sollen in Transnistrien anderthalbtausend russische Soldaten stationiert sein. Sichern sie den Frieden? Sichern sie den Unfrieden? Oder sichern sie ein altes Waffenlager der Roten Armee mit achtundzwanzigtausend Tonnen Gewehren, Munition und Sprengstoff? Wenn ja, was haben sie damit vor? Wollen sie Moldawien davon abhalten, sich dem Westen zuzuwenden? Versorgen sie die prorussischen Milizen in der Ukraine? Bereiten sie vielleicht sogar eine Invasion vor? Und was hat Moskau mit dem regen Lebensmittel-, Zigaretten- und Menschenschmuggel an den transnistrischen Grenzen zu tun, die nur halbherzig überwacht werden? Ist Transnistrien am Ende nicht nur ein russischer Satellitenstaat, sondern sogar ein Mafiastaat?

Aus den vielen Gerüchten um seine Heimat hatte Alexej ein Business gemacht. Er war einer der wenigen Fremdenführer seines Landes, und sein Reisebüro, das alles ermöglichte, was mit Dollarscheinen bezahlt wurde, warb ebenfalls mit einem hübschen Oxymoron: «Tourismus und Erholung in Transnistrien». Wer den Kalten Krieg noch einmal live erleben wollte, dem stellte er ein liebevolles Programm zusammen. Abholservice am internationalen Flughafen von Chişinău, Moldawien, gegen Aufpreis auch mit einem betagten Lada; Reise in die Vergangenheit und Erledigung aller Grenzformalitäten ohne Schikanen, es sei denn, sie sind ausdrücklich erwünscht; Transfer in die transnistrische Hauptstadt Tiraspol, Mittagessen in einem fabelhaften ukrainischen Restaurant und äußerst sachkundige Führung durch Absurdistan. Gästen, die mehrere Tage blieben, legte Alexej einen Ausflug in die lokale Schuhfabrik oder eine Brandy-Tour durch die Brennerei Kvint ans Herz, denn im Gegensatz zum Bauernstaat Moldawien verfügt Transnistrien, der Arbeiterstaat, über eine gut geschmierte Industrie.

Aber Alexej hatte auch ausgefallenere Erlebnisse im Portfolio. Das preiswerteste war ein Workout an seiner Seite. Es kostete keinen Cent, und ich brach mir dabei eine Rippe. Ein anderes, das einstündige Gesangskonzert transnistrischer Veteranen, war uns bedauerlicherweise etwas zu teuer. Auf dem Programm standen siebzehn Lieder, darunter «Mein Pridnestrowien», «Mein heimatliches Pridnestrowien», aber auch «Russland, meine Heimat», schließlich sehnten sich die meisten Transnistrier nach Moskau. Putin zahlte ihre Renten und heizte ihre Wohnungen mit billigem Gas.

«Das ist eine Art Darlehen», meinte Alexej. «Moskau hat eine Rechnung mit uns offen, bisher etwa drei Milliarden Dollar. Wenn wir eines Tages zu Russland gehören, müssen wir das Geld nicht zurückzahlen. Schließen wir uns aber den Moldawiern an, dann bekommen wir ein Problem.»

Ofen blickte von ihrem Frühstücksteller auf, einer plötzlichen Eingebung folgend.

«Was ist eigentlich der dämlichste Grund, dein Land zu besuchen?», sagte sie, halb zu sich selbst, und Alexej wandte sich zu uns.

«Nun ja, manche kommen, weil Transnistrien der letzte Staat auf ihrer Liste ist. Wisst ihr, ich hatte mal so einen slowakischen Milliardär zu Gast, der wohnte in einem Schloss in Bratislava und ...»

Ich ließ mein Besteck fallen.

«Hieß er Zoran?»

«Kann sein, auf jeden Fall wollte er Transnistrien sehen und danach einen Flug ins All buchen, für zweiundvierzig Millionen Dollar.»

«Organisiertes Verbrechen», sagte Ofen.

«Mir hat er erzählt, er sei Geschäftsmann. Was ist eigentlich dein Beruf?»

Ofen vertiefte sich wieder in das Katzenplankton, das über den Spiegeleiern schwebte. Vor drei Jahren hätte sie geantwortet, dass sie eine ausgezeichnet honorierte Syndikusanwältin in einer weltweit operierenden Logistikfirma sei. Doch im Nachsatz hätte sie einräumen müssen, dass es ihre Hauptaufgabe war, Angestellte aus ihrem gemütlichen Sessel zu klagen. Die Firmenleitung hatte von ihr verlangt, nach Abgründen in den Lebensläufen missliebiger Mitarbeiter zu forschen, um diese ein für alle Mal loszuwerden. Es ist nobel, dass sie einem solchen Job Lebwohl gesagt hatte, und bewundernswert, dass sie sich nun der Kunst verschrieb, denn sie war talentiert. Sophia hatte einen schrägen, aber einzigartigen Blick auf die Welt.

Doch geniale Fotografen stürzen sich nicht selten vom Stapel ihrer unbeachteten Fotos. Und so, wie die meisten Schauspieler kellnern und die meisten Schriftsteller trinken, leidet auch sie unter dem Fluch ihrer Branche. An jedem Samstag zwingt sie sich in ein Cocktailkleid, zieht ihrem Hirn den Stecker und lässt sich willenlos durch weiße Säle treiben, in denen weiße Tauben über weiße Tischkärtchen flattern. Dann knipst sie reizende weißgoldene Ringe, die mit entzückenden weißen Schleifchen und schmucken weißen Perlen auf bezaubernden weißen Kissen aus herrlich weißem Damast gebettet sind. Wer würde da nicht anfangen, Hochzeiten zu hassen?

Ofen hasst Bräute, was ihren Job nicht gerade erleichtert. Sie kann einfach nicht verstehen, warum sich eine erwachsene Frau in ein Sahnebaiser verwandeln will und freiwillig eine Schleife auf dem Hintern trägt. Ganz besonders hässliche Damen, also die mit den Schweinsnasen und den Puffärmeln, vermittelt sie deshalb lieber an Kollegen. Aus ästhetischer Notwehr, sagt sie. Man muss dabei bedenken, dass sie in ihrem Beruf schon viel Elend gesehen hat.

«Entschuldigt, aber wie soll ich hübsche Bilder von hässlichen Weibern machen?», echauffierte sie sich. «Es ist immer dasselbe. Ich verschwende meine Nachmittage mit schrecklich entstellten Männern und Frauen, die meinen, dass sie gerade den schönsten Tag ihres Lebens verbringen. Doch am Ende betrachten sie meine Hochzeitsfotos, und bums, dann heulen sie, weil sie merken, wie absurd sie aussehen und wie armselig ihre Feier war. Bitte schön, bevor so was passiert, lass ich es lieber sein.»

Alexej drehte einen der Küchenstühle um und setzte sich zu uns. Er legte seine Unterarme auf die Lehne und fischte mit den Fingern in einer Dose, in der säuerliche Mozzarellakugeln schwammen.

«Das ist nicht professionell», sagte er. «Du solltest alle fotografieren – the good, the bad and the ugly. Deine Aufgabe ist es, die Menschen in einem positiven Licht zu zeigen, meine Liebe.»

«Komm mir nicht so, Alexej.»

«Nein, im Ernst. Ein guter Fotograf erkennt die Schönheit dieser Frauen und bringt sie zum Strahlen. Klar ist das manchmal schwer. Besonders, wenn du einer Braut gegenüberstehst, die schon das zweite Kinn hat.»

«Das zweite Kind?»

«Das zweite Kinn.»

«Doppelkinn», sagte ich.

«Scheißegal», fuhr Alexej fort, «also sagen wir, die Braut ist fett wie ein Schwein.»

«Charmant», lächelte Ofen, «besser könnte ich es nicht ausdrücken, wirklich sehr charmant.»

«Sophia, wie auch immer, ich garantiere dir, dass du trotzdem ein Model aus ihr machen kannst. Du musst sie nur aus dem richtigen Winkel fotografieren, dann werden die Leute sagen: Was für eine Frau!»

«Da tut's mir leid», seufzte Ofen und blickte demonstrativ aus dem Fenster auf die Häuserschluchten von Tiraspol, «ich bin keine Chirurgin.»

Vielleicht glaubte Alexej, er würde unserer Genossin etwas Gutes tun, wenn er ihr einen Künstler vorstellte, der ihr Schicksal teilte. Doch kaum hatte Ofen eines seiner Werke gesehen, machte sie auf dem nicht vorhandenen Absatz kehrt. Es war eine Auftragsarbeit. Das transnistrische Parlament in Öl. Der Meister hatte es genauso abgebildet, wie es aussah: blassbrauner Klotz vor ernüchternd grauer Straße, brav eingefangen aus spitzem Winkel, keine Arabesken, keine Traumgebilde, alles wie von der Partei bestellt. Kunst nach Vorschrift.

«Das ist doch keine Kunst», zischte mir Ofen zu und verließ das Atelier, um eine zu rauchen. Oder auch zwei.

Wasilij Iwanowitsch Rudjaga war angeblich einer der bedeutendsten Maler Transnistriens – wie viele es gibt in diesem Land, weiß ich nicht –, doch allein von seinen Gemälden konnte er genauso wenig leben wie Ofen von ihrer Lichtbildkunst. Deshalb ging er häufig einer Arbeit nach, die konjunkturfest und wesentlich profitabler war: Er fertigte Phantomzeichnungen für die transnistrische Polizei. Als wir seine Werkstatt betraten, einen kargen, sonnenüberhitzten Raum im obersten Stockwerk eines weiteren Arbeiterschließfachs, stürzte er begeistert auf mich zu.

«Ich muss dich zeichnen!», rief er. «Und wenn du möchtest, male ich dir eine hübsche SS-Uniform. Du wirst wunderbar darin aussehen, glaub mir.»

Ich mochte den Kerl. Zwischen wilden Haaren, die ihm einmal rundherum um den Kopf wuchsen, lugten zwei treue, offenbar kurzsichtige Augen hervor, die sich jedes Mal angestrengt zusammenschoben, wenn sie die Gesichtszüge seines Gegenübers studierten, und ihm so über die Jahre ein nettes Paar Zornesfalten beschert hatten. Ofen würde sagen, ich saß einem bösen alten Mann gegenüber, der seinen Hass auf den Kapitalismus auf dem Papier ausließ, auf dem er mich porträtierte. Mit westlicher Kunst verband er nur bunte Flecken an den Wänden von Büros.

Während mich der Künstler besah und ab und zu einen trotzigen Kohlestrich auf dem Papier hinterließ, zog Alexej sein Hemd aus, legte sich auf eine Matratze und begann zu sinnieren. Die beiden unterhielten sich über gute alte Zeiten und einigten sich rasch darauf, dass früher – abgesehen von Willkür, Unrecht und Diktatur – alles besser war. Damals, als sie noch Bürger einer stolzen Supermacht waren, vor der die ganze Welt erzitterte.

Der KGB sei wie eine Rolex gelaufen, erzählten sie, und die schwarze Erde der Moldauischen Sozialistischen Sowjetrepublik habe Tomaten und Gurken sprießen lassen, so prall und knackig wie die Brustwarzen sowjetischer Mädchen. Alexej war mit seinem jüngeren Bruder Boris und seinen Eltern, die beide bei der Polizei arbeiteten, in der Ulice Prawdy aufgewachsen, der Straße der Wahrheit. Obwohl er Fleisch, Gemüse, Eis und Bonbons verschlungen habe wie ein wildes Tier, sei er immer schon schneidig gewesen. Vom Krieg gegen Moldau erfuhr er nur aus dem Fernsehen.

Wasilij, der mindestens zwanzig Jahre älter war, kam aus Charkow in der Ukraine. Seine ersten beruflichen Erfolge hatte er als Anstreicher in einer Konservenfabrik gefeiert. Warum er Maler geworden war, konnte er selbst nicht sagen. Eher überraschend war er von einer staatlichen Kunsthochschule aufgenommen worden, wo man ihm den sowjetischen Realismus eingeimpft hatte. Hier in Transnistrien gab es dafür nach wie vor einen Markt, doch eigentlich sei er nur an den Dnestr gezogen, um einem Freund beizustehen, der seinen Wodka nicht länger alleine trinken wollte. Als der Krieg ausbrach, meldete sich Wasilij freiwillig für den patriotischen Dienst an der Waffe. Allerdings sagte man ihm, es gebe leider nur ein einziges Maschinengewehr und er müsse abwarten, bis der Soldat, der es bediente, gefallen sei.

«Ich führe doch nicht mit Steinschleudern Krieg!», will er damals geflucht haben. «Aber wenn die Moldawier eines Tages wiederkommen», brummte er jetzt und verlieh seinem Meisterwerk endlich den letzten Schliff, «dann bin ich hier der Erste, der zur Knarre greift.»

«Oh!», rief ich, als er mir mein Kohleporträt zeigte. Es war zwar nicht das, was ich erwartet hatte, aber ich fand mich ganz gut getroffen. Trotz der leichten Asymmetrien.

Ofen allerdings, die zurückgekehrt war, um gleich wieder zu gehen, legte tröstend ihre Hand auf meine Schulter. «Glückwunsch», sagte sie, «Picasso hat aus dir einen Schlaganfallpatienten gemacht.»

Unser transnistrischer Reiseleiter war makellos. Alexej sprach Russisch, Moldauisch, Rumänisch, Englisch und sogar ein wenig Schwedisch. Deutsch schien er besser zu beherrschen als wir. Er hatte die Sprache wie auf dem Seziertisch in ihre Hypotaxen und Parataxen zerlegt und ihre Einzelteile in den Windungen seines Gehirns konserviert, bis er eines Tages merkte, dass er sie vollständig durchschaut hatte. Er kannte Vokabeln wie «Tattergreis», «unterschwellig» und «Oberfähnrich» und verwendete sie so virtuos, dass ihn die Tiraspoler Universität mit einem vierwöchigen Stipendienaufenthalt belohnte. Man legte ihm eine Liste wundersam klingender Studienorte vor, die ihm leider überhaupt nichts sagten. So hätte er Dresden oder Leipzig wählen können. Stattdessen entschied er sich für die Universität Freiburg, weil er die Freiheit liebte und Burgen romantisch fand. «Wenn ich etwas will», sagte er immer, «will ich darin der Beste sein.»

Seine andere Seite zeigte sich, wenn Alexej die verspiegelte Pilotenbrille aufsetzte, alle Scheiben herunterließ und beide Hände lässig in die Mitte des Lenkrads legte. Dann beschallte er den Moloch, in dem ein Drittel der sechshunderttausend Transnistrier leben, mit Hip-Hop aller Epochen. «Sie war geil, diese Zeit», rappte er, «wir waren zu allem bereit», und begann, über Sexualtechniken zu philosophieren, bis Ofen erzieherisch einschritt.

Während Tiraspol vorbeizog, hielt sie das Objektiv aus dem Wagen und angelte nach Szenen, die ihre lebensfeindliche Attitüde bestätigten. Eine Babuschka schlich in einem verschlissenen braunen Kittel über die Fahrbahn, der Rücken so krumm, dass ihre Augen nur Asphalt sahen. Sie zog einen Roller hinter sich her und wackelte auf einen antiquierten Oberleitungsbus zu, den Greise, Waisen, Kriegshelden und Wehrdienstleistende kostenfrei benutzen durften. An seiner

Flanke leuchtete die weiß-blau-rote Parole: «Mit Russland in eine gemeinsame Zukunft!»

Da uns irgendwie nach Konsum war, hielt Alexej an einem Supermarkt, wo ihm Ofen eine neue Pfanne aussuchte. Bei der Gelegenheit besorgte sie noch einige Wunder des Kapitalismus, die unseren sowjetisch depressiven Alltag erleichtern sollten. Zum Beispiel feuchtes Toilettenpapier. Unser Gastgeber gönnte uns nur Schmirgel, doch jetzt war eine Frau bei ihm eingezogen. «Und das», drohte sie, «wird dieser Wurschtl noch spüren.»

Vor der Reise hatten wir gehört, Transnistrien sei mit einem Embargo belegt worden, um die Gaunereien an den Grenzen einzudämmen. So oder so bogen sich die Regale der Kaufhalle unter einhundert Sorten Wodka und allem anderen, was man vor oder hinter dem Dnestr erwerben konnte, wie zum Beispiel transnistrische Kondome: Marke «Cobra» oder Marke «Delphin». Es gab sogar Sex on the Beach in der Dose, der für ein trinkbares Verbrechen ganz passabel schmeckte.

Den Bewohnern des diesseitigen Flussufers ging es besser als ihren Brüdern und Schwestern in Moldawien – ein Lehrer verdiente immerhin einhundertfünfzig Dollar im Monat –, und dennoch trauerten sie darüber, dass sie an einer fabelhaften Idee gescheitert waren. «Der Sozialismus ist eben aufrichtiger als die Seele», sinnierte Ofen. Wenn sie wollte, konnte sie so weise sein.

Unser Supermarkt gehörte zu einer Kette, und diese Kette ist Teil eines Imperiums, das die graue Stadt mit gelben Sheriffsternen dekoriert. Sie strahlen auf Sheriff-Tankstellen, der Sheriff-Brotfabrik, dem Sheriff-Kasino, dem Sheriff-Fernsehsender, dem Sheriff-Mobilfunkunternehmen und sogar über dem zweihundert Millionen Dollar teuren Stadion des FC Sheriff Tiraspol. Seine Fußballmannschaft besteht fast ausschließlich aus brasilianischen Zauberern und wird Jahr für Jahr moldawischer Meister.

Der Sheriff-Konzern ist die eigentliche Regierung Transnistriens, und vermutlich waren seine Gründer, zwei Expolizisten, sturzbetrunken, als sie ihn nach dem Archetyp des amerikanischen Revolverhelden benannten. Sie sollen versucht haben, den Namen zu ändern, doch nun war ihr Wildwestunternehmen dafür einfach zu groß geworden. Was die beiden Oligarchen dachten, interessierte sowieso herzlich wenig. Jeder wusste, dass Sheriff in Wirklichkeit dem ehemaligen Präsidenten des Landes gehorchte. Igor Smirnow hatte Transnistrien zwei Jahrzehnte lang streng schmierarchisch geführt und blieb vor allem durch seine erstaunlichen Wahlerfolge in Erinnerung: In einem Bezirk war es ihm gelungen, 103,6 Prozent der Stimmen auf sich zu vereinen.

Wir zahlten mit transnistrischen Rubeln, bekamen einige Scheine zurück, und die Kassiererin mit den auftoupierten, rot getönten Locken machte uns noch eine besondere Freude. Obwohl wir dem Schoß der gnadenlosen Marktwirtschaft entsprungen waren, hieß sie uns auf rührend ehrliche Weise in ihrem Land willkommen und schenkte uns eine Kleinigkeit für unsere Kinder. Wir öffneten die Hände und fanden darin liebevoll gestaltete Plastikplättchen mit den Silhouetten der berühmtesten Köpfe Transnistriens. Sie waren grün und viereckig oder blau und fünfeckig oder gelb und kreisrund, und wenn man sie aufeinanderpresste, flitschten sie davon wie kleine Frösche. «Ruhig», sagte Alexej, «das ist nur das Wechselgeld.»

Seltsamerweise schien er sich ganz und gar nicht über seine neue Bratpfanne zu freuen. Es war eine wirklich gute Pfanne. Deshalb vermutete Ofen, dass unser Gastgeber heimlich ein Penthouse voller spiegelblanker Pfannen bewohne und uns vorsätzlich im Elend vegetieren lasse. Ich hielt diese These für absurd und ihre Formulierung, wie so oft, für überzogen und unfair. Wir hatten nun mal Alexejs beliebte «Sowjettour» gebucht, und er gab sich alle Mühe, sie authentisch zu halten.

Das Highlight unserer Lustreise türmte sich am nächsten Morgen vor uns auf. Es war eine achtundzwanzig Meter hohe Schnapsflasche, die es beinahe ins Guinness-Buch der Rekorde geschafft hätte. Tatsächlich gibt es auf dem gesamten Globus keine Buddel, die kolossaler ist als diese, doch Grigorii Korzun, ihr stolzer Besitzer, hatte seine Bewerbung im letzten Moment wutentbrannt zurückgezogen. Er bestand darauf, dass sein Lebenswerk auf transnistrischem Grund erbaut worden war. Guinness aber wollte es Moldawien zuschreiben. «Was für eine Beleidigung!», meinte Alexej. «Für uns ist Moldawien die abtrünnige Republik. Die haben sich von der Sowjetunion abgespalten, und so hat die ganze Scheiße angefangen.»

Man könnte Korzun als großen Patrioten bezeichnen, allerdings wies er gewisse divenhafte Züge auf. Als wir die Ritterburg betraten, in der er residierte, nahm er uns mit einem schlaffen und etwas abschätzigen Händedruck in Empfang. Dann schlich er davon und blieb uns doch auf Schritt und Tritt erhalten. Überall auf dem Gelände, zwischen Zugbrücken, Kanonenkugeln und merkwürdigen, lebensgroßen Soldatenfiguren aus den napoleonischen Kriegen, grüßte er uns. Mal als angestrengt blickendes Konterfei auf dem Etikett seines eigenen Cognacs, mal als bronzene Büste. Die vergoldete Statue im Innenhof jedoch erinnerte an seine kürzlich verstorbene Mutter.

Cäsarenwahn ist die häufigste Oligarchenkrankheit. Korzun hatte sein Vermögen angeblich mit Sportbekleidung gemacht, so soll er die russische Olympiamannschaft bei den Paralympics in Sotschi ausgestattet haben. Seine wahre Leidenschaft aber galt offensichtlich drei anderen Dingen: sich selbst, den Weltkriegspistolen, die er an die Mauerwände genagelt hatte, und dem Alkohol.

Im Inneren seines achtundzwanzig Meter hohen Flaschenturms bewahrte Korzun eine Kostbarkeit von unschätzbarem Wert auf – vor allem für all diejenigen, die gerne vergessen möchten. Wir folgten einem wenig vertrauenserweckenden Museumsführer in das Reich der traumlosen Nächte. Der unrasierte Schlaks in Bermudas knöpfte uns noch im Türrahmen einen Schein ab, um uns dann mit Verve durch die bedeutendste Spirituosensammlung unserer Zeit zu geleiten.

Wir fanden uns in einem abgedunkelten Raum wieder, der komplett von Holzregalen umschlossen war. Sie erinnerten an aufgeschnittene Weinfässer und reichten vom Marmorboden bis zur Decke. Darin lagerte ein bemerkenswertes Arsenal hochprozentiger Preziosen, dicht an dicht und in jede Flaschenform gefüllt, die sich ein Sumpfhuhn nur denken kann. Schnaps in einem Säbel, Schnaps in einer gläsernen Concorde, Schnaps in einem Rennwagen, Schnaps in einer Straßenbahn, Schnaps in einer Kaminuhr, Schnaps in einer Affenflasche, Schnaps in einer Robbenflasche, Schnaps in einer Kalaschnikowflasche, Schnaps in einem Kosakenkopf, Schnaps in einem Polizisten, Schnaps in kopulierenden Puppen, Schnaps in Brüsten, Penissen und anderen Körperteilen.

Passenderweise hatte sich unser Experte bereits einen genehmigt, als er begann, die Ausstellung zu präsentieren. Das zumindest vermutete Ofen. Er sprach lallend und infernalisch laut, nahm sich Etikett für Etikett vor und hielt einen äußerst ausführlichen Vortrag, den Alexej in aller Geduld übersetzte, bis er offenbar merkte, dass er kompletter Schwachsinn war. Vermutlich wollte uns der Mann in die Weltgeschichte des Alkohols einführen. Ich würde sie so zusammenfassen:

Am Anfang war Serbien. Oder Slowenien. Jedenfalls irgendein osteuropäisches Land, deren Bewohner einen Rachenputzer gebrannt hatten, der so bösartig war, dass sie nur vier Schluck davon trinken konnten. Den ersten auf das Willkommen. Den zweiten darauf, dass sie noch auf zwei Beinen gehen konnten. Mit dem dritten lobten sie sich dafür, dass ihre rechte Hand noch in der Lage war, drei Finger zusammenzubringen, um sich zu bekreuzigen. Und nach dem vierten krochen sie auf allen vieren heim.

Bedauerlicherweise wurde dieses kontaktfreudige, lebensbejahende Volk von den Türken angegriffen, die dem Zechgelage ein Ende setzen wollten. Die Serben oder Slowenen verschanzten sich in einer Festung und saßen bald auf dem Trockenen. Ohne ihren berauschenden Zaubertrank fühlten sie sich all ihrer Kräfte beraubt, und es war nur eine Frage der Zeit, bis der Halbmond über ihren Zinnen wehen würde.

Da geschah ein Wunder. Obwohl Eulen schon damals selten in Schwärmen unterwegs waren, flatterten sie zu Tausenden über die Burgmauern und brachten Weinreben, die sie in ihren Schnäbeln balancierten. So konnten die Serben oder Slowenen neuen Schnaps brennen, sich den gewohnten Pegel antrinken und wieder Mut fassen. Sie wurden trotzdem überrannt.

Vielleicht hätten sie mit Glasflaschen auf ihre Feinde werfen sollen, doch dummerweise waren sie noch nicht erfunden. Das erledigte ein durstiger französischer König, der so erpicht darauf war, seinen Pastis aus einer richtigen Pulle trinken zu können, dass er seinem Hofstaat drohte: «Mon Dieu! Entweder ihr bringt mir tout de suite eine anständige Bouteille, oder ihr kommt alle aufs Schafott oder die Guillotine, je nachdem, welches Jahrhundert wir gerade haben.»

Nun war natürlich Eile angesagt. Die Alchemisten des Monarchen taten ihr Bestes, doch weil ihre Finger zitterten, brachten sie nur ein ganz und gar jämmerliches Gefäß zustande, dessen Hals traurig zu Boden zeigte. «Was soll das denn sein?», beschwerte sich der Regent. «Aber Majestät», sagten sie, «seht doch: Vor Ihrer Pracht verbeugt sich sogar eine Flasche.»

So oder so ähnlich wurde der Alkohol und sein gängiges Behältnis erfunden. Und wenn sie nicht an einer Leberzirrhose verstorben sind, dann bechern sie noch heute.

Der transnistrische Oligarch, der seine Souvenirs in über einhundert Ländern erstanden hatte, musste mittlerweile kürzertreten. Er ließ sowohl das Reisen als auch das Saufen sein. Etwas Mäßigung hätte unserem Alkohistoriker ebenfalls gutgetan, so wie er schwankte, doch wie soll man abstinent bleiben, wenn man im El Dorado der Trunksucht arbeitet? Schon sein Vater habe ein Faible für einen guten

Tropfen gehabt, eröffnete er uns. Immer wieder sei der Alte von einem übereifrigen Dorfpolizisten verhaftet worden, der ihn partout in ein Trinkerheim einweisen wollte. Doch glücklicherweise habe die Mutter, so wörtlich, «einen Skandal organisiert». So wurde der Polizist vom Dienst suspendiert, und Daddy konnte in Frieden weiterleben.

«Will er uns damit sagen, dass sein Erzeuger ein massives Alkoholproblem hatte?», fragte ich.

«Ja, das ist der Subtext», gähnte Ofen.

«Er meint aber auch, die Sauferei sei zu Sowjetzeiten viel verbreiteter gewesen», schob Alexej nach, «weil die Leute wesentlich mehr Geld hatten und mehr einkaufen konnten.»

Eine gewagte These, denn mit über achtzehn Litern reinen Fusels pro Kopf und pro Jahr führt Moldawien die aktuelle Weltrangliste des Alkoholismus an. Arbeitsplätze sind rar, aber der Wodka ist billig, das ist auch in Transnistrien so. Apropos: Den Wert der einzigartigen Sammlung schätzte unser Begleiter auf mehrere Millionen Dollar, und irgendwann war es ihm endlich gelungen, die Herkunft jeder einzelnen Flasche zu erklären.

Wir bedankten uns höflich, und ich wollte Sophia in Richtung Ausgang folgen, doch Alexej und der Museumsführer verließen die Galerie durch eine andere Tür. Dahinter kam eine Treppe zum Vorschein, die ein Stockwerk hinauf in einen zweiten Raum führte. Er sah ähnlich aus und war ebenfalls von oben bis unten voller Schnaps. Wie sich herausstellte, verfügte das Museum über sechs beinahe identische Ausstellungsräume mit insgesamt sage und schreibe zehntausend Flaschen.

Es folgten unschöne Szenen. Unser Freund ließ sich nicht

von seinem Plan abbringen, Etikett für Etikett für Etikett zu referieren. Während sich Alexej weigerte, auch nur ein weiteres Wort zu übersetzen, schwoll der russische Vortrag zu einer Arie an, und auf seinem Walkürenritt schleuderte der Sänger Worte wie Blitze auf uns hinab: «Whisky! Absinth! Cal-va-dos!»

Mehr verstand ich nicht. Am Ende der Tortur fand ich Ofen zusammengesunken neben einem Heizkörper, der nur lief, wenn die Temperaturen im Winter unter minus zehn Grad fielen. Da befand sie sich nun im größten Flaschenmuseum des Universums und schoss kein einziges Foto, denn es gab niemanden, dem sie ihre Erinnerungen hätte zeigen können. Sie war eine traurige Riesin, allein mit sich und den Sternen und den unerträglich glücklichen Hochzeitspaaren, die der Frühling und der Sommer und der Herbst vermählten.

«Weißt du, was dir fehlt, Sophia?», fragte Alexej.

«Prosecco?»

«Njet», antwortete er. «Positive Energie.»

Wovon träumen Transnistrier? Offiziell: von der Unabhängigkeit. Inoffiziell: davon, das Land zu verlassen. Dazwischen gedeihen die üblichen Wünsche nach einem Job, einer Zukunft und der Liebe. Es muss einmal eine Zeit gegeben haben, in der selbst Alexej, der Stählerne, weich wurde. Weich wie das Wasser unter der Dnestrbrücke, die am Abend in den roten und grünen Landesfarben Transnistriens leuchtet. Er hatte sich verschossen. Ausgerechnet in eine Touristin. Ausgerechnet in Melissa. Ausgerechnet in eine Amerikanerin.

«All the western guys are pussies», beklagte sie sich, und so lockte sie ihn eines Tages ins Hotel Rossija, das beste Haus am Ort. Sie war eine erfahrene Frau, fast vierzig, wirkte aber zehn Jahre jünger und wusste offenbar, wie sie mit Männern umzugehen hatte. «Oh my god», piepste sie manchmal, «you are so fucking sexy», doch im nächsten Moment musste sich Alexej anhören, er sei wohl etwas verstrahlt, weil sein Vater drei Jahre auf einem Atom-U-Boot gedient hatte. Für Melissa wäre er bereit gewesen, seine Familie zu verlassen, doch stattdessen verließ sie ihn. Er verlor alles. Seine Ehefrau, seine Tochter und auch seine Geliebte, die in den Westen zurückkehrte und ihm niemals mehr schrieb.

Moment. Möglicherweise irre ich mich gerade. Litt unser Reiseführer unter einer anderen Trennung? War es doch die Lehrerin, die ihn erst in alle Spielarten der körperlichen Liebe einweihte, um ihn dann plötzlich sitzenzulassen? Oder Irina, die blondzöpfige Kellnerin mit dem spitzen Busen? Ofen scherte sich nicht darum, welche Frau er betrauerte. Alexejs Geschichte schien sie zu berühren. Bisher hatte sie ihn für einen Intellektuellen gehalten, gefangen in einem Straßenproll, doch plötzlich offenbarte er eine ungeahnt verletzliche Seite. Mir war so, als hätte ich diese Story schon mal irgendwo gehört.

Wie auch immer: Alexej fühlte sich krank und schwach. Es war mehr als Liebeskummer. Er wollte sich das Herz herausreißen und es dem Weib vor die Füße schleudern, das es ihm gebrochen hatte. Welches auch immer es war.

Damals besuchte er Naum Gringus, einen freundlichen alten Juden, der in der Nachbarschaft dafür bekannt war, dass er jedes seelische und körperliche Leiden heilen konnte, und sei es noch so ernst. Er hatte in einem sowjetischen Transformatorenwerk gearbeitet, bis er einem Chinesen mit

Namen Li Wang begegnete. Von ihm lernte er das Geheimnis der Energetik.

Als er uns empfing, saß Naum Gringus friedlich auf seinem Bett, die Hände im Schoß gefaltet, und erläuterte seine Heilmethode mit Hilfe der Elektrik. Der Generator aller Energie, sagte er, sei der Kosmos, der Draht zu ihrer Übertragung sei der Heilige Geist, der Empfänger sei die Seele, und er selbst sorge dafür, dass die Energie auch fließe. Manchmal müsse er einen Widerstand lösen oder ein Relais erneuern, das sei im Grunde alles. Dafür nehme er kein Geld, denn Münzen und Scheine würden den Energiefluss stören, aber natürlich sei es nicht verboten, einen Dollar oder zwei im Hausflur zu verlieren.

«Dürfte ich Sie fotografieren?», bat Ofen, die jeden Woody-Allen-Film auswendig kannte, und Naum Gringus willigte gerne ein. «Ich sitze hier und habe meinen Schutz um mich herum», sagte er und formte mit einer Geste eine kosmische Käseglocke. «Mich kann nichts stören.» Tatsächlich leuchteten nicht nur seine Goldzähne, sondern auch das Licht, das aus seinem Gemüt strömte. Sein Kopf war von einer schillernden, weißgrauen Korona umgeben, die mit den Silberfäden im Zentrum des Wandteppichs zusammenwuchsen, vor dem er hockte.

Da sich unsere Freundin allerdings mehr für Alexej als für die Ursache ihrer seelischen Qualen interessierte, war ich gezwungen, mich freiwillig zu melden. Während die beiden auf ihren Stühlen sitzen blieben und tuschelten, stand ich auf und kramte alle metallischen Gegenstände aus meinen Taschen, damit die Energie ungehindert durch meine Schaltkreise fließen konnte. Naum Gringus rieb seine Handflächen aneinander, bis sie angenehm warm waren, und hielt sie nah vor mein Gesicht, jedoch ohne mich zu berühren.

Ich schloss die Augen.

«Darf ich fragen, ob du eine Freundin hast?», hörte ich Ofen flüstern.

«Natürlich», gab Alexej zurück, «ich bin doch Romantiker. Ich lebe serielle Monogamie.»

«Das heißt?»

«Eine nach der anderen.»

Naum Gringus nahm seine heilenden Hände von mir und gab mir seine Diagnose auf Russisch.

«Was hat er gesagt?», fragte ich.

«Du hast Druck auf den Augen», übersetzte Alexej. «Die Sehnen, die deine Augäpfel in den Höhlen halten, ziehen zu stark. Er empfiehlt dir, eine Schale mit Leitungswasser zu füllen und jede Stunde für ein paar Minuten über das Wasser aus dem Fenster zu sehen. Das sollte helfen.»

Naum Gringus hielt seine Hände über meine Eingeweide, und erneut schloss ich die Augen. Als er zu einem Befund gekommen war, machte er boxende Bewegungen in Richtung meiner Nieren.

«Zu viele Emotionen in deiner Milz», sagte Alexej. «Wenn wir zu Hause sind, sollst du zehn Minuten lang ein Kissen verprügeln.»

Nun widmete sich der Energetiker einer besonders delikaten Stelle meines Körpers, und in Anwesenheit einer Dame fiel es mir schwer, diesmal die Lider zu schließen. Glücklicherweise schenkte sie der Szene überhaupt keine Beachtung. Unsere Diva hatte sich dem Perfektionisten geöffnet, und wäre Alexej kein Asket gewesen, wer weiß, vielleicht wären die beiden ins größte Flaschenmuseum der Welt zurückgekehrt und hätten gemeinsam einen unbezahlbaren Rotwein aus den Zeiten der Inquisition geleert.

«Und wo verabreden sich Transnistrier zum ersten Date?»

Großer Gott, das hatte Ofen nicht wirklich gefragt.

«Unter den Eiern des Pferdes», antwortete Alexej, wie echte Romantiker nun mal reden, und formte sie mit beiden Händen eindrucksvoll nach. Vermutlich spielte er auf die äußerst potente Reiterstatue neben dem Obersten Sowjet an.

«Ernsthaft?»

«Natürlich nicht. Sophia, wenn du mit mir ausgehen willst, brauchst du einfach nur Humor. In Transnistrien und auf dem Mond.»

Als die Wartungsarbeiten beendet waren, legte ich heimlich einen Schein neben das Telefon, und Naum Gringus prophezeite mir gütig nickend, ich werde einmal Kinder haben. Zumindest seien alle technischen Voraussetzungen dafür vorhanden und intakt.

Zurück im Wagen öffneten wir die Fenster und beschallten die Stadt. Als wir sie verließen und eine andere Luft atmeten, begann sich das Grau von unseren Seelen zu lösen. Der letzte Akt der Reise in die Vergangenheit führte durch Alleen aus Walnussbäumen, und uns war, als sähen wir über die Sonnenblumen, die auf beiden Seiten der Straße wuchsen, bis nach Moskau. So weit und so schön konnte dieses Land sein, über das unser Fremdenführer niemals ein schlechtes Wort verloren hätte. Vielleicht, weil er für den Geheimdienst arbeitete. Wahrscheinlich aber nur, weil er seine Heimat liebte. Manche Transnistrier, sagte er, fühlten sich wie eine Frau, die einen trinkenden Mann geheiratet habe. Den Nachbarn gegenüber werde sie ihn immer verteidigen. Was sie jedoch wirklich denke, bleibe ihr Geheimnis.

«1421 Kilometer bis nach Wolgograd», verkündete ein Wegweiser, und wir bogen ab zu unserem großen Finale. Die ukrainische Grenze war nur zehn Kilometer entfernt, doch Alexejs Genossen dachten nicht daran, einen Staat auszuschildern, der sie ignorierte. Das Autoradio sang ein Lied, das von den Träumen der Kosmonauten erzählte. Sie sehnten sich fort vom Lärm der Reaktoren in ihrer Rakete und wünschten sich ins grüne Gras, das vor ihrer Datscha wächst.

Wer weiß, ob meine charmant schizophrene Begleiterin eines Tages in die Republik vor oder hinter dem Dnestr zurückkehren wird. Aber als wir schließlich eine kleine ehemalige Kolchose erreichten, wirkte sie versöhnt. «Mal schauen, vielleicht verbringe ich sogar meinen Jahresurlaub bei dieser Luschn», entfuhr es ihr.

Als es plötzlich anfing, heftig zu regnen, und der wuchtige Leninkopf, der den Dorfplatz zierte, mit einem Mal so nass und lebendig glänzte, als wolle er sich aus seinem Stein befreien, flüchteten wir in einen halbverfallenen Kulturpalast. Ich hielt ihn für eine Ruine. Doch auf dem zweiten Stockwerk, unter bröckelnden Stuckdecken, im Trommelrhythmus der Tropfen auf dem löchrigen Dach, tanzten die Füße kleiner Ballerinas über das zerbrochene Parkett.

Ein Klick. Ein Blitz. Ein Foto. Ein prüfender Blick auf die Kamera, und eine Dame, die man Ofen nannte, schenkte uns ein halbes Lächeln. Transnistrien. Sie hatte eine hässliche Braut erblühen lassen.

UNGEHEUER DER SEE

Palau

———

Der Mensch ist arrogant. Seit er jeden Kontinent umschifft, Nord- und Südpol erreicht und jedem Weiher, jedem Fluss und jedem Gebirge einen Namen gegeben hat, glaubt er, seine Heimat zu kennen. Dabei weiß er nichts. Der Reichtum der Urwälder von Borneo bleibt ihm genauso verborgen wie die Zahl der Amazonasvölker, die noch ehrfürchtig auf die Knie fallen, wenn sie ein Flugzeug am Himmel sehen.

Er hat alle Achttausender bezwungen, ist aber an so manchem Siebentausender gescheitert. Kein Auge blickte je vom Gipfel des Gangkhar Puensum in die Täler von Bhutan, kein Fuß betrat die Spitze des Muchu Chhish in Pakistan, und vielleicht bleibt die Krone des heiligen Kailash in Tibet für immer von dem unberührt, was wir Zivilisation nennen.

Erst vor wenigen Jahren fand ein Geophysiker heraus, wo sich der mächtigste Vulkan unseres Planeten befindet. Er ist größer als Großbritannien und liegt dennoch im Verborgenen. Das Tamu-Massiv, irgendwo östlich von Japan, breitet sich über dreihunderttausend Quadratkilometer in den Tiefen eines unentdeckten Landes aus, in dem Neunaugen und Drachen, Vampire und Riesenspinnen und Millionen anderer Fabelwesen wohnen. Die meisten von ihnen wird der Mensch nie zu Gesicht bekommen, denn ihre Welt ist weit und wild, und sie kann rau, düster und bösartig sein, dann, wenn ein Unwetter über die Wellen pfeift und die Sonne in Trauertuch hüllt.

In meinem Reiseleben gibt es einen schlechten Running Gag. Jedes Mal, wenn ich Taiwan betrete, und sei es nur, um die Maschine zu wechseln, begleitet mich ein Taifun. Der erste begrub sechshundert Menschen unter einer Schlammlawine. Er stieß ein Hochhaus in einen Fluss und bombardierte mich mit Regenschirmen. Den zweiten ließ ich bei einem Daiquiri ausklingen. Ich saß an der Bar, starrte in den Wasserfall, der sich vom Dach ergoss, und fragte mich, wie lang es noch dauern würde, bis mein Verstand zurückkehrt. Er musste irgendwo zwischen Gate A und Gate B liegen. Vielleicht fuhr er auch auf einer Rolltreppe spazieren.

Ich hatte ihn verloren, als mich der Tropensturm im Transitbereich des Flughafens von Taipeh gefangen hielt. Keine Airline startete, kein Zimmer war verfügbar, keine Chance auf ein Bett, nicht mal in der hintersten Klitsche der Stadt. So schliefen die Gestrandeten auf Fensterbänken und kauerten unter den Tresen der Schalter. Sie zogen die Netzstecker der Buchungscomputer, um ihre Fetische aufzuladen, und nachdem sie alle Pepsiautomaten geplündert hatten, stritten sie noch um die letzte Jelly-Belly-Bohne, die im Bonbonglas vor der Senator Lounge kullerte.

Zwei Tage und zwei Nächte dauerte diese Prüfung. Als der Orkan endlich Gnade walten ließ, reiste meine Hülle in ein entlegenes Land aus Inseln, tausend Kilometer von jeder anderen Kultur entfernt. Die Republik Palau liegt östlich der Philippinen und nördlich von Papua-Neuguinea, und ihre Flagge gehört zu den schlichtesten und doch sinnlichsten der

Welt: ein strahlend gelber Vollmond, der die Weisheit und das Leben symbolisiert, in einem leuchtenden Ozeanblau, das für die Wunder steht, die sich unter dem Meer verbergen. Palau betitelt sich selbst als «Ende des Regenbogens», doch unglücklicherweise war mir der Taifun gefolgt. Nun wüteten seine Ausläufer vor der Glasfassade der Hotelbar, an der ich mich stilvoll betrank.

Die verschwimmende Kulisse aus Rattansesseln, ausgestopften Flamingos und Veloursteppichen in Marlinblau und Harlekingrün schien aus der Konkursmasse des Love Boats zu stammen. Dazu tanzten Kool & the Gang, und Barry Manilow sehnte sich nach Mandy, die inzwischen sicherlich pensioniert war und ihren Enkelkindern Hagebuttentee brühte. Bald grüßten mich die Kellner, die Rezeptionisten und auch die Housekeeper mit Namen. Dass sie sich an mich erinnerten, hatte einen einfachen Grund: Ich war der einzige Gast, der kein Chinese war. Das Reich der Mitte hielt alle einhundertfünfzig Zimmer besetzt, und seine Kinder nutzten die Macht des Kung Fu, um die Lobby zu verwüsten. Sie war mit Schneckenhäusern dekoriert, aus denen gefärbtes Wasser in einen Brunnen floss, und ich wette, der Innenausstatter streift sich ein paillettenbesetztes Schulterpolstersakko über, sollte er eines Tages die Entzugsklinik verlassen dürfen.

Neben den Wetterprognosen in den gläsernen Lifts, die «Heavy Thunderstorms» und eine Regenwahrscheinlichkeit von neunzig Prozent ankündigten, hingen freundliche Hinweise: «Senke deine Stimme!» Und: «Lege deine Füße nicht auf die Glastische!» Das Management hätte auch «Gare keine Quallen in den verdammten Wasserkochern!» schreiben können, doch stattdessen hatte man die Geräte nach einigen

Zwischenfällen aus den Räumen entfernt. Eine große Kultur entdeckt die Welt, und die Welt entdeckt, was es bedeutet, wenn anderthalb Milliarden Menschen zu reisen beginnen.

Koror, die einzige Stadt des Archipels, die man als solche bezeichnen kann, ist zu einer mikronesischen Chinatown mutiert. Sie besteht aus nur einer Straße, flankiert von drittklassigen Neubauten, die mit dem Geld der Tycoons aus Shanghai und Hongkong in aller Eile hochgezogen wurden, um den Ansturm zu bewältigen. Chinesische Honeymoon-Hotels, chinesische Restaurants, chinesische Convenience Stores und chinesische Souvenirläden, die in ihren Schaufenstern alles darbieten, was das Genfer Artenschutzabkommen ächtet.

«Sir, verstehen Sie mich nicht falsch, aber die Schlitzis machen mir Angst», sagte Isaac, als er mir einen weiteren Cocktail auf einem papierenen Seepferdchen servierte. «Drei Pfund Krabben haben vor kurzem noch sechs Dollar gekostet, jetzt zahle ich zwanzig für ein Pfund.»

Ich bin nicht sicher, ob es einen medizinischen Ausdruck für die Furcht vor Chinesen gibt. So wie Alektorophobia, die Angst vor Hühnern, Euphobia, die Angst vor guten Neuigkeiten, oder Phobophobia, die Angst vor Phobien. Mich hatte eine Selachophobie auf diese Inseln geführt, die krankhafte Angst vor Haien. Sie kriecht mir über den Rücken, wenn sich ein Schatten im tieferen Wasser zeigt, sei es ein Stein, ein Stück Seetang, eine Plastiktüte – oder vielleicht doch ein Wesen, das noch nicht gespeist hat? Vermutlich leide ich unter einem kindlichen Misstrauen gegenüber Gewässern, deren Grund ich nicht sehen kann. Wer weiß, welche schauderhaften Kreaturen sich dort unten verstecken?

Palau hielt ich für den besten Ort, um meine phobische Störung zu besiegen. Nirgendwo sonst wimmele es so vor schwimmenden Zähnen, hieß es, denn hier wurde das erste Haischutzgebiet der Welt geschaffen. Auf einer Fläche so groß wie Frankreich darf niemand jagen, weder mit Netzen noch mit Harpunen, und so soll sich die Aura dieser Inseln nicht nur in ihren tropischen, smaragdgrünen Regenwäldern, sondern umso mehr in ihren Riffen entfalten. Sie verzauberten sogar Jacques Cousteau, der ihnen eine Liebeserklärung hinterließ. Das Beeindruckendste, was er je auf dem Globus gesehen habe, seien die Steilwände von Palau.

Einige Chinesen hockten in Neoprenanzügen am Frühstückstisch, und ich bewunderte ihre Effizienz. So mussten sie sich später nicht umziehen und sparten Zeit. Dennoch sahen sie davon ab, auf Flossen ans Buffet zu watscheln, was ich zu gerne beobachtet hätte. Nach Chop Suey und dem zweiten Kaffee hielt ein Van vor dem Hotel. Draußen auf seiner Tür wand sich ein Weißer Hai durch das Logo des Palau Dive Centers, drinnen am Steuer saß Valentina, eine junge Italienerin aus Mailand, die ich mit «Ciao Bella!» begrüßte. Das hätte ich besser gelassen.

Wir fuhren durch den Regen, überquerten eine Brücke auf die kleinere Insel Malakal, und als wir die Küste erreichten, zeigte der Taifun, was er noch immer draufhatte. Obwohl sein Zentrum weitergezogen war, prasselten die Tropfen mit einer solchen Urgewalt auf den Ozean, dass man meinen konnte, die Erde sei doch eine Scheibe, der liebe Gott habe sie gerade auf den Kopf gestellt und nun fließe das Wasser aus dem Meer in den Himmel. Wir flüchteten unter ein

Flachdach, das sich über ein Joint Venture aus Tauchbasis und Kneipe spannte. Hinter dem Tresen auf der einen Seite lagerte die Ausrüstung, hinter dem zweiten auf der anderen Seite das Bier. Dazwischen standen bunt zusammengewürfelte Plastiktische und Stühle.

Ein Freund hatte mir erzählt, wie ein Tauchkurs in Thailand abläuft: Erst mal ziehst du gepflegt einen durch, später tigerst du über den geilen Sandstrand in die pisswarme See, und Alter, dann lässt du dich ganz gechillt von den abgefahrenen Viechern in Gottes Aquarium flashen. Hier lief es anders. Die Atmosphäre meines Lehrgangs mit «Full Metal Jacket» zu vergleichen wäre übertrieben, aber Sean, ein austrainierter Beau aus Massachusetts, entwickelte durchaus Freude daran, mich und meine fünf Leidensgenossen wie ein Drill Instructor zu quälen. Je mehr ihr mich hasst, desto mehr werdet ihr lernen. Er hatte sich als Backpacker um den Erdball gevögelt, war auf Palau hängengeblieben, und jetzt lebte er seine sadistische Ader aus. Valentina, die er «Val» nannte, war seine Unteroffizierin.

Sean und Val ließen uns in einer Reihe antanzen und gaben Befehle: «Druckluft aufdrehen!», «Ventile trocknen!», «Druckluft abdrehen!», «Sicherheitscheck!», «Aufblasbare Weste vorbereiten!», «Atemregler mit Sauerstoffflasche verbinden!», «Druckluft aufdrehen!», «Ausrüstung anlegen!», «Sicherheitscheck!», «Ausrüstung ablegen!», «Druckluft abdrehen!», «Alles auseinanderbauen!», «Sicherheitscheck!», «Reinigen und verstauen!», «Jetzt noch dreimal von vorn!», «Und übrigens, Leute: Was ihr kaputt macht, das zahlt ihr!» Immerhin beschimpften sie uns nicht als Maden, Schneewittchen oder amphibische Urscheiße.

Die beiden hatten ihre Welt penibel katalogisiert und für alles einen Fachbegriff entwickelt. «Purple Lipstick» bezeichnet das Phänomen, das dich ereilt, wenn du den Nachmittag in einem lausig beheizten Swimmingpool verbringst und Wind und Regen das Wasser aufwirbeln. Es war wie ein herbstliches Bad in der Themse. Während wir auf dem Grund des Beckens knieten und zusahen, wie unsere Blubberblasen zwischen den Beinen der chinesischen Kinder aufstiegen, die über uns berserkerten, simulierten Sean und Val den Notfall.

Sie rissen uns die Tauchmasken aus dem Gesicht, um zu beobachten, ob wir im nächsten Augenblick panisch an die Oberfläche strampelten oder ob es uns gelang, sie wieder anzulegen und mit der Nase auszublasen. Sie ließen uns immer wieder hin und her wechseln zwischen dem Atemregler, den unsere purpurnen Lippen umschlossen, und dem Oktopus, einem Ersatzmundstück, das über einen zweiten, signalgelben Schlauch mit der Gasflasche verbunden ist. Wir trugen es zwar in einer Schlaufe unter dem rechten Arm, doch niemand glaubte ernsthaft daran, dass wir es je brauchen würden. In der Regel verwendet man den Oktopus nur, wenn der erste Lungenautomat vereist (was in den Tropen relativ unwahrscheinlich ist), und man reicht ihn weiter, wenn einem anderen Taucher die Luft ausgeht. Natürlich übten wir auch das. Sean und Val drehten uns sogar langsam und lustvoll den Sauerstoff ab, damit wir spürten, wie es ist, den letzten Atemzug zu tun. Taucher sind die Spießer unter den Hasardeuren. Sie wollen dem Tod ins Auge sehen, aber Sterben ist keine Option.

Die gute Nachricht: Außer unseren Peinigern bewegten sich keine bedrohlichen Wesen in den Tiefen des Schwimmbads. Auch während des zweiten Kurstags wurde erfreulicherweise niemand von einem Hai oder einem Salzwasserkrokodil verschlungen, was keineswegs bedeutet, dass sie nicht hungrig um uns kreisten. Wir konnten sie nur nicht sehen. Morgens, nachdem die Ausflugsboote zu den Tauchspots aufgebrochen waren, hatte man uns in das Hafenbecken gescheucht. Doch noch immer vergnügte sich die Nachhut des Taifuns über dem Südpazifik und verwandelte ihn in eine Suppe, die mich an Zeltlager auf morbiden Nordseeinseln erinnerte.

Weil wir im Trüben selten weiter als zwei Meter blicken konnten, bildeten wir Zweierteams, und ich bekam den fähigsten Partner, den man sich für eine solche Mission wünschen konnte. Verbale Kommunikation mag nicht seine Stärke gewesen sein, doch erstens wird unter Wasser wenig geredet, und zweitens kompensierte er sein Manko mit Muskeln und texanischem Machismo. Tyler hatte für die US-Marines im Irak und in Afghanistan gekämpft. Nun war er hier stationiert, genoss etwas Freizeit und spielte mit dem Gedanken, sich zum Kampftaucher ausbilden zu lassen.

Man könnte ihn als Relikt des Zweiten Weltkriegs bezeichnen. Noch immer rosten japanische Haubitzen im Dickicht der Inseln, und manchmal enthüllt die Brandung den Flügel eines amerikanischen Kampffliegers. Palau ist ein souveränes Land, die militärische Gewalt jedoch liegt bis heute in den Händen der Vereinigten Staaten. Im Gegenzug stellen sie großzügige Schecks aus, denn ohne Subventionen und Tourismus bliebe nur der Handel mit Kopra, Thunfisch und Schalentieren.

An der Seite des Marines fiel mir das Training leicht.

Durch einen Parcours aus Stahlreifen tauchen? Los geht's! Eine Signalboje mit Sauerstoff füllen und an die Oberfläche schießen? Her mit dem Teil! Einem Kompass über hundert Meter ins Nichts folgen? Für uns gibt es kein Nichts. Aus dem Nichts wieder zurückfinden? Wir sind schon da! Notaufstieg ohne Dekompressionsstopp? Großer Gott, mehr habt ihr nicht drauf?

Und dennoch fühlte ich mich wie eine lebendige Mumie. All meine Sinne waren von einer Schicht Hilflosigkeit überzogen. Es ist traurig zu sehen, was aus einem Hai wird, wenn man ihn an Land bringt. Er legt sich auf die Seite, japst nach Luft und schlägt müde mit den Flossen. Andersherum verwandelt sich der Mensch im Meer in ein leicht zu verletzendes Ziel. Weil er nichts sehen kann, setzt er sich eine Brille auf, die ihm beschlägt. Weil er nicht gut schwimmen kann, zwängt er seine Füße in lächerliche falsche Flossen, mit denen er an den Korallen kratzt. Weil er keine Kiemen hat, schnallt er sich eine Pressluftflasche auf den Rücken, die er über Wasser kaum tragen kann. Unter Wasser aber zieht sie ihn nach oben, deshalb bindet er sich einen Gürtel mit Gewichten um den Bauch. Und weil ihm seine Arme, mit denen er die Herrschaft über den gesamten Globus errungen hat, plötzlich nur noch im Weg sind, umarmt er sich selbst wie ein Embryo im Leib seiner Mutter.

Und so irrte ich schwerfällig durch den unterseeischen Sandsturm, wenn ich meinen Marine für einen Moment aus der Sicht verlor. Auch auf dieses Szenario hatten uns Sean und Val vorbereitet. Verschwindet dein Partner, hältst du für sechzig Sekunden nach ihm Ausschau. Nicht länger. Sollte er verschollen bleiben, tauchst du auf, in der Hoffnung, an der

Luft wieder mit ihm zusammenzutreffen. Mir blieb dieses Manöver erspart. Niemand muss nach John Rambo suchen. Er findet dich.

Und so zelebrierten wir unsere frisch erworbene, international anerkannte Scuba-Diving-Lizenz mit Red Rooster Beer und einem zweiten heimischen Stoff, den uns ein zwanzigjähriger palauischer Tauchbruder ans Herz legte. Er holte ihn in jeder freien Minute aus einem Beutel, kaute darauf herum und spuckte die Reste in eine leere Dose.

«Warum stehst du eigentlich auf dieses Zeug?», fragte ich.

«Weil ich davon abhängig bin», antwortete Samuel. Er höhlte eine Betelnuss aus, füllte sie mit Tabak und einem weißen Pulver aus Korallenkalk, das er Lime nannte, und reichte sie mir. «Es wird dir nicht schmecken, aber es macht dich high. Erst schwankst du, dann fliegst du – es sei denn, du musst dich sofort übergeben.»

Zwischen meinen Zähnen wuchs der widerliche Brocken auf das Doppelte an, dann wurde mir heiß, viel zu heiß. Doch als ich zum Take-off ansetzte, verstand ich allmählich, was Samuel empfand, wenn rote Schlieren seine Mundwinkel hinunterliefen. Meine Startbahn war der Steg. Erfrischt von der Brise breitete ich die Flügel aus, ließ das Camp hinter mir und schob die Wolken sachte beiseite. Ich beruhigte den Ozean, schwebte lautlos über der Bucht, und für einen Atemzug sah ich, wie die Geschöpfe der See, die mir tagsüber verborgen blieben, Irrlichtern gleich im Schein des Mondes fluoreszierten. Winzige Organismen stieben durch das Wasser wie leuchtend grüne Schneeflocken. Sterne zuckten über die Korallen, und während Delfine ihre Loopings schlugen wie verwunschene Meerjungfrauen, zog ein Schwarm aus

Mantarochen über sie hinweg. Nur dich sah ich nicht. Den König dieser Welt.

Touchdown am Morgen. Tyler war wieder eingerückt. Samuel schlief seinen Rausch aus. Sean und Val quälten neue Rekruten. Nur ein kleiner, teuflischer Schlagzeuger begleitete mich zur Tauchbasis. Er zog von innen an meiner Kopfhaut und spielte Led Zeppelin auf meinen Synapsen.

Palau war noch immer nicht Palau. Zwar hatte der Regen nachgelassen, doch der Wind peitschte die Strömung, und so stoppte das Boot, mit dem ich hinausfuhr, schon nach wenigen hundert Metern in der Bucht. Es war weiterhin viel zu riskant, im offenen Wasser vor den Inseln von Bord zu gehen.

Rechts von mir saß ein Flitterpärchen aus Seoul. Die beiden bezeichneten sich als Einsteiger, waren aber mit dem teuersten Equipment angereist, das der koreanische Markt hergab. Am meisten beeindruckte mich der Ganzkörperanzug der Frau. Obwohl nicht gerade figurbetont, bestach er doch durch umwerfende rosarote Katzenohren. Links von mir hockten zwei Flitterschweizer, die alle Weltmeere von unten gesehen hatten. Ich wagte es zu fragen, ob sie in diesen Gewässern schon mal einem Hai begegnet seien. «Einem?», lachten sie. «Auf Palau hast du meistens zwanzig, dreißig um dich herum!»

Aus den frisch vermählten Russen, die in Australien lebten, wurde ich nicht schlau. Unsere Spritztour schien sie eher zu quälen, als zu amüsieren. Sie redeten kaum, ganz im Gegensatz zu den amerikanischen Flitterern aus Guam. Er war Pilot, sie war Pilotengattin, und die Kunst der Bordansagen beherrschten beide. Ja, dieser Taifun, also dieser schreckliche Taifun, wisst ihr, da ist man einmal im Urlaub, nur eine einzige Woche, ja und dann, nicht wahr, dann kommt ausgerechnet dieses Regendings daher, und was machst du, ja, was willst du da schon machen, eigentlich kann man sich nur verkriechen, aber man ist doch im Paradies, nicht wahr, also den Urlaub, den sollte man ja nun wirklich nicht vor dem Fernseher verbringen, und klar, unter Wasser, da regnet es auch nicht, aber wisst ihr, ein Jammer ist das alles schon, oder was meint ihr dazu, ihr seid so still?

Mein maulfaules Gegenüber flitterte allein mit Jesus Christus und blickte dennoch boshaft, fast dämonisch auf die Welt. Später fand ich heraus, dass dem gejetlaggten katholischen Missionar einfach nur schlecht geworden war.

«Leute», rief Maurice, unser Guide. «Wir müssen eines Tages sterben, aber an allen anderen Tagen nicht. Tut mir den Gefallen und bleibt heute am Leben, sonst verliere ich meinen Job.»

Maurice war ein Unterseebärchen. Er schob einen sympathischen Bierspoiler vor sich her und verzichtete auf Neopren. Das Meer von Palau hatte ihn großgezogen, und die Ausrüstung schien ihm nur im Weg zu sein. Seine Kifferaugen verrieten, dass der militärische Drill nun endgültig vorbei war. So gab er uns eine kurze, aber umso beeindruckendere Einweisung: «Regel Nummer eins: Habt Spaß! Regel Nummer zwei: Wenn ihr keinen Spaß habt, siehe Regel Nummer eins.» Als ich ihn pflichtbesessen um einen Sicherheitscheck unter Tauchbrüdern bat, legte er seine rechte Hand auf meine Stirn und schloss die Lider wie ein Medium. Dann schlug er sie wieder auf. «Alles cool», sagte er.

An einer glitschigen Mooringleine, die mit einer Boje verbunden war, zogen wir uns nacheinander in die Tiefe. Zumindest versuchten wir es. Unter Wasser zu bleiben ist nicht leicht. Alle Instinkte wehren sich dagegen, die Luft in den Lungen auf das Notwendigste zu reduzieren und sich einfach fallen zu lassen, hinein ins Ungewisse. So rotierten manche von uns unbeholfen um das Seil wie Dorfschönheiten, die einen Poledance-Kurs an der Volkshochschule belegt hatten. Wozu das harte Training diente, merkte ich, als mir ein Fuß die Maske aus dem Gesicht schlug. Ich streifte sie wieder über, blies das Salzwasser mit der Nase heraus und sah, dass wir uns gemeinsam auf einen Schatten zubewegten. Er lauerte auf dem Meeresgrund, zu träge für einen Hai und zu gewaltig selbst für einen Wal.

Die Sake-Flaschen an Deck des Frachters legten nahe, unter welcher Flagge er gefahren war. Dass seine Besatzung keine friedlichen Absichten hatte, offenbarten die Gasmasken und die Gewehre. Wir fanden das namenlose Wrack fast ungeplündert vor, und bis auf ein erhebliches Loch auf der Steuerbordseite wirkte es intakt, so wie auch die Flugzeugtriebwerke und die bedrohliche Batterie aus Wasserbomben in seinem Bauch.

Es machte den Eindruck, als müssten wir der Besatzung Bescheid geben, dass ihr Krieg lange vorüber ist. So wie es einst dem weltbekannten Onoda Hirō wiederfuhr. Der japanische Nachrichtenoffizier misstraute den Flugblättern der Alliierten, die eine Kapitulation vermeldeten, und so verschanzte er sich im philippinischen Dschungel, wo er eisern die Stellung hielt, bis er zu einem lebendigen Mythos geworden war. Fast dreißig Jahre später verbreitete sich die Nachricht, Onoda-san könne noch leben, und ein japanischer

Hippie, der gerade sein Studium abgebrochen hatte, heftete sich an seine Fersen. «Ich werde den Leutnant, einen Panda und den Yeti finden», verkündete er. «In dieser Reihenfolge.»

Was muss das für ein Anblick gewesen sein, als er Onoda tatsächlich aufgespürt hatte. Noch immer trug der Offizier seine verschlissene Uniform und sein Katana, er war mit Handgranaten ausgerüstet und hatte fünfhundert Schuss Munition aufbewahrt. Ohne offiziellen Befehl jedoch weigerte er sich, die Waffen zu strecken. Deshalb machte man seinen ehemaligen Vorgesetzten ausfindig, der mittlerweile als Buchhändler arbeitete. Major Taniguchi reiste in den Regenwald und bewegte den treuen Soldaten dazu, sich zu ergeben. Und unser Freund, der Hippie? Wie man sich denken kann, dauerte es nicht lang, bis er auch einen wilden Panda entdeckt hatte. Auf der Suche nach dem Yeti jedoch wurde er von einer Lawine erfasst, die seinen Leichnam erst ein Jahr später wieder freigab. Vielleicht spukt er nun über die unentdeckten Hänge des Himalaya, ruhelos wie die Geister des Wracks, die noch immer für ihr Vaterland zu kämpfen schienen.

Palau war zu Beginn des Ersten Weltkriegs von Japan besetzt worden und erlebte im Zweiten Weltkrieg einen barbarischen Showdown. Auf Peleliu Island gibt es einen Strand, dessen Name andeutet, was dort einmal geschehen sein mag: Er heißt Bloody Beach. Die Insel im Südwesten der Kette war ein wichtiger Brückenkopf im Kampf um die Philippinen, und so hatten die Japaner dort einen Militärflughafen errichtet und ein weit verzweigtes Tunnelsystem gegraben, in dem sie Einheiten und Hunderte schwere Geschütze verbargen. Die «1000 Man Cave», ein Stollen, der angeblich einmal mehr als tausend Männer beherbergt hat, liegt bis heute voller Patronenhülsen und Schuhsohlen.

Allerdings sahen sich elftausend Japaner einer Armee gegenüber, die ihnen zahlenmäßig dreimal überlegen war. Die Amerikaner wollten die Schlacht um Peleliu in wenigen Tagen beenden, doch es kam anders. Der Gesang der Vögel, von denen es manche nur hier gibt, verstummte für zwei lange Monate. Nicht mehr der Ruf des Zimtkopfliests oder der Schwarznacken-Seeschwalbe hallte durch die Inselwelt, sondern das Donnern der Bazookas, das Dröhnen der Kampfflugzeuge und das dumpfe Wummern der Artillerie. Mit Napalm und Flammenwerfern räucherten die US-Truppen ihre Gegner aus, bis das kaiserliche Heer auf sechsundfünfzig kampffähige Soldaten geschrumpft war. Ihr Oberst und der komplette Befehlsstab töteten sich selbst in Schande, auch die Schwerverwundeten wählten den Freitod. Die letzten Samurai aber stürzten sich mit einem «Banzai!» in das Feuer ihrer Feinde.

Sie alle wollten als Helden in die Geschichte eingehen und hofften, man würde sich auch im nächsten Jahrtausend noch an sie erinnern. Ob es ihnen recht wäre, dass manche ihrer Gräber heute Publikumsmagneten sind? Die Flitterpärchen schwärmten aus und lichteten den Frachter mit Film- und Fotokameras ab, die mit bunten Gummibändern an ihren Handgelenken befestigt waren. Warum hatte ich auch geglaubt, dass der moderne Massentourismus vor der Meeresoberfläche haltmachen würde? Am agilsten schlängelte sich ausgerechnet der Priester durch die See. Er war ein Phänomen. Ein behäbiges, durch und durch pessimistisches Landlebewesen hatte sich in einen Seehund verwandelt, der seine Welt, den neugierigen Kopf voran, mit glubschig großen Augen erkundete.

In der Euphorie dieses Abenteuerspielplatzes fand ich mich bald auf dreißig Metern wieder, obwohl ich mit meiner Anfängerlizenz nur halb so weit tauchen durfte. Jenseits dieser Grenze, sagt man, verfalle manche Seele dem Taumel der Tiefe. Das Denken setzt aus, der Trip setzt ein, und selbst erfahrene Taucher benehmen sich plötzlich wie Punks. Who cares? Unser Auftrag lautete Spaß, und bevor jemand ganz in den Schiffstrümmern verschwand und womöglich auf die Idee kam, eine Bombe zu bergen, klopfte Maurice mit einem Eisenstab gegen seinen Sauerstofftank. Das war das Signal für uns, Contenance zu bewahren. Sosehr der Ozean die Sinne trübt, umso wirkungsvoller ist doch der Schall.

Die anderen schwammen zu den Mördermuscheln, die unter dem Kiel des Frachters atmeten. Ihr schlechtes Image verdanken sie einem Ammenmärchen. Angeblich schnappen ihre Mäuler zu, sobald sie einen Fuß oder einen Finger zu packen bekommen, und lassen nie wieder los. Die Palauer gehen sogar noch weiter. In früheren Tagen, so erzählen sie, mussten Straffällige auf den Grund des Meeres tauchen, um sich eines ihrer Gliedmaßen abbeißen zu lassen. Tatsächlich ist nur eine einzige Attacke belegt. Anfang des vergangenen Jahrhunderts war ein Filipino von einer Riesenmuschel ertränkt worden, vermutlich, weil er ihr etwas entreißen wollte. Als man seine Faust aus der dreihundert Pfund schweren Schale befreite, entdeckte man darin eine große Perle.

Ich drehte mich weg von den submarinen Paparazzi und starrte minutenlang in den Ozean. Fehlte nicht etwas? Noch nie war ich scharf darauf gewesen, einem Raubfisch live zu begegnen, jetzt aber forderte ich die schwimmenden Kreissägen heraus. Ich fluchte in mein Atemgerät. Kommt, zeigt euch! Die anderen Taucher hatten Riffhaie, Hammer und fünf Meter lange, neunhundert Kilo schwere Tiger versprochen. Doch der gigantische Vorhang, vor dem ich schwebte, blieb fest geschlossen. No show today.

Was hätte ich getan, hätte einer von ihnen auf mich gehört und Lust auf ein Horsd'œuvre verspürt? Die Möglichkeit zum Exit gab es nicht. Wer zu schnell auftaucht, riskiert seine Lungen. Außerdem wartete das Boot an anderer Stelle auf uns. Mir wären zwei Alternativen geblieben – eine defensive und eine offensive. Weil Haifische entweder direkt auf ihr Opfer zujagen oder sich überraschend von hinten nähern, sollte man ihnen niemals den Rücken zudrehen, sondern eine entspannte Position einnehmen und das Tier wachsam im Auge behalten. Panik vermeiden. Notfalls ausweichen. Unter keinen Umständen versuchen zu fliehen, denn egal, wie schnell du schwimmst, der Hai ist schneller.

Manchmal, und da unterscheidet sich die See nicht von Schulhöfen, Kneipen oder schummrigen Gassen, ist es ratsam, den ersten Schlag zu tun. Natürlich kann man einen großen Weißen attackieren, aber dann sollte der Angriff sitzen. Lass ihn kommen, bleib relaxed, noch ein Stückchen, gut so, warten, warten, und jetzt einen harten Punch auf Schnauze, Augen oder Kiemen setzen. Kratzen kann ebenso wirkungsvoll sein. Profis greifen mit beiden Händen nach dem Ungeheuer und massieren die Sensoren auf seiner Nase, bis es in Trance verfällt und wie ein Pendel kopfüber in den Fluten hängt. Doch das wäre bei meinem ersten ernsthaften Tauchgang wohl zu viel verlangt gewesen.

Das Blitzlichtgewitter ließ nach, und wir versammelten uns hinter der Schiffsschraube, Maurice deutete in eine Richtung, und unsere Flossen gaben es auf, gegen die starke Strömung anzukämpfen. Wir glitten einfach in den Unterwasserexpress hinein und ließen uns von ihm tragen. Die Schweizer kreuzten ihre Beine, legten Daumen und Mittelfinger zu einem Mudra zusammen und schwebten in der Lotusposition dahin. Es war wie Fliegen ohne Ziel. Die vollkommene Freiheit. Das Meer ist nicht nur ein Behälter für all die ungeheuren, übernatürlichen Dinge, die darin existieren, schrieb Jules Verne, es ist nicht nur Bewegung und Liebe, sondern die lebende Unendlichkeit. Wenn es möglich wäre, dachte ich, würde ich in seinen unsichtbaren Armen einmal um die Welt reisen.

Wie nah ich daran war, mein eigenes Leben aufs Spiel zu setzen, bemerkte ich spät. Taucher verständigen sich über Zeichensprache. Wer mit der geschlossenen Faust auf seinen Brustkorb klopft, sagt: «Low on air» – Achtung, ich habe nur noch wenig Luft. Als ich Maurice gefunden hatte und mit der Kante der flachen Hand vor meiner Kehle hin und her wischte, sah er mich an, als hätte ich gerade ein Kind verspeist. Ich deutete nervös auf die Nadel meines Druckluftmessers, und er zog mich konsterniert zu sich heran. Out of air. So endete meine Expedition an einer signalgelben Nabelschnur, dreißig Meter tief in einem fremden Element, dem ich ganz und gar ausgeliefert war. In meinem Rausch hatte ich Regel Nummer drei vergessen: Achte darauf, dass du nicht zu viel Spaß hast, sonst atmest du wie ein Pferd.

«Glückwunsch», seufzte Maurice, zurück an Bord, «du bist mein erster Gast, dem die Puste ausgeht.»

Nicht allzu lange vor dieser Reise hatte ich einen Singhalesen kennengelernt. Weder für ihn noch für mich war es ein angenehmes Treffen, denn wenige Minuten bevor ich ihm begegnete, hatte er einen Herzanfall erlitten. Er lag auf dem Grund eines Swimmingpools, das Gesicht nach unten, und regte sich nicht mehr. Also sprang ich hinein und wuchtete ihn aus dem Becken. Als ich ihn auf die Seite drehte, spuckte er Chlor und begann wieder zu atmen. Damals hatte ich das Gefühl, dass sich unser Schicksal für immer verband. Sein Leben gehörte mir, und meines gehörte ihm. Seine Seele zog in meinen Kopf, und mein Blut floss durch seine Venen.

Maurice muss Ähnliches empfunden haben. Wir kehrten zurück zur Tauchbasis, wo er die Gruppe absetzte, doch bevor ich das Boot verlassen konnte, fasste er an meine rechte Schulter. «Komm», sagte er, «wir fahren noch mal raus.»

Mit frischem Sauerstoff auf dem Rücken verschwanden wir in der Finsternis, die sich unter einem Berg ausbreitete, nicht weit vom Camp entfernt. Als wir durch den Eingang der Höhle hindurchgetaucht und weit in ihr Inneres vorgedrungen waren, schalteten wir unsere Taschenlampen aus, und das schwarze Wasser schluckte jedes Licht.

Es war eine Lektion in Zen. Tauchen ist wie Meditation, meinte Maurice, bevor wir uns rücklings über die Reling ins Meer hatten fallen lassen. Nicht die Flossen und schon gar nicht die Arme entscheiden, wie tief du gehst, sondern die Luft in den Lungen. Ein Hauch weniger, und der Körper sinkt, etwas mehr, und er steigt wieder in die Höhe wie ein Ballon. Nutze deinen Atem, bedachtsam und gleichmäßig, dann sparst du Kraft, Luft und Nerven. Der Geist wird kristallen, der Leib verabschiedet sich von dem Grund, auf dem zu wandeln er gewohnt ist, und beide geben sich ganz einer Macht hin, die stärker ist als sie selbst. Wo ist oben? Wo ist unten? Manchmal wusste ich es nicht mehr, Vertigo, aber ich wusste, dass ich vertrauen konnte. Nicht meinem Verstand, nicht meinen Augen, sondern allein meinem Gefühl. Vielleicht war ich auch einfach nur high.

Als wir in einer Luftkammer auftauchten, die Masken abnahmen und die Lampen wieder anschalteten, offenbarte sich, warum dieser Ort Chandelier Cave genannt wird. Wie bizarre Kronleuchter hingen die Tropfsteine von der Decke, die sich im Lichtkegel grünlich und goldbraun färbte und dem Gewölbe einer diabolischen Kathedrale ähnelte.

«Spooky, was?», grinste mein Yogi. «Beim ersten Mal hab ich mich fast eingeschissen.»

«Und wie war es, als du deinen ersten Hai gesehen hast?»

«Katzenaugen», erzählte Maurice, der Ausdruck «Katzenaugen» sei der Gedanke gewesen, der ihm damals durch den Kopf schoss. Die nächsten beiden waren «Kampfflugzeug» und «Kartoffel». Im Angesicht des Düsenjets, der an ihm vorbeisteuerte, habe er sich wie Gemüse gefühlt.

«Gott», lächelte er, «schau dir diese geilen Stalaktiten an. Wir hätten Shit mitbringen sollen.»

Palauer sind die Bad Neighbors unter den Mikronesiern, partysüchtige, randalierende Albtraumnachbarn. Das sage nicht ich, das behaupten sie von sich selbst, und dass sie richtig liegen, dämmerte mir am nächsten Morgen. Mein Betelnussbruder Samuel holte mich mit dem Auto seines Vaters ab. Auf dem Heck des Wagens klebte ein auffälliger Sticker: «Drive sober!» stand darauf geschrieben, fahre nüchtern, und was tat Samuel? Er steuerte erst mal einen Spirituosenmarkt an, um eine volle Palette Asahi-Bier im Kofferraum zu verstauen.

Ich hatte eine Wette gewonnen, und es war an der Zeit, sie zu begleichen. «Wenn du wirklich nicht kotzen musst», hatte mein Kumpel getönt, als er mich nach unserer Grundausbildung mit der lokalen Alltagsdroge vertraut gemacht hatte, «dann zeige ich dir meine Heimat. Und zwar deshalb, weil du überhaupt keine Ahnung von ihr hast.»

Mir kam diese Landpartie gelegen. Ich war es leid, in Brackwasser zu tauchen, und nach meinem Out-of-air-Desaster brauchte ich ein wenig Abstand vom Meer. Wir öffneten die erste Dose noch auf dem Parkplatz. Nach der zweiten holte Samuel sein Board hinter dem Sitz hervor. «Sorry, aber ich muss hier einfach skaten», sagte er. Außerhalb der Stadt begegneten wir selten einem anderen Auto, und so genoss er es, ungestört in Schlangenlinien über beide Fahrspuren zu rollen.

Der Archipel besteht aus so vielen Inseln, dass man beinahe jeden Tag eine andere besuchen könnte. Zwar sind nur elf von ihnen bewohnt, doch die Palauer treten sich nicht gerade auf die Füße. Wir erreichten Babeldaob, die größte von allen, in einer Kolonne. Ich hatte das Steuer übernommen und war meinem Freund, der selig über den Asphalt surfte, über eine Brücke gefolgt.

Nun hielten wir vor einem Wegweiser, der sowohl nach links als auch nach rechts zeigte. Babeldaob lässt sich ostwärts oder westwärts umfahren, es verfügt nur über eine einzige palmengesäumte Ringstraße.

Samuel stieg zurück in den Wagen.

«Weißt du eigentlich, dass wir Brüder sind?», fragte er.

«Ich bin Vierteldeutscher. Mein Großvater stammt aus Berlin, glaube ich, oder Hamburg, so wie du. Sieht man das eigentlich?»

Obwohl er eher wie ein Mexikaner aussah, hatte seine Abstammung vermutlich mit der kurzen Kolonialhistorie meiner Landsleute zu tun. Anstatt Palau zu erobern, kaufte man es den Spaniern ab, die es entdeckt hatten. So gehörte die Inselkette für immerhin fünfzehn Jahre zu Kaiser-Wilhelms-Land, bis die Japaner aufkreuzten und die Deutschen, die kaum Widerstand leisteten, zurück in den Regen schickten. Ich hatte mir erhofft, mehr über diese Geschichte im Nationalmuseum von Koror zu erfahren – während ich es besuchte, war dort nur leider der Strom ausgefallen. Zwar reichte man mir zu meiner Eintrittskarte eine Taschenlampe, was mich wirklich rührte, im Halbdunkel jedoch, zwischen Häuptlingsschmuck und präparierten Krokodilen, wirkten die deutschen Kaiser noch wilder als jeder Wilde, und ich verabschiedete mich rasch.

«Links oder rechts?», fragte Samuel.

«Links!», rief eine Stimme, so resolut, dass ich ohne jedes Zögern abbog. Die Stimme gehörte Samuels neunzehn Jahre alter Freundin, die im Schneidersitz auf der Rückbank thronte und über schnurlose, pinkfarbene Kopfhörer ihre eigene Musik hörte. Mia war süß, und sie war es gewohnt, den Ton anzugeben. Männer trinken, Frauen fällen Entscheidungen, so ist es hier gute Tradition. Wer Häuptling wurde und wer Häuptling blieb, legten die Mütter und Schwestern fest, denn die Brüder und Väter produzierten nur heiße Luft. Möglicherweise hatte sich Samuel deshalb einen Pfau auf seinen breiten Oberarm tätowieren lassen, der an seine verstorbene Mutter erinnerte. Er war ein weicher, gutmütiger, dauerbenebelter Krieger.

Erzähler neigen dazu, die Macht dieser Frauen romantisch zu verklären. In ihren Texten werden sie zu Amazonen, Göttinnen und wandelnden Sternen. Nüchtern betrachtet herrscht heutzutage weder das weibliche noch das männliche Geschlecht über Palau. Fremdes Geld regiert die Inselkette, und ferne Kulturen rauben ihr die Identität. Sie kauen darauf herum wie auf einer Betelnuss, und spucken sie die Reste dann aus, bleibt ein absurder Mischmasch auf dem Erdboden kleben, den man nur als Pointe der Geschichte verstehen kann.

In Bermudas, Tanktops und Flip-Flops erkundeten wir ein Raumschiff, das sich auf einem entvölkerten Grashügel über der Küste niedergelassen hatte. Der Regierungssitz des Landes war eine tadellose Kopie des Kapitols in Washington, allerdings gestrichen in Eierschalengelb und verziert mit Stammessymbolen und sonderbaren, stilisierten Fischreihern. Wir klopften an die Säulen und mussten feststellen, dass sie hohl und aus Fiberglas waren. Palau ist zwar kein reiches, aber ein stolzes Mitglied der Vereinten Nationen.

Der Parkplatz des Präsidenten direkt vor dem Haupteingang, man hatte ihn auffällig markiert, war verwaist, so wie auch alle anderen Flächen. Ein einsamer Wachmann hütete das Portal. Angeblich hatten die Schöpfer des Bauwerks nicht daran gedacht, Fenster einzusetzen, die man öffnen konnte. So ratterte die Klimaanlage zunächst im Dauereinsatz. Als die Betriebskosten des Palastes völlig aus dem Ruder liefen, stellte man die Air-Condition kurzerhand wieder ab. Nun kroch Schimmel über die feuchten Wände, und die Repräsentanten des Landes weigerten sich, auch nur einen Tag länger in diesem Haus zu verweilen.

Die seelenverlassene Haupthalle wirkte wie ein Museum. Ringsherum hingen Porträts der Staatsoberhäupter. Samuel zeigte auf Kuniwo Nakamura, den Sohn eines japanischen Einwanderers, unter dem Palau in den neunziger Jahren seine Unabhängigkeit erreicht hatte. «Das ist mein Nachbar», behauptete er, und ich muss ihn wohl etwas seltsam angesehen haben. «Nein, wirklich. Er wohnt in einer dreistöckigen Villa direkt nebenan. Letztens hatte er den japanischen Kaiser zu Gast, und ich stand seinetwegen eine halbe Stunde im Stau.»

Samuel, der mit seinem Vater in einem deutlich bescheideneren Haus lebte, und seine Mia deuteten auf viele weitere Köpfe: «Darf ich vorstellen, das ist mein Onkel!» – «Guck mal, mein Cousin!» – «Hey, auf dem Foto ist ja mein Vater drauf, der hat an der palauischen Verfassung mitgearbeitet, ist das zu glauben?» Die beiden tischten mir ihre Storys auf, und ehrlich gesagt sah ich keinen Grund, sie anzuzweifeln. So ist das eben, wenn man in eine Nation geboren wird, die nicht einmal ein Hundertstel der Bevölkerung von Brooklyn erreicht.

Auch den Rest des Tages verbrachten wir mit intensiver Landeskunde. Wie lernt ein Palauer schwimmen? Man wirft ihn ins Wasser. Wo hängen Jugendliche ab? Nicht an einer Bushaltestelle, sondern an einer Bootshaltestelle. Was verzehrt der gemeine Palauer? «Fruit Bat Soup» glauben die Touristen, weil man ihnen gerne eine mit Knoblauch, Zwiebeln und Chili gewürzte Brühe vorsetzt, in der ein ganzer gegrillter Flughund schwimmt. Moderne Inselbewohner bevorzugen allerdings Cheeseburger.

«Und wie nennen wir unsere berühmte gegrillte Seegurke?», fragte Samuel.

«Dick!», lachte Mia, bevor ich antworten konnte. «Irgendwie heißen all unsere Gerichte Schwanz.»

Als auch das geklärt war, flogen wir gemeinsam über den Dschungel. Diesmal nicht mit der wundersamen Kraft der Betelnuss. Wir legten ein Geschirr an, hakten unsere Karabiner in ein Drahtseil und sausten über die Baumkronen bis zu einem Wasserfall, der sich inmitten des Urwalds dreißig Meter in die Tiefe stürzte und die Tropenluft mit Regenbögen tapezierte. Palau war nun endlich Palau.

Wissenschaftler würden sterile Worte wie «Photosynthese» verwenden, um das zu beschreiben, was ich am Morgen meines letzten Reisetags erlebte. Ich war eine Stunde lang mit dem Boot gefahren, hatte die unbewohnte Insel Eil Malk betreten und war einen Hügel empor- und auf der gegenüberliegenden Seite wieder heruntergeklettert. Nun trieb ich mit dem Kopf nach unten im Ongeim'l Tketau, einem Salzwassersee, und wurde Zeuge einer magischen Inszenierung.

Unter mir, direkt vor meinen Augen, tanzten Millionen transparenter Wassergeister. Ich hielt still und sah zu, wie sie sich in Spiralen drehten, wie sie auf und ab pendelten und wie sie im Kaleidoskop ihres täglichen Spiels goldene und mondlichtblaue Ornamente formten, die kein Meister, weder im Orient noch im Okzident, zu übertreffen vermag. Es war ein Blick in den geheimen Zauberkasten des Schöpfers. Die Quallen leben von der Sonne. Jeden Morgen schwimmen sie an die Oberfläche, um die mikroskopisch kleinen Algen, die auf ihnen wohnen, mit Licht zu füttern, und weil sie in ihrem Gewässer keine natürlichen Feinde kennen, haben sich ihre giftigen Nesseln in harmlose Tüllkleider verwandelt.

«Und weißt du was?», rief Maurice, am Rand des Ufers stehend, weil er unter einer Infektion am rechten Fuß litt und die Tiere nicht gefährden wollte. «Von diesen Jellyfish Lakes gibt es hier noch einundfünfzig andere. Aber die zeigen wir keinem Touristen.»

Kaum hatte er diesen Satz beendet, marschierte eine chinesische Reisegruppe den Abhang herunter und stürzte sich mit einem Kriegsgebrüll ins Wasser, das Schlimmes erahnen ließ. Doch der Zauber der Quallen schien sie zu beruhigen. Niemand schlug mehr achtlos mit den Flossen, niemand entführte einen Bewohner des Teichs, um ihn in irgendeinem Wasserkocher zu garen.

«Bereit für die großen Fische?», fragte mein Freund, und natürlich nickte ich. Wer den Tanz der Medusen von Palau gesehen hat, kann entspannt in den Tod gehen.

Wir fuhren auf verschlungenen Wegen durch die Rock Islands, eine Gruppe kreisrunder Kalksteininseln, die wie grüne Pilzköpfe über der Brandung schwebten. Als die Motoren stoppten, fanden wir uns über einem Korallenriff wieder, hinter dem der Pazifik steil ins Dunkel stürzte, und Maurice beugte sich über die Reling, bis nur noch seine Beine zu sehen waren. Als er wieder zum Vorschein kam, fielen Tropfen aus seinem Haar, seine Zähne blitzten, und jede seiner Zellen rief: «Showtime, Baby!»

Blau. Der erste Gedanke, der wie Brausepulver in mir kribbelte, als ich im Wasser die Augen aufschlug, war: Blau. Das also ist die überwältigend weite, berauschende Substanz, die Taucher zu Junkies macht. Von einem sonnenbeschienenen

Garten aus, in dem alle Farben des Lebens wuchsen, erstreckte sich der Ozean wie ein zweiter Sternenhimmel durch ein Universum, dessen Lichter uns in Schwärmen begegneten. Sie zogen vorbei, leuchtend gelb, silbern gestreift, im Einklang mit ihresgleichen und allen anderen Wesen, die das Meer in sich trug.

Am Firmament, dort, wo die See in Schatten fiel, gab er sich schließlich zu erkennen. Und er war nicht allein. Drei, vier, fünf, ein ganzes Rudel tauchte abrupt aus der Düsternis auf und näherte sich. Sie bewegten scheinbar keinen Muskel, als würden sie von einer Kraft getragen, die dem Menschen verborgen bleibt. Es waren vollendete Geschöpfe, und sie glitten in völliger Kontrolle durch die Strömung, erhaben, balanciert und wach mit allen Sinnen.

Wenn sie wollten, dachte ich, wenn sie nur wollten, wären sie bei uns, noch bevor jemand schreien könnte. Doch wir blickten still und rhythmisch atmend in Katzenaugen, die uns erzählten, dass es keinen Grund gab, sich zu fürchten. Nichts ist lähmender als Angst. Nichts ist freier als das Meer. Nichts ist unentdeckter als der Ozean.

DER GEHEIME GARTEN
Athos

Lohnt es sich, an Gott zu glauben? Die Antwort gab mir ausgerechnet ein Mathematiker. «Wir sprechen hier von vier Szenarien», meinte er. «Möglichkeit eins: Du glaubst nicht an Gott, stirbst und findest heraus, dass er wirklich nicht existiert. Dann ruhst du in Frieden. Möglichkeit zwei: Du glaubst an Gott, widmest ihm dein frommes Leben und musst am Ende einsehen, dass du ein Hirngespinst angebetet hast. Vielleicht wirst du dich dann über vertane Chancen ärgern, aber ansonsten geschieht nichts. Das dritte Szenario: Du glaubst an Gott, und es gibt ihn tatsächlich. Bingo, du kommst in den Himmel und singst mit den Englein. Der Knackpunkt ist Nummer vier: Du glaubst nicht an Gott, aber plötzlich stehst du ihm leibhaftig gegenüber. In dem Fall, mein Lieber, hast du verloren, denn nun schmorst du für immer und ewig in der Hölle.»

Wägt man also Kosten, Nutzen und statistische Wahrscheinlichkeit ab, so ist es ratsam, auf den Allmächtigen zu setzen. Darauf zu warten, dass seine Existenz endgültig bewiesen wird, halte ich nicht für weise, denn seit der Antike hat die Krone der Schöpfung lediglich Indizien gesammelt. Der Globus bewegt sich, also muss ihn jemand angeschoben haben, vermutete Aristoteles, und Cicero sprach sinngemäß: Jedes Volk, und sei es noch so wild, verehrt eine Gottheit – können denn alle Erdenbewohner irren? Andere ließen Tempel errichten, die Generationen und so viele Steine verschlangen, dass sie Höhen in Täler verwandelten, nur um sich am Ende triumphierend vor ihnen aufzubauen: «Ihr Seelen, schaut auf dieses Wunder! Wie in drei Teufels Namen sollen es Sterbliche vollbracht haben?»

Und doch scheint es Orte zu geben, an denen sich die göttliche Macht offenbart. Sie tauchen zuerst in Träumen auf, nur in Umrissen zu erkennen, und locken den Menschen wie der süße Gesang der Sirenen. Manche sehen sich Traum für Traum einer rätselhaften, von schwarz verhüllten Greisen bewohnten Gebirgskette gegenüber, deren höchster Gipfel über dem Meer bis in den Himmel ragt wie der Zeigefinger Adams. Wenn sie dann auf Zehenspitzen zu ihrem Bücherregal tippeln, einen zerschlissenen Atlas herausziehen und sorgfältig Seite für Seite studieren, stellen sie mit Erstaunen fest, dass ihre Phantasien keine Phantasien sind.

Athos hat sie gerufen – der Heilige Berg. An seinem Westufer, so erzählt die Legende, soll einst die Jungfrau Maria an Land gegangen sein. Sie war auf der Reise nach Zypern, um Lazarus zu sehen, als sie in einen Seesturm geriet und auf einer Halbinsel strandete, deren Schönheit sie überwältigte. Da hörte sie eine Stimme zu ihr sprechen: «Dieser Ort sei dein Eigentum, dein Garten und dein Paradies und überdies rettender Hafen für jene, die gerettet werden wollen.»

Heute ist Athos eine Republik aus orthodoxen Klöstern, die wie Festungen auf den Höhen des Gebirgszugs thronen. Die Mönche, die sie beherbergen, sollen ein asketisches, mittelalterliches Leben wie vor eintausend Jahren führen und streng über den abgeschiedenen Garten der Mutter Gottes wachen. Ihr allein ist er gewidmet. Daher bleibt allen anderen weiblichen Wesen der Zutritt verwehrt, sogar Kühe und Ziegen müssen draußen bleiben. Sieht man von Insekten, Wildtierweibchen und Vögeln ab, sind lediglich Katzen geduldet, in der Hoffnung, sie mögen den Schlangen, Mäusen und Ratten nachjagen.

Doch auch männlichen Wesen wird die Reise gründlich erschwert. Der Heilige Berg ist achthundertmal größer als der Vatikan, aber ebenso verschwiegen, und es ist die hohe Kunst der Bürokratie, die ihn schützt. Nur zehn berufene Fremde dürfen sich zur gleichen Zeit in diesem Gottesstaat aufhalten, und das auch nur für drei Nächte. Sie müssen volljährig sein, ein ernsthaftes religiöses, künstlerisches oder wissenschaftliches Interesse nachweisen und das Diamonitirion mit sich führen: das Visum der Gläubigen.

Mindestens sechs Wochen, besser sechs Monate, am besten jedoch ein halbes Leben im Voraus empfiehlt es sich, einen servilen Bittbrief an das Pilgerbüro des Athos in Thessaloniki zu verfassen und idealerweise eine Empfehlung seiner Kirchengemeinde oder eines Konsulats beizulegen. Erhält man Antwort und wird positiv beschieden, Glückwunsch, dann kontern die sakralen Paragraphenreiter mit Forderungen und Formularen. Zwingt man auch die in die Knie, begünstigt durch drei Ave-Maria oder möglicherweise eine fromme Spende, folgt nicht etwa das Diamonitirion, sondern eine erneute Notiz aus den Amtsstuben der Ordensbrüder, in der sie das weitere Prozedere erläutern. Die Sonne geht auf, die Sonne geht unter, und ehe man sich's versieht, ist der Sommer auch schon vorbei. Wer einmal in die Fänge des griechischen Behördenapparats geraten ist und die Verschwiegenheit der Orthodoxie hinzuaddiert, ahnt, wie hoch die Hürden für dieses weltliche Dokument aus geistlichen Sphären sein müssen.

«Du kannst mir auch 'nen Fuffi in die Hand drücken, und ich erledige die Sache!», tönte Spiros, als ich ihm während einer Tour durch die Ägäis in der Buffalo Bar begegnete, einem eigenwilligen Strandclub, der die Romantik des hellenischen Abendrots mit dem Motorengeheul der Süd-staaten untermalte. «Kein Scheiß», schob er nach, «ich bin oft über den Heiligen Berg gelatscht. Beim ersten Mal hatte ich eine Mähne bis zum Arsch und war behangen wie ein Weihnachtsbaum, jede Körperöffnung voller Blech. Da gu-cken mich die Mönche völlig entgeistert an und sagen: Mein Sohn, lange Haare sind hier nicht erlaubt. Und ich guck zu-rück und sag: Freunde, macht euch locker, ihr tragt doch alle 'ne Matte! Aber was soll's, dann habe ich mir eben 'nen Zopf gebunden und ihn hinten ins Hemd gestopft. Also, sind wir im Geschäft oder was?»

Es fiel mir schwer, diesem Typen zu glauben. Keine einzige Locke zierte sein voluminöses Haupt, und für einen Grie-chen war Spiros extrem dunkel. Hätte er mir nicht erzählt, er sei Reiseunternehmer, ich hätte ihn für einen orientalischen Autoschieber gehalten. Doch seine Sprachgewalt war eine Gabe. An diesem Abend hätte ich ihm alles abgekauft, was er in seinem brachialverbalen Bauchladen vor sich hertrug, und so vertraute ich ihm.

Tatsächlich meldete er sich wenige Tage später. «Malaka», begrüßte er mich, was im Griechischen in etwa «du ver-dammter Wichser» bedeutet, aber unter Saufbrüdern durch-aus zärtlich gemeint ist, «pack deine Sachen und düs auf der Stelle zur letzten Tankstelle vor der Wüste! Morgen früh bekommst du dein Diamonitirion, und dann schwingst du dich auf die Fähre. Hau rein und gib dir noch mal die Kante.»

Spiros organisierte sogar einen Wagen und ein Quartier für die letzte Nacht vor der Überfahrt nach Athos. Es sei eine einfache Herberge, damit ich mich an die bevorstehenden Entbehrungen gewöhnen könne, warnte er. Sie liege unübersehbar an der Hauptstraße eines Fischerdorfs namens Ouranopoli. Natürlich tat sie es nicht. Wer weiß, wie lange ich durch die verwinkelten Gassen irren musste. So lernte ich zwar den Ort kennen, doch was ich sah, war beängstigend. Ich fand mich in einem hoffnungslos verdorbenen Touristenhafen wieder.

Ouranopoli, die Stadt des Himmels, hatte ihre Würde an den Teufel verkauft. Das Resultat waren Athos-Hotels, Athos-Restaurants mit preiswerten Athos-Menüs und ein ganzer Basar aus Athos-Souvenirläden, die Athos-Oliven, Athos-Ouzo und sogar Athos-Käsereiben bewarben. Die Faszination des Unentdeckten hatte einen kaum zu ertragenden Hype ausgelöst, wie man ihn nur aus Rom, Angkor Wat oder Rishikesh kennt. Das Glanzlicht des Athos-Wahns war eine Seeräuberfahrt an den Ufern des Gartens der Mutter Gottes entlang. Livemusik, Sirtaki und Holzbeine inklusive.

Wie aber sollten Mütter oder Töchter einen Eindruck der altehrwürdigen Gemäuer bekommen, wenn nicht vom Wasser aus? Im vierzehnten Jahrhundert brachte der serbische König Dusan, genannt «der Mächtige», seine Gattin auf den Heiligen Berg, um sie vor der Pest zu bewahren. Ihre Füße jedoch, so ist es überliefert, berührten kein einziges Mal den Boden, denn sie wurde stets in einer Sänfte getragen.

In den zwanziger Jahren gelang es einer französischen Schriftstellerin, als Mönch verkleidet dreißig Tage in der Obhut eines Ordens zu verbringen. Danach schrieb sie detailliert über ihr Leben unter Männern und schilderte sogar, wie sie sich der unsittlichen Avancen eines Geistlichen erwehren musste. Später jedoch erlebte sie einen bemerkenswerten Wandel. Offenbar hatte sie auf Athos zu Gott gefunden, und nun sah sie in ihrer Arbeit das Werk des Leibhaftigen. Sie versuchte, ihr Buch zurückzuziehen und alle Kopien, die im Umlauf waren, aufzukaufen.

Ihr folgte eine hellenische Miss Europa, ebenfalls in Männerkleidern, die einen Skandal provozierte und es so immerhin ins Time Magazine schaffte. Eine Lehrerin aus Ohio – sie schmuggelte sich in den fünfziger Jahren an Land – wurde schnell wieder verjagt. Etwas milder gingen die Ordensbrüder mit fünf Moldawierinnen um, die illegal über die Türkei nach Griechenland gereist waren und nicht bemerkten, dass sie verbotenes Territorium betreten hatten.

Athos liegt auf der Halbinsel Chalkidiki, einer Hand mit drei Fingern. Der westliche ist zum Baden da, der mittlere auch, und der östliche dient dem Gebet. Zwar befindet sich Ouranopoli ebenfalls auf diesem Betfinger, in unmittelbarer Nähe des Heiligen Berges, doch die Einreise über Land ist nicht nur untersagt, sie gilt auch als gefährlich. Nicht eine einzige Straße führt in die Mönchsrepublik, und zwischen ihrer Grenze und den ersten Klöstern erstreckt sich ein undurchdringlicher Märchenwald aus Dornbüschen und wildgewachsenen Platanen.

Und meine Herberge? Es überraschte mich kaum, dass sie geschlossen war, als ich sie endlich in einer Seitenstraße entdeckte. Zwar ließ sich die Eingangstür mit einem beherzten Stoß öffnen, doch drinnen, auf den düsteren Fluren, fand ich keine Anzeichen von Leben, nicht im ersten und auch nicht im zweiten Stock. So legte ich mich auf eine Bambuscouch in der Lobby, die sich im Sonnenlicht, das durch die Gardinen fiel, gelb färbte. Ikonenbilder mischten sich mit Kabeln, Kunstblumen und wertlosem Trödel, den man seinen Besuchern nur zumutet, wenn man sie wirklich verachtet.

Ich sprang auf, als eine junge Griechin auf der Bildfläche erschien. Sie entpuppte sich als Urlauberin, die nach einer Bleibe für sich und ihre kleine Tochter suchte. Die resolute Dame, die ihr einige Minuten später folgte, begrüßte uns mit den warmen Worten «Was habt ihr hier zu schaffen?» – wie sich herausstellte, war es mir soeben gelungen, ihre Tür aufzubrechen. Darf ich vorstellen: Lydia, die schlechteste Gastgeberin Griechenlands.

Vielleicht bin ich naiv, aber ich glaube nicht, dass sie es böse mit uns meinte. Die jahrzehntelange Belagerung durch Sandalen tragende Horden hatte sie abstumpfen lassen. Ich war mir sicher: Hätten wir ihre Gemächer zehn oder zwanzig Jahre eher betreten, wir hätten eine völlig andere Lydia erlebt. Gleich, dachte ich immer, gleich wird sie in Gelächter ausbrechen, und die bleierne Atmosphäre wird sich lösen in dem Zauber, der entsteht, wenn fremde Kulturen ihr gemeinsames Chi entdecken. Doch in einem Land, das für Lebensfreude und unwiderstehliches Charisma bekannt ist, blieb sie die Königin der Lethargie. Träge und teilnahmslos sperrte sie eine finstere Besenkammer im Erdgeschoss auf und ließ uns mit einem Seufzer spüren, wie unsagbar schwer ihr dieser Vorgang gerade fiel. Selbst als die junge Mutter angesichts der Tristesse, die dieses Etablissement verbreitete, schweigend kehrtmachte, zeigte Lydia keinen Anflug einer Regung.

«Also, nimmst du das Zimmer?», atmete sie, und innerlich fasste ich noch einmal zusammen, was ich soeben gesehen hatte. Eine Pritsche. Einen Stuhl. Eine Lampe. Zwei Staubmäuse. Drei Kabel, die offen aus der Wand hingen.

«Wunderbar», antwortete ich.

«Gut. Wann musst du morgen los?»

«Um halb acht.»

«Dann mache ich dir Frühstück. Wenn ich Lust dazu habe.»

«Natürlich steht Lydia nicht extra für dich auf», lachte Spiros, als ich ihn wachklingelte, den Rucksack geschultert, etwas hungrig und ziemlich genervt. «Was erwartest du? Es ist ein einfaches Hotel, das hatte ich dir doch gesagt, aber mir war klar, dass dir der Hausdrache gefallen wird. Lydia ist eine Sensation, was? Sag mal, hast du eigentlich schon dein Diamonitirion abgeholt?»

«Das hatte ich vor.»

«Dann sieh zu! Danach wird dich die Polizei filzen, damit du keine Gummipuppen in die Klosterzellen schmuggelst.»

«Sehr witzig.»

«Alles schon gehabt, Malaka, alles schon gehabt.»

Wenig erheitert marschierte ich hinunter in den Hafen und fragte mich bei den Devotionalienhändlern, die gerade ihre Läden öffneten, bis zum Pilgerbüro durch, das sich ebenfalls in einer Nebenstraße versteckte. Ich betrat einen länglichen gekachelten Raum, der im Wesentlichen aus einem Tresen und einer Plexiglasscheibe bestand, unter der ich demütig nickend meinen Reisepass hindurchschob. Ein Beamter nahm ihn wortlos in Empfang. Er notierte sich ein paar Daten, kassierte eine Bearbeitungsgebühr, setzte einen Stempel auf ein Papier und sah schließlich zu mir auf.

«Darf ich nach Ihrer Religion fragen?», erkundigte er sich, und ich bemerkte, dass ich nach rechts oben blickte, während ich antwortete. Wer nach rechts oben blickt, lügt. Aber was blieb mir anderes übrig? Meine Eltern haben sich kurz vor meiner Taufe zerstritten, die Zeremonie abgeblasen und ernüchtert beschlossen, ich möge mich selbst für eine Religion entscheiden, sobald mir danach ist. Als ich siebenunddreißig Jahre später nach Ouranopoli kam, war der Glaube für mich immer noch so unentdeckt wie der liebe Gott, und vielleicht wollte ich auch deshalb über den Heiligen Berg ziehen. Doch wäre «konfessionslos» eine gute Replik gewesen?

«Christlich», gab ich zurück. «Ich bin Christ.»

Der Beamte schmunzelte.

«Was für ein Christ?»

Ich muss zugeben, dass mir die Antwort «Katholik», und das meine ich durchaus despektierlich, zu radikal gewesen wäre. Also bewahrte ich mir einen Rest Rebellion, indem ich selbstbewusst «Protestant» erwiderte.

Welche Auswirkungen diese oder jene Entscheidung für meine Reise durch eines der wichtigsten Heiligtümer der Orthodoxie haben würde, wusste ich nicht. Ich ahnte nur, dass es besser war, sich zu irgendeiner Kirche zu bekennen, als gottesleugnerisch an die Klostertüren zu pochen. Und doch schämte ich mich ein wenig, während ich mein Diamonitirion studierte: Es war ein gelbstichiger und erstaunlich unspektakulärer DIN-A4-Zettel, der meine Passnummer, meine Aufenthaltsdaten, meine vermeintliche Konfession und meine Nationalität enthielt. Vier Personen hatten ihm ihre maschinell gedruckten Unterschriften verliehen, deren Namen ich leider nicht entziffern konnte. Auch die zwölf Stichpunkte auf der Rückseite, vermutlich eine Art Hausordnung, ermahnten mich in kyrillischer Schrift. Über allem wachte ein ovaler, mitternachtsblauer Stempel, aus dem die Jungfrau Maria und ihr Jesuskind hervorlugten. Beide betrachteten mich strengen Blickes. Eine Pilgerwanderung mit einer Notlüge zu beginnen ist Sünde, selbst im Kosmos eines Atheisten.

Kaum hatte ich das Visabüro verlassen, wurden mir meine Dokumente von griechischen Gendarmen abgeknöpft, die tatsächlich jeden Pilger, und es schienen nicht wenige zu sein, kontrollierten. Sie interessierten sich für die Namen meiner Mutter und meines Vaters, den Rucksack aber öffneten sie nicht. Anscheinend suchten sie nach Personen, die gegen das Gesetz verstoßen hatten und sich in den Schoß der geweihten Republik flüchten wollten. Die Mönche beschäftigen zwar ihre eigene Polizei, sie werden jedoch von den hellenischen Behörden unterstützt. Griechenland ist die Schutzmacht des Heiligen Berges und gewährt jedem Ausländer, der in eines der Klöster eintritt, die Staatsbürgerschaft.

Etwas überrascht begab ich mich in einen regen Pulk aus über hundert Männern, die sich auf dem Pier vor einer Autofähre drängten. Während die hydraulische Rampe langsam herunterfuhr, wichen sie um einen halben Meter zurück, um danach umso beherzter an Bord zu jagen. Es folgten ein Monteursauto, ein Pritschenwagen mit Zementsäcken und ein schwerer Lastzug, der Holztüren geladen hatte.

Als ich das Sonnendeck erreichte, waren die besten Plätze schon besetzt. Am begehrtesten schienen die roten und blauen Campingstühle zu sein, die man je nach Laune in den Schatten oder ins Licht ziehen konnte, direkt an die Reling, wo die warme, angenehm salzige Brise am intensivsten wehte. Manche Passagiere blieben stehen und fütterten die Möwen, die über dem Schiff kreisten. Mit einem Arm hielten sie sich fest, den anderen streckten sie weit von sich, bis es einem der Vögel gelang, das Brotstück aus der Hand zu rauben.

Ich selbst hockte mich zwischen die Reihen und plauderte mit zwei Katalanen, die in Pumphosen und Nepalhemden reisten und beruhigenderweise genauso neugierig und ahnungslos wirkten wie ich. Der eine war Kunsthistoriker, der andere vermutlich sein Lover. Während wir gemächlich am Ufer der Landzunge entlangfuhren, vertrieben wir uns die Zeit, indem wir versuchten, unsere Mitreisenden einzuordnen.

Was wir beobachteten, verwirrte uns. Wir hatten angenommen, die Geistlichen würden in selbstgewählter Armut leben, doch jene zwei, die sich hinter uns auf ihren Stühlen fläzten, bärtig, satt und wohlgenährt, zogen Smartphones unter ihren Kutten hervor. Ein dritter breitete ein Laken mit Komboskini aus, geweihten Ketten mit dreiunddreißig Knoten, die für die dreiunddreißig Lebensjahre des Heilands stehen. Sie symbolisieren das Beten ohne Unterlass. Eine Schlaufe, die wiederum aus sieben geknoteten Kreuzen besteht, ist ein Gebet. Ein Komboskini kostete einen Euro, und es gab sie in Schwarz, Dunkelblau und Pink.

Von den Pilgern hatten wir erwartet, dass sie sich wie die Geistlichen in Entsagung übten, doch kaum hatten sie aufgeraucht und die Stummel ihrer Zigarillos mit der Hand zerbröselt, missbrauchten sie ihre Hirtenstäbe, um damit Flaschen zu öffnen. Überhaupt: Eigentlich waren wir davon ausgegangen, dass wir auf dieser Fähre allein sein würden. Maximal zehn fromme Wanderer, so hieß es doch, dürften den Garten der Mutter Gottes zur gleichen Zeit erkunden. Die Meute mit den gold umrandeten Tropfenbrillen, den Großkaliberkameras und den Selfiesticks übertraf diese Zahl bei weitem. Wie wir erfuhren, gilt diese Begrenzung nur für Nichtorthodoxe. Griechen, Serben, Bulgaren, Russen und Rumänen haben es bedeutend leichter, und manche von ihnen schienen sich auf einer Kegeltour zu wähnen.

Die Stimmung wechselte, als wir an den ersten Klöstern vorbeizogen. Zwar steigerte sich das Klicken der Handys und Kameras zu einer Art Elektropop, doch der bierselige Frohsinn verwandelte sich bald in Andacht. Manche bekreuzigten sich vor den Bauwerken, die uns, flankiert von haushohen Zypressen, wie Märchenschlösser an der Küste begegneten oder wie Ritterburgen, ganz der Zeit entrückt, über den olivgrünen Hügeln wachten. Im Laufe der Jahrhunderte hatten sie Stockwerk für Stockwerk aufgetürmt, von denen einige waghalsig über die Mauerwälle ragten, nur von Holzbalken gestützt.

Als wir dem Ende der Landzunge entgegensteuerten, dorthin, wo sie sich mit aller Macht in den Himmel streckte, wurde es still. Unter der nackten Marmorpyramide, die sich vor uns erhob, soll Poseidon einen thrakischen Giganten begraben haben. Ihre Spitze hing in den Wolken und berührte die Seele. Ich will nicht behaupten, dass irgendjemand an

Bord geweint hätte, so weit ging die Rührung nicht. Doch es war, als würden sich die Pilger für einen Moment in ihr Innerstes zurückziehen und darüber nachdenken, was sie nach Athos führte. Ein Traum? Eine Krankheit? Eine enttäuschte Liebe? Ein Verlust? Ein Fehltritt? Some dance to remember, some dance to forget.

«See you later!», riefen die beiden Katalanen, während wir uns im Gewusel verloren. Die Fähre hatte im Hafen von Daphni angelegt, und mit demselben Temperament, mit dem die Traube an Bord gestürmt war, schob sie sich nun über die breite Ladeluke ans Ufer. Dabei erreichte nicht nur ein Schiff voller Männer den Fleck, es waren drei. Gleichzeitig wartete eine ungeduldige Menschenmenge an Land darauf, die Boote zu erobern und den Rückweg in die Arme ihrer Frauen anzutreten.

Kaum hatte ich den ersten Fuß auf heiligen Boden gesetzt, da löste sich der Trubel auf. Die Zimmermänner schlossen die Türen ihrer Lieferwagen, die Mönche kletterten in Transporter, die Pilger bestiegen Reisebusse, und sie alle rauschten in einer Kolonne davon, stramm über die einzige befestigte Straße nach Norden, was auch immer sich dort befand. Sogar die Katalanen waren verschwunden. Als wäre die Welt vor mir geflüchtet, blieb ich zurück mit einem Zollgebäude, einer Polizeistation, einem Imbiss, dessen Holzterrasse nun verwaist war, und einem Souvenirshop. Spiros hatte mir geraten, mich einfach treiben zu lassen. «Du bist schließlich im Garten der Mutter Gottes unterwegs!», meinte er, und dort schreibe jeder seine eigene Geschichte.

Dies ist meine.

Irgendwie beleidigt darüber, dass alles nach Norden gehetzt war, und mit einer Wanderkarte aus dem Laden gewappnet, brach ich nach Süden auf. Ich war ausgezogen, um den Herrn zu finden, und warum sollte er sich dort verstecken, wo ihn jeder suchte? Um ehrlich zu sein, folgte ich einem weltlichen Laster. Zwischen Softdrinks, Ikonenmalereien und Gebetsheften hatte ich einen Rotwein entdeckt. Ich war nicht in Versuchung geraten, ihn zu stürzen, aber sein Etikett zierte eine Zeichnung des Klosters Simonos Petras, das laut meiner Karte zehn, vielleicht fünfzehn Kilometer entfernt lag. Und wenn du die Wahl hättest, sagte ich zu mir selbst, welche der Abteien würdest du auf eine Flasche drucken lassen? Natürlich die schönste.

Wer nach wie vor meint, hier hätten irgendwelche Mönche die Zeit angehalten, dem sei gesagt, dass sie mit Pick-ups, Tanklastern und Sattelschleppern an mir vorbeidonnerten, während ich mich über die Serpentinen einer Schotterpiste in die Höhe kämpfte. Sie transportierten alles Mögliche, von Baumstämmen bis Propangasflaschen, hielten aber nicht an. Von diesen eiligen und äußerst staubigen Begegnungen abgesehen fühlte ich mich wie ausgesetzt auf dem Mars. Rechts die Ägäis, links die Bergwand und sonst nichts als die Mittagssonne, die auf mich und meine einsamen Gedanken hinunterbrannte. Kein Mensch kam mir entgegen, keiner folgte mir, und wenn, dann in einem Wagen. Lediglich ein Piratenschiff leistete mir von Zeit zu Zeit Gesellschaft. Es kreiste wie ein Hai um den verbotenen Finger und schickte Grüße aus Disneyland. Die lautstarken Ansagen an Bord konnte ich nicht verstehen, aber mir schien, als würden sie diesen Ort in sieben verschiedenen Sprachen entweihen.

Nach zwei oder drei Stunden ließ ich mich erschöpft unter einem Olivenbaum am Wegesrand nieder. Er spendete den einzigen Schatten weit und breit, denn die Hänge auf dieser Seite des Gebirges, nahe der Marmorpyramide, waren schroff und karg. Leider hatten das auch die Tiere bemerkt, die sich offenbar gerne an genau dieser Stelle erleichterten. Der Eistee, den ich in einer Aluminiumflasche bei mir trug, war zu Tee geworden, und während ich ihn trank, begann mir zu dämmern, warum keiner der Pilger wirklich pilgerte. Es war September, der mediterrane Sommer verglühte, und er tat es mit Verve. Die Hitze flimmerte über der Schotterdecke, und das Gleißen des Lichts verwandelte das Meer in flüssiges Edelmetall.

Wie weit es bis Simonos Petras war? Ich fragte meine Karte, aber die schwieg. Sie war zu grob, um etwas darüber auszusagen, ob ich Minuten oder noch Stunden laufen musste. Schon eine ganze Weile hatte ich das Kloster immer wieder hinter der nächsten Kurve oder spätestens hinter der darauffolgenden vermutet. Und immer wieder fiel mein Blick nach dem Scheitelpunkt ins enttäuschende Nichts. Natürlich war ich zu stolz, um ein Fahrzeug anzuhalten. Pilgern bedeutet Leiden, und Leiden bedeutet, sich zu kasteien. Die Orden schlossen am frühen Abend ihre Tore, das wusste ich, was aber konnte mir Schlimmeres passieren als eine laue Nacht unter griechischen Sternen?

Während ich meinen Weg fortsetzte, dachte ich über eine Legende nach, die mir die Katalanen erzählt hatten, und stellte mir vor, wie das alles hier aussähe, hätte Alexander der Große auf seinen Architekten gehört. Deinokrates präsentierte ihm ein Vorhaben, für das die Worte Narzissmus und Größenwahn kaum ausreichen. Er wollte seine Bildhauer anweisen, das Gesicht des gesamten Gebirges zu verwandeln und den makedonischen König in voller Gestalt in den Stein zu schlagen. Der Gipfel wäre sein Kopf geworden, seine linke Hand sollte eine Stadt tragen, und aus einem monströsen Wasserbassin in seiner rechten hätte sich ein künstlicher geschwungener Fluss ins Mittelmeer ergossen. Alexander lehnte dankend ab, doch an dem Ereignis, das mich hinter einer weiteren Kurve erwartete, hätte er seine Freude gehabt.

Simonos Petras ist eines dieser Bauwerke, die daran zweifeln lassen, dass sie von Menschenhand erschaffen worden sind. Es geht auf den seligen Simon zurück, der im dreizehnten Jahrhundert nach Athos zog, um sich in Askese zu üben, wie so viele, die sich von dem sittenlosen und schändlichen Leben ihrer Zeitgenossen abwendeten. In der Weihnacht soll ihm ein Licht erschienen sein, dem er bis an eine Klippe folgte. Sie fiel steil über Hunderte von Metern in die Tiefe, und ausgerechnet hier begann er, ein Kloster zu erbauen.

Bald kamen andere Geistliche zu Hilfe. Je höher die Mauern jedoch wuchsen, umso größer wurde ihre Furcht, in den Tod zu stürzen, bis sie eines Tages die Arbeit niederlegten und beschlossen, ihrer Wege zu gehen. Da entsandte Simon den treuen Bruder Isaias. Er möge flugs ein Tablett mit frischem Wasser holen, um die Mönche zu besänftigen. Isaias tat wie ihm befohlen, doch in seiner Eile glitt er aus, überschlug sich und fiel die Klippe hinab. Als die Männer nach ihm suchten, fanden sie ihn vollkommen unversehrt vor. Er stand aufrecht auf einem Felsvorsprung, das Tablett in den Händen, ohne einen Tropfen verschüttet zu haben. Ein

Wunder war geschehen (oder ein Artist ward geboren), und so fassten die Pioniere neuen Mut.

Sieben Geschosse, bedeckt von Türmen, Kreuzen und spitz zulaufenden Dächern, wuchten sich heute über dieser Klippe empor. Sie erinnern an die Mansarden eines tibetanischen Palastes. Das Kloster wirkt wie aus dem Stein gewachsen, und dennoch, je nachdem, aus welchem Winkel man es betrachtet, scheint es zu schweben, exakt an der verschwimmenden Grenze zwischen Wasser und Himmel. Aus Simonos Petras müssen die Träume kommen, die einen Menschen dazu bringen, einen heiligen Berg zu bereisen. Wenn er ihn dann betritt, weiß er manchmal gar nicht, warum. Er sucht die Nähe der Geistlichen, um zu erfahren, weshalb ihn die Mönche ein Leben lang gerufen haben und was sie eigentlich von ihm wollen.

Die ersten Personen, denen ich im Hof begegnete, waren rumänische Bauarbeiter. Presslufthämmer bohrten sich in das uralte Pflaster, und zahlreiche behaarte Hände mauerten eine Klosterwand. Die älteste von ihnen deutete eine Treppe hinauf in das Archondariki. Es war ein schlichter Empfangsraum, so bescheiden, dass ich ihn gleich wieder verließ und mich auf eine Veranda setzte, wo mich ein Küchengehilfe begrüßte. Obwohl er anscheinend keinen Besucher erwartet hatte, brachte er mir ein Glas Wasser, einen Mokka und einen Teller mit mehreren Lukumi, einer gewürfelten, gallertartigen Süßspeise, in der Nüsse und Rosenwasser schwingen. Dazu schenkte er mir einen Tsipouro ein, der etwas brannte, aber guttat. Der Alkohol wärmt, der Kaffee weckt den Geist, die Würfel heben den Zuckerspiegel, und das Gehirn tanzt Rock 'n' Roll.

So schmackhaft Lukumi sind, so klebrig sind sie leider

auch, weshalb sich das, was ich zu unserem Gespräch beitragen konnte, in den Worten «Mhmmmh» oder «Hmmmhm» erschöpfte. Der Junge war eine Saisonkraft. Während der Sommermonate kellnerte er in Thessaloniki, und im Herbst kam er nach Athos, um zu kochen und zu beten. Es dauerte nicht lang, bis er mir eröffnete, dass er hier im Kloster «die Wahrheit» gefunden habe. Diese Überzeugung brachte zwar sein Gesicht zum Leuchten, gefiel mir aber überhaupt nicht. Entweder gibt es auf diesem Planeten sieben Milliarden Wahrheiten oder aber keine einzige. Trotzdem nickte ich mit einem «Mhmmmh», und als sich meine Zunge aus den Zuckerwürfeln befreit hatte, äußerte ich den Wunsch, über Nacht in Simonos Petras bleiben zu dürfen.

«Ich muss mit dem Vater reden, und er wird mit dir reden», zögerte er und machte sich sofort daran, diesen Vater zu suchen. Während ich wartete, erschienen drei Mönche. Der erste war die Sanftheit selbst. Er trug einen weißen, beachtlich langen Bart über seiner schwarzen Kutte, und unter seinem ebenso schwarzen Hut lächelten zwei gutgesinnte Augen, in denen sich die Gelehrtheit der Jahrhunderte spiegelte. Der zweite war jünger, derber, fetter und sah wohl nur sich selbst. Der dritte musste der Archondarikas sein, ein etwas forsch auftretender Herbergsvater, der mich in akzentfreiem amerikanischem Englisch ansprach. Er stellte sich als Nikodemus vor, doch entweder stammte er aus Kalifornien, oder er hatte in seiner weltlichen Vergangenheit irgendwo an der Westküste studiert.

«First time on Mount Athos?»
Ich nickte.
«First day?»

Ich nickte erneut.

«Great, okay. Well, you know a kid from the U.S. just cancelled today, so I guess we have a room for you.»

Ich muss unverschämtes Glück gehabt haben. Jeder wolle nach Simonos Petras, behauptete Nikodemus, als ich ihm zu den Klosterzellen folgte. Deshalb sei er normalerweise sehr streng. Keine Reservierung, keine Chance, keine Gnade. Er führte mich in ein minimalistisch eingerichtetes, aber sauberes Zimmer, in dem sich fünf frisch aufgeschlagene Klappbetten versammelten. Auf einem kleinen Tisch stand ein Wecker, und ich dachte an den großen unterschätzten Philosophen Spiros. «Auf dem Heiligen Berg ticken die Uhren anders», hatte er mir verraten. Das ist zwar eine Phrase, aber sie umschreibt eine Tatsache. Die Mönche leben nach dem julianischen Kalender, der unserem um dreizehn Tage hinterherhinkt. Ihre Geisterstunde beginnt mit dem Sonnenuntergang, und der stand kurz bevor.

Vater Nikodemus hatte es offenbar eilig, denn er wies mich so hastig in das Leben der Bruderschaft ein, dass ich ihm kaum folgen konnte. Ich entnahm seinem Vortrag, dass es bald ein Abendessen gebe, was mich erfreute, und dass ich in aller Frühe aufstehen müsse, was mich weniger amüsierte. Dazwischen fielen Ausdrücke, die ich gleich wieder vergaß, weil sie mir nichts sagten.

«What's your plan for tomorrow?», fragte er mich, halb im Gehen, und als ich ihm erklärte, dass ich die Planung dem lieben Gott überlassen wolle, grinste er.

«Alright», rief der Mönch, während er über den Flur ins Freie hastete. «Wohin du auch immer gehst, geh nicht in die Skiten, das ist nichts für Anfänger.»

«Was, bitte, sind Skiten?», flüsterte ich, nicht sicher, ob die Hausordnung Mobiltelefone erlaubte.

«Mönchsdörfer!», rief Spiros. «Aber sag mal, du hast es nach Simonos Petras geschafft? Ich glaub's nicht, Malaka, das ist die Königin aller Klöster!»

«Die sagen, ich hätte reservieren sollen.»

«Platzt der Laden denn aus allen Nähten?»

Ich sah mich um. Tick, tack. Die Fünfbettkammer war menschenleer und sollte es auch bleiben. Auf dem Flur hörte ich keine Stimmen.

«So viel zum Thema Reservierungen, Malaka. Weißt du, ich kann das auch alles für dich organisieren und denen sagen: Geben Sie dem Mann Ihr bestes Zimmer, zeigen Sie ihm den Tomatengarten, fertig. Willst du das?»

Ich schwieg.

«Hast du eigentlich den Chinokken gesehen?»

«Einen Chinesen?»

«Einen der Mönche. Der spricht Schwyzerdütsch. Du wirst da auf alle möglichen Hautfarben treffen, Gelb, Braun, Grün, was weiß ich, die kommen aus aller Welt. Für die Elektrik ist übrigens ein Deutscher zuständig, aber der redet nicht gern.»

«Im Gegensatz zu …»

«Hallo?! Ich bin Grieche! Also, pass auf: Ich hab damals gleich im allerersten Kloster meinen geistigen Vater gefunden. Da komm ich aus dem Gottesdienst, glotz in eine verspiegelte Sonnenbrille, und der Typ meint zu mir: Du bist meinetwegen hier!»

«Hmmmm.»

«Ernsthaft! Der wusste, dass ich komme. Weißt du, was der in seinem früheren Leben war?»

«Wahrsager auf dem Rummel?»

«Drogenhändler in Athen! Der musste erst mal drei Wochen vor den Toren ausharren, weil ihm die Brüder sagten: Du bist ein Sohn des Teufels, du kannst niemals ein Geistlicher werden. Und was macht er heute? Er leitet die Klosterapotheke.»

Ob es die Hand meines geistigen Vaters war, die mich später an der Schulter berührte, kann ich nicht sagen. Wie der Mann hieß, weiß ich auch nicht mehr, denn er bat mich darum, seinen Namen zu vergessen.

Unter meinem Schlaflager hatte ich ein Paar Gummisandalen gefunden und war damit in die Katakomben des Klosters gelaufen. Eine Rampe, mit Kopfsteinen gepflastert, führte durch das enge, gewölbte Gemäuer bis nach oben, und so erreichte ich schließlich den höchsten Erker, der einmal um die Seeseite des Gebäudes herumführte. Der Ausblick aus zweihundertdreißig Metern über die Balustrade war ein Schock. Wie hypnotisiert stand ich vor einem Abendblau, das nahtlos vom Ozean bis zum Firmament reichte. So wie damals, auf der wundersamen Insel am Rand der Welt, so wie damals unter dem Meer.

«Im Winter», sagte eine Stimme, «wenn die Wolken niedrig hängen und das Wasser verdecken, haben wir das Gefühl, im Olymp zu leben.»

Mit seinem Namen vergaß ich seltsamerweise auch sein Äußeres. Seine Aura jedoch blieb mir im Gedächtnis. Es war eine Episode, die genauso in London, Paris oder auf den Ramblas in Barcelona hätte stattfinden können. Ich traf keinen Mönch und auch keinen Meister, ich traf einen Komplizen.

Wir waren etwa im selben Alter, und außer einer Kutte und einem Gelübde schien uns wenig zu trennen. «Das muss alles sehr verwirrend sein für dich», sagte er, und eine Antwort darauf erwartete er nicht. «Aber mach dir keine Sorgen. Im Gegensatz zu den Betonköpfen in den anderen Klöstern sind wir mehr als aufgeschlossen.»

Er schob mich in die steinerne Vorkammer einer kleinen Kirche, in der die Männer sangen, und als ich behutsam eintrat und Weihrauch atmete, geschah das, wovon jeder Pilger erzählt. Von einem Moment auf den anderen sprang ich siebenhundert Jahre in der Zeit zurück. In der einzigen Sitzreihe, dicht an die Mauerwände gepresst, beteten Schatten. Einer von ihnen, hager und ausgezehrt, stand aufrecht vor seinem Stuhl, und sein Kopf reichte beinahe bis zur Decke. Ein anderer, er schien älter als jeder Mensch, hing zusammengesunken zwischen den Lehnen. Ihre Gesichter waren fahl, ihr Geist in Trance, weggetreten und verreist, ihre Augen blind. Sie nahmen weder die güldenen Figuren auf den saphirblauen Wänden wahr noch das Allerheiligste, das aus dem Zimmer gegenüber leuchtete. Die Kerzen, die Lüster, das Silber blieb ihnen verborgen. So wie auch mir. Nur Orthodoxen ist es vergönnt, den Altarraum, das ultimative Zentrum der Kirche, zu betreten. Dort saßen die Handwerker, und obwohl sie Sporthosen und Turnschuhe trugen, sagte ihre Mimik dasselbe wie die des Hünen und des zusammengesunkenen Zwergs: Ich bin nicht hier, und dort, wo ich bin, ist womöglich Gott. Sie bekreuzigten sich, sie küssten eine Ikone, ein Priester legte ihnen einen Zuckerwürfel in die Hand, und langsam kamen sie wieder zu sich.

«Eat as much as you can!», scherzte mein Begleiter, als wir gemeinsam mit den anderen Kirchgängern in einen Saal voller langer, bereits gedeckter Tafeln strömten. Nun begaben sich die Mönche auf die eine Seite der Halle und blieben aufrecht vor ihren Tischen stehen, die knochigen Hände vor dem Bauch gefaltet, und ein weiterer Geistlicher wies mich auf die andere Seite zu den Arbeitern.

Es folgte ein eiliges Gebet, dann ließen sich alle umso eiliger nieder, und außer Essgeräuschen und dem Scheppern des Blechgeschirrs war nichts mehr zu vernehmen. Ich musste schnell erfahren, dass das Klosterreglement jede Form der Konversation verbot, nicht einmal eine Grimasse oder ein angedeutetes Lächeln schien erlaubt zu sein. Stattdessen zeigte sich wieder einmal, wie wir Männer uns benehmen, solange keine Frau anwesend ist. Gesalbte und Betonmischer stopften sich Oliven in die hohlen Backen, sie schlürften die lauwarme Tomatensuppe, in der Reiskörner schwammen, und rissen ungeduldig schmatzend die Haut von den Feigen. Nur das Wasser blieb unberührt, so wie auch das Brot, denn es war aus Stein.

Wer weiß, wie lange sie nichts mehr zu sich genommen hatten, und dennoch widerte mich das alles an. In stillem Protest schnitt ich sorgsam eine Tomate und eine Gurke in Scheiben und beträufelte sie mit Öl, ich öffnete eine Frucht, schenkte mir etwas zu trinken ein, und als ich in Ruhe beginnen wollte, meine bescheidene Pilgersmahlzeit zu verzehren, schoss ein Kommando wie ein Blitz durch den Raum. Die Gemeinde erhob sich mit einem Ruck, und das Abendessen war beendet.

Wir wechselten in einen weiteren Saal. Er sei der Weihnacht gewidmet, flüsterte mein Komplize, und so blitzte und glänzte es wie an Heiligabend. Eine gütige Seele öffnete eine versilberte Truhe, formte beide Arme zu einem feierlichen Willkommen, ließ uns näher herantreten und erklärte in griechischer Sprache, was er da Schönes für uns vorbereitet hatte. Vielleicht war es der Hunger, der sich meldete, aber ich konnte mir nicht helfen. Der Altarbesteller wirkte wie ein stolzer Metzgermeister, der uns die heutige Auslage präsentierte. Seine Ware war wenig appetitlich und alles andere als frisch. Soweit ich sie identifizieren konnte, handelte es sich um Kinderbeine, Köpfe und noch etwas anderes.

«Wenn Heilige sterben», sagte mein Begleiter, «dann bleibt ihr Körper flexibel, und ihr Fleisch erkaltet nicht.» Sie seien wie ein Stück Eisen, das man aus dem Feuer hole. Die göttliche Energie glühe in ihnen, tausendmal stärker als die Sonne. «Es klingt verrückt, aber es ist so. Keiner der Mönche von Athos verfällt nach seinem Tod in Leichenstarre. Du kannst dich gern davon überzeugen.»

Er nannte mir die Namen der Verstorbenen, deren Reliquien wir betrachteten. Einer davon ließ mich aufhorchen, und so reihte ich mich ein und küsste die linke Hand Maria Magdalenas. Ihre Haut fühlte sich weich an. Und sie war noch warm.

Eines Abends, so erzählt man sich, sollen die Brüder ihre Truhe geöffnet haben, und als sie die heilige Hand herausholten, lockte in allen Gemächern des Klosters augenblicklich ein intensiver Duft. Es sei wie ein angenehm leichtes Parfum gewesen, das sich bis in den letzten Winkel von Simonos Petras ausbreitete und mehrere Stunden verweilte. Dann verflüchtigte es sich wie ein Spuk.

«Das war an einem 22. Juli», bestätigte der gute Geist, während wir bei Kaffee und Gebäck auf einer Terrasse saßen. Der Mönch trank nur Tee und schien etwas Mühe zu haben, die zierliche Tasse an seinen Mund zu führen, ohne ein Haar darin zu fangen. Doch was sollte er machen? Die Länge des Barts stehe für den Grad der Weisheit, sagte er. Weil seiner noch nicht einmal bis zur Brust reichte, habe man ihn in Rom für einen Muselmann und in London für einen Juden gehalten, bis er die Mütze abnahm und sich ein auffälliges Kreuz vor den Bauch hängte.

«Schriftsteller!», freute er sich, als ich ein wenig von mir preisgab. «Das ist ein Geschenk. Da hast du deinen Gott!»

Woher er kam und was ihn auf diesen Berg geführt hatte, verriet er nicht. «Beruf, Familie und Freunde musste ich hinter mir lassen. Ich habe mein früheres Leben verbrannt.» Genau das mache ihn frei, obwohl er nun strengen Regeln folge. Man schrieb ihm vor, keusch zu sein. Man schrieb ihm vor, welche Kleidung er zu tragen habe. Man schrieb ihm sogar vor, was er verzehren dürfe und was nicht. Er schlief auf dem Fußboden, und wenn er nicht gerade betete, dann arbeitete er. Jeder Bruder in Simonos Petras ging geistlichen und weltlichen Aufgaben nach. Man traf sie als Glöckner, Vorleser, Zeremoniar und als Gärtner, Altenpfleger oder Stallmeister.

Seine ersten Tage habe er in einem anderen Kloster verbracht, das voller Stille gewesen sei. Es war, als befände er sich in einem riesigen, bedrückend leeren, deprimierenden Raum, aus dem er nur schreiend flüchten wollte. Damals war er kurz davor hinzuschmeißen, doch Simonos Petras änderte alles.

«This house is full of joy», erzählte er. «Weißt du, Gott ist kein Langweiler, auch wenn manche Messen grauenvoll sind, das gebe ich zu. Kennst du die Geschichte von Elias, der unbedingt mit seinem Schöpfer sprechen will? Ein Engel sagt ihm: Stell dich da oben auf den Berg, und er wird dir erscheinen. Und was passiert? Ein Sturm zieht auf, so heftig, dass er den Felsen entzweireißt. Elias flüchtet in eine Höhle und denkt sich: Das kann nicht Gott sein. Dann erlebt er ein Erdbeben, und Elias sagt: Okay, das wird Gott ausgelöst haben, aber ich höre seine Stimme immer noch nicht. Auch Feuer kann ihn nicht überzeugen. Schließlich folgt ein ganz feiner, lieblicher Windhauch, der ihn umweht, so wie ein Flüstern. Und Elias ist zufrieden. Gott hat Humor.»

«Wie kann ich denn mit ihm sprechen?»

«Das weiß ich nicht. Ich weiß nur, dass es falsch ist, nach der passenden Religion zu suchen. Wenn du das machst, dann wird dein Geist beginnen, Vor- und Nachteile abzuwägen. Will ich eine Hölle? Will ich ein Paradies? Will ich Jungfrauen? Das ist alles Unsinn. Versuch, deinen besten Kumpel zu finden. Meiner heißt Jesus.» Er zwinkerte und deutete dezent auf meine Sandalen. «Aber vielleicht solltest du dir vorher etwas anderes anziehen. Die da sind nur für die Toilette gedacht.»

Der Mann gab mir noch einen weiteren guten Rat, der mir einfiel, als ich jäh aus meinen Träumen gerissen wurde. Mit aller Rücksichtslosigkeit schlug jemand zwei Hölzer gegeneinander, und hundert Füße eilten über den Hof. «Wer in seiner Kammer bleibt», hatte er gesagt, «findet Ruhe. Wer in die Kirche geht, findet Gott.» Ihm zuliebe quälte ich mich in den Tag, der nach meiner Uhrzeit noch schlief. Für die Geistlichen musste es schon acht oder neun sein. Ihre Silhouetten huschten wie Gespenster an mir vorbei in die Kapelle, in der es nun kalt und zugig war. Während der kurzen Nacht hatte der Sommer erheblich nachgelassen, und nun wehte ein heftiger Wind über die Balkone, vor denen sich der Sternenhimmel ausbreitete. Drinnen flackerten wenige, zaghafte Flammen.

Ich trat etwas selbstbewusster ein als am Abend zuvor, denn in der Zwischenzeit hatte ich erfahren, wie man sich unter Orthodoxen bekreuzigt. Daumen, Mittel- und Zeigefinger finden an ihren Spitzen zusammen und symbolisieren die Dreifaltigkeit. Die zwei anderen Finger, die zum Körper zeigen und die Handfläche berühren, stehen für die menschliche und die göttliche Natur Jesu Christi, sein erstes Erscheinen und sein mit Spannung erwartetes Comeback. Der Handrücken, der sich dabei krümmt, ist der Unterleib der Jungfrau Maria. Während ich dieses Gebilde immer wieder von der Stirn über die Brust und von der rechten Schulter bis zum Herzen zog, fragte ich mich, was eigentlich wäre, sollten wir alle einer Lüge aufgesessen sein. Einer Notlüge. Maria konnte ihren Babybauch nicht mehr verbergen, Josef stellte sie zur Rede, und in ihrer Verzweiflung sagte sie, wohl relativ überzeugend: Das war der Heilige Geist. Nehmen wir an, es wäre so, dann wäre Josef naiv und dieser Berg verflucht. Seine Klöster und seine Skiten wären auf einem Schwindel erbaut worden. Doch den Mönchen schienen solche Zweifel fern. Vielleicht besaßen sie Beweise, zu denen ich noch keinen Zugang hatte.

Erst jetzt bemerkte ich, wie unbequem die engen Stuhlkonstruktionen waren, die an den Kirchenwänden hingen. Man drückte sich rückwärts zwischen zwei schulterhohe

Lehnen, ließ sich nieder, und wenn das Gebet es vorsah, klappte man die harte Sitzfläche nach oben, um wieder aufzustehen. Danach ließ man sie möglichst leise wieder herunter und ruhte sich etwas darauf aus. Doch schon nach kurzer Zeit begann diese Position zu schmerzen, und wer einen Krampf vermeiden wollte, richtete sich bald wieder auf. Um ehrlich zu sein, taugten die Stühle weder zum Sitzen noch zum Stehen, und genau das war ihr Sinn. So hielten sie die Gläubigen über drei Stunden wach.

Aufstehen. Bekreuzigen. Hinsetzen. Aufstehen. Bekreuzigen. Wieder hinsetzen. Während die eine Hälfte des Planeten schlief und die andere tanzte, drehte sich das archaische Kyrieeleison der Brüder in endlosen Spiralen um sich selbst. Es kreiste beschwörend und unheimlich durch den Saal, schwärmte durch die Kirchenfenster hinaus und fuhr in Millionen von Schäfchen, die es zu retten galt, auch wenn sie gar nicht wussten, dass sie in Gefahr waren.

Verstirbt ein Bruder, werden seine Überreste ohne Sarg bestattet. Nur in die Mönchskutte gehüllt, lässt man seinen Leichnam in die Erde, um ihn drei Jahre später wieder herauszuheben. Nicht allein der Geist gilt als heilig, sondern auch der Körper. Deshalb wäscht man den Schädel des Toten mit Wein und bewahrt ihn zusammen mit anderen in der Gruft auf. Leuchtet er nach dieser Prozedur weiß, so hat die Seele den Weg ins Himmelreich gefunden. Und wenn nicht? Als ich am frühen Nachmittag in einem Reisebus voller Ordensbrüder Platz nahm und in den Reihen vor mir nur mehr Totenschädel sah, malte ich mir aus, wie man sie eines Tages mit Messern und Drahtbürsten von ihrem Fleisch befreien, reinigen und stapeln würde, und ich fragte mich, was eigentlich der liebe Gott davon hielt. Die Häupter der Geistlichen schlugen synchron hin und her, während wir uns die Serpentinen hinaufschleppten. Es war eine betonierte Straße, doch das Geröll auf der Fahrbahn machte den arg abgenutzten Reifen zu schaffen. Zurück im Hafen von Daphni hatte ich mir ein Ticket für diese Pilgerfahrt besorgt, weil ich herausfinden wollte, was all die anderen nach Norden führte. Zwar wäre ich gerne länger in Simonos Petras geblieben, doch für Fremde gilt die Regel: Eine Nacht, ein Kloster.

Es gibt gute und böse Mönche. Die einen wandeln auf dem Pfad der Erleuchtung und begegnen dem Tag freundlich und zugewandt. Die anderen umgibt eine negative Kraft, denn ihre Gebete haben sie auf die dunkle Seite geführt. Dieser Gefahr erliegen am häufigsten Eremiten. Einige von ihnen sollen in den Höhlen der Felsklippen hausen, die nur über einen selbstmörderischen Kletterweg erreichbar sind. Es heißt, sie würden sich allein von Regenwasser ernähren und nur selten ihre Angelschnur ins Meer hinunterlassen. Weil ihnen jeder Zugang zu menschlichem Dialog verschlossen ist, beginnen sie, mit den Stimmen zu reden, die sich zu ihrer einsamen Litanei gesellen. Und manchmal ist es schwer zu erkennen, ob man mit Engeln oder Dämonen spricht.

Der Fleck, den der Bus ansteuerte, schien von bösen Kräften bewohnt zu sein. Wir hielten in der Hauptstadt des Heiligen Berges, die ich mit Wohlwollen als Siedlung bezeichnen würde. Karyes besteht aus einer Bank, einer Post, einer Apotheke, einer Erste-Hilfe-Station und einer Handvoll kleiner Geschäfte und noch kleinerer Bistros. Es beheimatet auch die Hauptkirche des Gottesstaats, in der seine erste Verfassung aufbewahrt wird – niedergeschrieben auf der Haut eines Ziegenbocks. Noch immer werden die Gesetze des Athos von einem Rat beschlossen, der sich aus den Äbten der zwanzig Großklöster zusammensetzt. Zwanzig weitere Geistliche bilden ein Parlament, davon werden wiederum vier in die Regierung gewählt. Und wer darf den Chef spielen? Derjenige von ihnen, der dem mächtigsten Stift angehört. Die Bruderschaften folgen einer glasklaren Hierarchie. Nummer eins ist Megisti Lavra, das älteste Haus. Simonos Petras rangiert leider nur auf der unglückbringenden dreizehnten Position.

Gemessen an den asketischen Verhältnissen auf diesem Berg, herrschte gerade Spring Break. Ein Tätowierter summte «China Girl», in der einen Hand ein Baguette mit Fetakäse, in der anderen eine Flasche Raki. Die Gläubigen hockten fressend, rauchend und saufend am Rand der Pflastersteine, warteten auf Taxis und Minibusse, und irgendwo, tief unter ihnen, rieb sich Satan die Klauen. Die Einwohner von Karyes wirkten genervt. Ich trat in das weit offen stehende Büro eines Schnauzbartträgers, der Bustickets verkaufte, um ihn zu fragen, wie man nach Vatopedi gelangt. Er antwortete: «Pfff.»

Vatopedi ist die Nummer zwei der Klöster, und der gute Geist hatte mir geraten, es dort zu versuchen, weil es einen äußerst bedeutenden Orden beherberge und zahlreiche Gäste aufnehme. Er gab mir auch eine Telefonnummer, unter der ich mich nach freien Betten erkundigen sollte, doch jedes Mal, wenn ich sie wählte, strandete ich in einer Warteschleife aus byzantinischen Chorälen.

«Warum gehen die nicht dran?»

«Mhmpf. They never answer the phone», antwortete der Schnauzbart.

«Und wie soll man dort reservieren?»

«No chance.»

«Gibt es denn einen Bus?»

«Pfff.»

«... oder kann ich laufen?»

«Nobody will open.»

Mit diesen drei letzten Worten fielen die ersten Tropfen vom Himmel, der sich in den vergangenen Stunden bedenklich verfinstert hatte. Alles kam zusammen: Karyes, der Regen, der mürrische Monsieur Moustache, meine Wanderkarte, die wieder nur eine vage Richtung vorgab, und morsche, halb verwaschene Wegweiser in kyrillischen Zeichen, die eher Verwirrung stifteten als weiterhalfen. Trotzdem machte ich mich zu Fuß auf den Weg. Mit Verlaub: Marias Hauptstadt konnte mich mal, und Jesus hätte dasselbe getan.

Same same but different. Es war ein ähnliches Spiel wie tags zuvor. Statt durch die flimmernde Einöde wanderte ich nun durch einen feuchten Wald aus Kastanien und Kiefern, statt Tieflastern schossen Limousinen an mir vorbei, und statt mit den Hinterlassenschaften von Eseln machte ich tatsächlich Bekanntschaft mit Menschen. Der eine war ein schlohweißer Grieche, der andere sein Sohn, und gemeinsam redeten sie mir ins Gewissen, als ich ihnen verriet, wohin es mich zog.

«Bist du irre?», fragte der Alte. «Weißt du, wie weit das ist? Siehst du nicht, dass ein Gewitter aufzieht? Das geht schnell hier oben, sei vernünftig! Du solltest mit uns kommen, wir sind gleich da vorn um die Ecke untergebracht.»

Er deutete auf eine Abzweigung, die über einen Pfad zu einer Hütte führte, und obwohl ich die beiden mochte, sagte mir irgendetwas, dass ich weiterlaufen sollte.

Kaum hatten wir uns getrennt, da lief mir der Jüngere nach. «Halt!», rief er. «Wenn du es wirklich nach Vatopedi schaffst, dann ist es Schicksal und du musst uns einen Gefallen tun.» Er schilderte mir das Dilemma einer jungen Frau. Gregoria, so ihr Name, wünsche sich nichts sehnlicher als ein Kind und sei auch schon öfters guter Hoffnung gewesen. Doch jedes Mal aufs Neue, nach zwei, drei, spätestens vier Monaten, erleide sie eine Fehlgeburt. Die Ärzte hätten bereits abgewinkt. Ihr Körper sei einfach zu fragil für eine Schwangerschaft, sagten sie, er stoße den Säugling ab, um sich selbst zu schützen. Und nun? Nun möge ich die Mönche bitten, für Gregoria zu beten. «Das ist vielleicht ihre letzte Chance», insistierte er, ohne mir zu verraten, ob es sich um eine Bekannte, eine Schwester oder möglicherweise seine große Liebe handelte. «In diesem Kloster bewahren sie den Gürtel der Jungfrau Maria auf, das höchste Symbol der Fruchtbarkeit.»

Als ich diese Geschichte hörte, hätte ich noch Tag und Nacht weiterpilgern können. Von nun an war ich tatsächlich im Namen des Herrn unterwegs und verschwendete keinen Blick mehr auf Karten oder Schilder. Um es kurz zu machen: Ja, ich schaffte es nach Vatopedi. Nach ein paar Stunden erreichte ich einen Schlagbaum und traf auf einen Polizisten, der seltsamerweise wissen wollte, ob ich Anhänger irgendeines Fußballclubs sei. Im nächsten Atemzug verschwand er in sein Häuschen und griff zum Hörer. Dann kroch er wieder heraus, ließ die Schranke herunter und stoppte einen Wagen, in dem ein rothaariger Mönch saß, der sich krakeelend darüber beschwerte. Wahrscheinlich ahnte er nicht, wie geschult ich mittlerweile in der Kunst des russischen Fluchens war.

«Endaxi!», rief der Gesetzeshüter. «Ich habe mit dem Abt telefoniert. Er sagt: Wer Fan von Eintracht Frankfurt ist, der hat bereits genug gelitten. Bon voyage.»

Vatopedi, das von Wehrtürmen und bordeauxfarbenen Schutzmauern umschlossen ist, erinnert eher an ein Bollwerk als an einen Ort der Besinnung. Es befindet sich am flachen Ufer einer Bucht, weshalb es in der Vergangenheit immer wieder von Seeräubern geplündert wurde. Mittlerweile aber hat sich das Blatt gewendet. Die Bruderschaft zählt zu den wohlhabendsten auf dem Heiligen Berg, nachdem es ihr gelungen ist, den Staat auszunehmen. Sie hat der griechischen Regierung einen See im Norden Griechenlands verkauft, der dem Kloster angeblich von byzantinischen Kaisern überlassen wurde – lange, lange vor unserer Zeit. Zwar stützt sich dieser Anspruch auf eine fragwürdige Argumentation, doch der Staat zweifelte ihn nicht an. Es kam zu einem Deal, der Folgen haben sollte: Im Tausch gegen den See erhielt Vatopedi weit mehr als zweihundert Anwesen in ganz Hellas. Bürohäuser in Athen, Gebäude im Olympiadorf und sogar Filetstücke in lasterhaften Tourismuszentren. Der Orden veräußerte den Neubesitz wiederum mit Gewinn, und so entstand dem Steuerzahler ein biblischer Schaden von einhundert Millionen Euro.

«Sie haben uns Luft verkauft!», fluchte die Opposition und brachte damit zwei Minister zu Fall. Sogar der damalige Landesvater geriet ins Wanken. Im Zuge des Skandals wanderte der Abt von Vatopedi für mehrere Monate in ein Hochsicherheitsgefängnis, doch er gelangte gegen Kaution wieder in die Mitte seiner gottesfürchtigen Gemeinschaft. Wie hoch die Summe auch immer war, für Vatopedi sollten es Peanuts gewesen sein.

Das alles mag erklären, warum das Monument in so erstaunlich frischem Kolorit leuchtete, als wir uns ihm näherten. Hier, am Fuße des Berges, regierte wieder die Sonne, und ihr Licht fiel in Fächern auf die Zinnen und die Olivenhaine, an die das Kloster grenzte. Der russisch fluchende Bärtige, in dessen Wagen ich Platz genommen hatte, war ein Raser, und dazu noch ein schlechter. Weil wir uns nicht leiden konnten und ich ihn aufgehalten hatte, wollte er mir wohl Angst machen. Er versuchte, wie ein Rallyepilot über das Laub in den Kurven zu rutschen, und kam mit einem halbherzigen Powerslide vor dem Hauptportal zum Stehen. Dabei schimpfte und telefonierte er, und als ich ausstieg, schüttelte er demonstrativ meine Fußmatte aus.

Dennoch empfing man mich mit allen Pilgerehren in einer opulenten, holzvertäfelten Halle, die ein wenig an britische Altherrenclubs erinnerte. Die Zuckerwürfel schimmerten rot, gelb und grün, und der Tsipouro rann mit Stil den Gaumen hinab. Er kratzte, aber er biss nicht. Ich folgte einem liebenswürdigen Brillenträger durch weitläufige, sauber getünchte Korridore, die von Arkaden gesäumt waren. Der Geistliche wies mich stolz auf den Weihbrunnen im weiten Innenhof hin, zeigte mir die renovierten Bäder und fragte höflich, ob es mir etwas ausmachen würde, mein Nachtlager mit zwei Franzosen zu teilen. Anscheinend war das Kloster ausgebucht, und ich hatte den allerletzten Platz ergattert.

Er schlich sich in die Kammer der beiden, und nach einer Sekunde trat er kichernd wieder heraus. «Sie träumen», flüsterte er und sperrte mir stattdessen das völlig verwaiste Zimmer nebenan auf. Wieder einmal wohnte ich exklusiv mit einem Paar Pantoffeln. Das alles verstehe, wer will.

Es gibt verschiedene Legenden über den Ursprung dieses Klosters, und mir gefällt die unglaubwürdigste am besten. Demnach wurde Vatopedi bereits Ende des vierten Jahrhunderts von dem oströmischen Kaiser Theodosius dem Großen gegründet. Er tat es aus Dankbarkeit, weil er glaubte, dass die Heilige Jungfrau seinen Sohn gerettet hatte. Arkadios, noch ein Knirps, erlitt Schiffbruch und wurde auf wundersame Weise an die Gestade des Gartens der Mutter Gottes gespült, wo man ihn kerngesund im Schutze eines Brombeerstrauchs fand. Aus den Worten «vatos», Brombeerstrauch, und «paidion», Kind, wurde schließlich Vatopedi. Oder auch nicht. Seriösere Quellen führen den Orden auf das zehnte Jahrhundert zurück, können sich aber auch nicht erklären, wie alles angefangen hat.

An diesem Abend ließ ich das kirchliche Bordentertainment sausen, raffte mich aber rechtzeitig zum Captain's Dinner auf. «Messieurs, dieses Essen könnte sehr schnell vorbei sein», warnte ich die beiden Herren im Sakko vor, zu denen man mich gesetzt hatte. Wie sich zeigte, waren es meine Zimmernachbarn, zwei Staatsbeamte, der eine aus Lothringen, der andere aus Nizza und beide äußerst interessiert an klösterlicher Architektur. Sie wagten es kaum, den tausend Jahre alten Marmortisch, an dem wir speisten, zu berühren – darauf Oliven zu halbieren hielten sie für Frevel.

Wir saßen mit zwei-, dreihundert anderen in einem

Prachtsaal, dem reichbemalten Refektorium, und während ein Mönch eine Geschichte aus der Bibel verlas, erzählten mir die Beamten geduldig aus ihrem Leben. Gott ist ein Arzt, der manchmal eine bittere Medizin verabreichen muss, sagte ich mir selbst und bediente mich ausgiebig am Fetakäse, am Lamm und am Blut Christi, dem roten Messwein, bis uns die Stunde schlug. «Das hier ist nichts für Franzosen!», empörten sich die beiden.

Die Menge erhob sich und stand Spalier für die orthodoxen Würdenträger, die im Adagio in den Hof hinauszogen, bevor ihnen Tisch für Tisch folgte. Noch immer war es mir nicht gelungen, meine Botschaft zu platzieren, doch nun schien die Zeit reif zu sein. Man teilte uns nach Sprachkenntnissen auf, und ich landete in der Obhut eines hochgewachsenen Halbgriechen, dessen andere Hälfte aus den Staaten kam. Als ich ihm von Gregoria berichtete, notierte sich der Geistliche ihren Namen. «Das ist eine sehr wichtige Angelegenheit», bedankte er sich und reichte mir im Gegenzug einen Zettel mit einer Literaturempfehlung: «Born to Hate, Reborn to Love», geschrieben von einem geläuterten Ex-Alkoholiker, Ex-Knacki und Ex-Junkie.

Weil niemand auf dem Heiligen Berg geboren wird, müssen sich die Mönche auf andere Weise vermehren, sonst sterben sie aus. Vor hundert Jahren sollen es noch sechstausend gewesen sein, mittlerweile ist diese Zahl auf ein Drittel geschrumpft, und der weiblichen Intuition und Fürsorge Einlass zu gewähren scheint keine Alternative zu sein. Nicht in einer Million Jahren. So sind die Klöster gezwungen, für sich zu werben, und kaum ein anderer Orden hat diese Notwendigkeit so verinnerlicht wie Vatopedi.

«Evangelisch oder katholisch?», fragte der Mönch, und weil die Antwort «konfessionslos» in seinem Universum nicht existierte, log ich erneut und gab «Protestant» zurück, so wie es auch mein Diamonitirion behauptete.

«Aha», erwiderte er, nicht abschätzig, aber sinnierend. «Ich fürchte, dann wirst du einiges nicht verstehen.»

Wir hatten uns zu einer kleinen Reisegruppe zusammengefunden. Außer mir begrüßte der Kleriker noch einen Dänen und einen Belgier, dann leitete er wortgewandt eine Tour ein, die irgendwo zwischen Rundgang, Mission und Verkaufsveranstaltung anzusiedeln war. Sie begann mit einem klassischen Testimonial: «Hättet ihr mich in meinem früheren Leben gesehen», sagte er, «dann hättet ihr niemals gedacht, dass ich einmal Mönch werden würde.»

Details wollte er nicht verraten, aber sicher hätte ich sie in dem Buch finden können, das er mir empfohlen hatte. Stattdessen machte er Tempo: «Guys, let's move», rief er und führte uns eloquent wie ein Makler durch die Kirche. Er klang so überzeugend, dass ich mit Freude einen Mietvertrag unterschrieben hätte. Ich mochte den antiken Boden, der trotz erheblicher Beanspruchung noch immer wie neu wirkte, auch wenn Rosé nicht unbedingt meine Farbe ist. Die schimmelfreien Wände schmückte eines der ältesten noch erhaltenen Mosaike, und das repräsentative Gewölbe hing voller golden und silbern glänzender Kerzen, Lampen und Kronleuchter, deren Licht auf die Auslage des Tages fiel.

Natürlich küsste ich den Gürtel der heiligen Mutter Gottes und dachte dabei an Gregoria und die fünf Kinder, die sie hoffentlich einmal kerngesund zur Welt bringen wird. Maria soll das Kleidungsstück tatsächlich getragen haben, und wenn ich mich recht erinnere, übergab sie es dem Apostel Thomas, bevor sie zu den Engeln reiste. Meine Lippen berührten auch ein Ohr aus dem vierten Jahrhundert und einen Splitter des Holzes, auf dem Jesus Christus gekreuzigt wurde.

«Ist das wirklich echt?», fragte der Däne.

«Es schwimmt nicht», antwortete unser Guide. «Das Holz versinkt im Wasser. Es ist voller Kraft.»

Als würde er nach weiteren Beweisen suchen, nestelte er in den Taschen seiner Kutte und zog ein Foto hervor. Es zeigte den weisen Joseph von Vatopedi, der wenige Jahre zuvor verstorben war und der Welt siebzehn wegweisende Schriften hinterlassen hatte. Seine größte Gabe aber sei die Bescheidenheit gewesen – er habe stets gewusst, wie er seine Heiligkeit verbergen konnte. Auf der linken Seite der Abbildung sah man ihn unmittelbar nach seinem Tod. Er hauchte friedlich den Geist aus, und so erschlafften seine Züge. Auf der rechten aber, anderthalb Stunden später, grinste sein Leichnam wie ein Kind.

«Wunder geschehen noch immer», belehrte uns der Ordensbruder, «das habt ihr nur vergessen. Deshalb sind eure Kirchen leer, und euer Glaube ist tot. Der Heilige Berg sorgt für den spirituellen Zusammenhalt dieses Kontinents, und Europa sollte sich daran erinnern, sonst ist es verloren.»

«Sind wir denn eigentlich noch in Griechenland?», fragte der Belgier, und er hatte diesen Satz kaum beendet, da fuhr der Geistliche energisch dazwischen: «Athos ist größer als Griechenland! Er ist das Land aller, die glauben.»

«Mal angenommen», sagte ich, «Sie sterben und stellen fest, dass Sie Ihr Leben vergeudet haben, weil es Gott gar nicht ...»

«Unmöglich», lachte er, «der Himmel ist bereits hier!» Dabei blickte der Mann weder nach rechts oben noch nach links unten.

«Leck mich, Vatopedi!», rief Spiros. «Ist nicht wahr, oder? Da gibt's sogar einen Lift. Als der neu war, hat immer eine Roboter-Uschi die Stockwerke ausgerufen, und ich sag: 'ne Frauenstimme? Auf dem Heiligen Berg? Das kann doch nicht euer Ernst sein! Ja, wissen wir, meinten die Brüder, aber wir sind keine Elektriker. Rat mal, was ich dann gemacht hab? Einfach irgendeine Klappe aufgerissen und ein paar Kabel durchgesäbelt. Dann war das Ding stumm.»

«Hast du auch mal ein Wunder erlebt?»

«Malaka, ich kenne Geistliche, die wissen alles über dein Leben. Wer du bist, was du tust und was dir passiert ist, als du zwei, vier, sechs Jahre alt warst.»

Auch mir war eins begegnet, zumindest hatte es sich so angefühlt. Wieder war ich mitten in der Nacht geweckt worden, und weil ich mich diesmal etwas rascher auf Touren brachte, durfte ich beobachten, wie Mönche küssen. Manche stupsen nur, sachte und innig, den Mund gespitzt, manche scheinen eher zu näseln. Andere sind leidenschaftlicher. Sie greifen zärtlich, aber entschieden mit einer Hand nach den Ikonenbildern wie nach dem Nacken einer Frau, schließen die Lider und verharren mit ihren Lippen auf dem kalten Glas, als schmiegten sie sich an die Liebe ihres Lebens. Wie gerne würde ich an ihre Zaubereien glauben, dachte ich während der Zeremonie, die Stunde um Stunde verschlang, doch ich fürchte, dass es Holzarten gibt, die nicht schwimmen, und dass sich Gesichtsmuskeln bei Einsetzen der Leichenstarre zu einem milden Lächeln verziehen können. Präpariert man einen Finger, gleich, wem er gehört, dann vergeht er nicht, weder heute noch morgen.

So suchte ich auch nach einer logischen Erklärung für das, was meine Sinne bemerkten, aber mein Verstand bezweifelte. Wie benommen blickte ich in der fünften Stunde der Andacht in den Himmel und fragte mich, ob die anderen mitbekamen, was ich gerade erlebte. Es war eigenartig. Ich hatte mich hundertmal bekreuzigt, war hundertmal aufgestanden und ungezählte Male eingeschlafen und wieder aufgewacht, und nun gelang es mir, allein mit der Gewalt meiner Gedanken eine hängende Kerze zum Schwingen zu bringen. Ich fixierte sie, wenige Sekunden später flackerte sie auf, und schließlich begann sie deutlich erkennbar in elliptischen Bahnen zu kreisen. Auch die Öllampen gehorchten mir, egal, auf welche ich mich konzentrierte, sie trudelten, sie rotierten, sie setzten alle Gesetze der Vernunft außer Kraft. Selbst der tonnenschwere Leuchter im Zentrum des Gewölbes vibrierte, wenn ich es wollte, und gab ich ihm den Befehl, auf der Stelle wieder stillzustehen, dann tat er es.

«Und jetzt wohnst du also in den Armen des heiligen Andreas?», säuselte Spiros. «Schön, was?»

«Mir gefällt es nicht so sehr.»

«Malaka, das ist klar. Erst bist du Rolls-Royce gefahren, dann Lamborghini, und jetzt sitzt du im Trabant.»

Damit hatte er mein Schicksal treffend beschrieben. Der Orden, bei dem ich meine dritte und letzte Nacht auf dem Berg verbringen sollte, nahm den Begriff «Klosterzelle» wörtlich. Ein Licht, ein Heiligenbild, Dutzende kleiner, krabbelnder Mitbewohner. Ich war in das Skiti Agiou Andrea gezogen wie ein trotziger Junge, weil mir alle davon abgeraten hatten, dorthin zu gehen. Äußerlich wirkte das Mönchsdorf so prunkvoll, als hätten es die Architekten des Kreml entworfen, doch innerhalb seiner Mauern sah ich mich wenig willkommen. Dass weite Teile der Anlage verfielen und die Zeremonien auf Plastikstühlen abgehalten wurden, störte mich nicht. Anders als in den Großklöstern dürfen die Brüder dieser Skite über keinen persönlichen Besitz verfügen. Ihrer Ansicht nach wohnt Gott in uns allen, und du findest ihn, wenn du dein Ego hinter dir lässt und lernst, bescheiden zu leben. Dennoch begegneten mir die Geistlichen seltsam arrogant und herrisch.

«You are right», stimmte Angelos zu, mit dem ich mir die Zelle teilte, «the monastery needs a woman's touch», und das, obwohl er spartanische Unterkünfte kannte. Angelos war Mechaniker. Er reparierte die Phantoms und die F16-Jäger des griechischen Militärs und träumte davon, eines Tages einmal mitzufliegen. Als ich wissen wollte, warum er ausgerechnet hier abgestiegen war, wo er doch seit zwanzig Jahren immer wieder über den Heiligen Berg wanderte, stockte er. Diese Herberge, meinte er, sei einfach verkehrsgünstig gelegen. Er brauche keinen Luxus, sondern eine spirituell Auszeit, obwohl er seine Nelly, die Ärztin war und ihm sechs Kinder geschenkt hatte, unsagbar vermisse. Das jüngste trug den Namen des Priesters ihrer Gemeinde. Vater Menelaos habe den beiden zu Nellys Schwangerschaft gratuliert, lange bevor es dafür Anzeichen gab.

Nicht nur deshalb glaubte Angelos an Wunder. Er wollte viele gesehen haben, auch wenn ihn seine Frau, die er so gerne nach Athos geschmuggelt hätte, für verrückt hielt. Eines schönen Pilgertages, kurz bevor die Klöster ihre Pforten schlossen, hatte er Rauch aus den Platanen aufsteigen sehen. Weil der Garten der Mutter Gottes immer wieder von Bränden verwüstet worden war, eilte er in den Wald, um den Herd der Flammen zu finden. Er glaubte sich der Stelle zu nähern, da sah er sich plötzlich umringt von zweihundert dunklen Gestalten, die um ein Feuer herumstanden und in andächtiger Stille beteten. Sie erschienen ihm aus dem Nichts.

Angelos verband den Stolz eines Philosophen mit der Gelassenheit eines Tavernenwirts. So wie sein Haar, das sich keine graue Nuance leistete, ihm aber ungezähmt in die Stirn fiel, konnte er ernst und entspannt zugleich sein. Er verhielt sich wie ein jovialer Mentor gegenüber all jenen, die den Weg in das Stift gefunden und seine Spielregeln noch nicht verinnerlicht hatten. Wie er uns beim Abendessen erklärte, schrieb der julianische Kalender den 29. August. Es war der Tag, an dem Johannes der Täufer enthauptet wurde, und ihm zu Ehren nahmen wir unsere Mahlzeit kalt und ohne Olivenöl ein. Ein junger Serbe, der mit uns am Tisch saß, wollte sich Wasser einschenken, doch Angelos bedeckte den Becher mit der flachen Hand. Er gab ihn erst frei, nachdem wir das Läuten eines Glöckchens im Saal gehört hatten. Als ein Bruder durch die Reihen schritt und einen Nachtisch verteilte, wies er mich an, ihn dankend abzulehnen. Es handele sich um eine orthodoxe Totenspeise, die für Christen tabu sei.

«Ich bin gar kein Christ», flüsterte ich, was Angelos mit einer hochgezogenen Braue registrierte.

«Seien wir ehrlich. Ich bin auch nicht wegen der Verkehrsanbindung hier», schmunzelte er, zurück in unserer Kammer. «Morgen früh wirst du ohne mich aufwachen.»

Sein geistiger Vater habe ihn gerufen, ein uralter Mönch, der schon jetzt, zu Lebzeiten, erleuchtet worden sei. Zwar wisse er nicht, was Efthimios ihm mitzuteilen habe, aber wenn dieser sich die Mühe machte, als Umriss in Angelos' Schlafzimmer in Larisa zu erscheinen, musste es etwas Wichtiges sein. Der Heilige habe einen Zustand erreicht, der es ihm ermögliche, seinen Geist reisen zu lassen. So könne er sich in einem Moment in Nairobi aufhalten und gleich im nächsten in Auckland. Einmal sei er für sechs Monate verschwunden, um sich dann, ganz unvermittelt, wieder in der Nähe eines Klosters zu materialisieren. Die Zeit dazwischen habe er zur einsamen Kontemplation in einem Winkel der Erde genutzt, der keinem Menschen zugänglich ist.

«Ich könnte nicht so lange allein sein», sagte ich.

«Das ist es ja», gab er zurück, «Efthimios war nicht allein.»

Als mir Angelos gestattete, ihn zu begleiten, war ich unendlich erleichtert. Noch eine weitere epische Messe, und ich hätte vielleicht nicht nur Kronleuchter, sondern gleich das ganze Gemäuer zum Beben gebracht. Allerdings fürchte ich, dass mir kein Mensch glauben wird, dem ich die Geschichte unserer Flucht erzähle. Dabei ist sie so wahr wie jedes Wort in der Bibel – und beinahe jedes in diesem Buch.

Pünktlich um drei, zur unchristlichsten aller Zeiten, schlug ein Ordensbruder mit zwei Hölzern zur Andacht. Wir hatten in unseren Kleidern geschlafen und warteten nun ab, bis sich die anderen aufmachten. Dann folgten wir ihnen die Treppen hinunter in den Hofeingang, doch anstatt mit all den Pilgern in die Kirche zu traben, vergewisserte sich

Angelos, dass keine Kutte in der Nähe war. Im Schutze der Menge öffnete er einen hölzernen Durchgang im Eingangstor.

Wir mussten uns bücken, um ins Freie zu gelangen, und kaum hatten wir die Mauern des heiligen Andreas verlassen, blitzte es. Nicht nur einmal, sondern so häufig, wie nun aus allen Kehlen in allen Klöstern das «Herr, erbarme dich» erklang. Wir schalteten unsere Taschenlampen aus, denn die Lichter zuckten in Abständen von Sekunden durch den Nachthimmel. Wissenschaftler würden sagen, es habe sich ein gewaltiges magnetisches Feld über der Gebirgskette entladen, wie es nun mal im Spätsommer vorkommen kann. Wer aber sollte uns verübeln, dass wir dachten, unser Schöpfer wolle uns etwas sagen? Ich hatte den Eindruck, er war ein klein wenig gereizt.

«Ist er nicht!», rief Angelos. «Er leuchtet uns den Weg.»

Begleitet von breitem, grollendem Donner, wanderten wir über Hirtenpfade, die halb von Macchiasträuchern überwachsen waren. Sie führten in Schleifen den Hang hinab und wieder hinauf, und es duftete nach Pinien, Eukalyptus und Abenteuer, jener süßen Essenz, die ich genauso zum Leben brauche wie die Atemluft. Etwa eine Stunde verstrich, bis wir ein Steinhaus erreichten, das wie der Palast eines Bettelmanns auf dem Scheitel eines Hügels thronte.

Wir öffneten leise die Tür, traten ein und sahen schemenhaft durch das milchige Sprossenfenster einer Vorkammer, wie fünf Mönche um eine Kerze herum standen und beteten, halb in dieser Welt, halb in einer anderen. Unter ihnen, glaubte Angelos zu erkennen, war auch Efthimios. Seine bloße körperliche Anwesenheit bedeute allerdings nicht, dass er uns auch empfange. Manchmal sei der Heilige von seinen spirituellen Reisen erschöpft und ausgelaugt, und man müsse geduldig warten, bis er wieder zu Kräften komme. Einen Tag, einen Monat oder einen ganzen Sommer. Raum und Zeit hätten für Efthimios nun mal eine andere Bedeutung als für den Rest der Welt.

Einer der Betenden bemerkte uns und deutete auf einen Fleck im Vorgarten des Hauses, den ich aus der Entfernung, im Licht der Blitze, für ein Zelt hielt. Als wir uns näherten, sah ich, dass es ein Olivenbaum war, der sich wie ein knorriges, natürlich gewachsenes Vordach über Steinbänke streckte, auf denen sieben weitere Männer warteten. Zwei von ihnen schliefen, vier tranken Tee und aßen Gebäck, der Letzte las im Schein einer Lampe, und niemand redete.

So vergingen fünf Stunden, in denen uns der Herr auf die Probe stellte. Erst schickte er den Regen, dann schickte er den Wind, und als er schließlich Mücken schickte, die den Morgen ankündigten, spannten zwei Diener einen Paravent. Vor Müdigkeit entging mir, wie sich Efthimios in dessen Schatten schlich.

Angelos versuchte zu lächeln, als er nach einer Weile hinter dem schwarzen Tuch hervorlugte, obwohl seine Augen jetzt Kummerränder trugen. Es schien kein Unglück geschehen zu sein, aber wer weiß, vielleicht hatte er etwas in sich verborgen, das sein Meister ans Licht brachte. Mein Freund hob das Kinn, ich schob mich zu ihm hinter den Vorhang, und nun stand ich einem emsig häkelnden Männlein gegenüber, das mich studierte wie ein Neugeborenes am ersten Tag. Weil seine Seele bereits an einem unentdeckten Ort wohnte, den die meisten Menschen nur in ihren Wünschen besuchen, begrüßte er mich nicht mit Worten und Händen, sondern mit den Fingern des Geistes.

Während er mich kritisch besah und seine Gebete zählte, indem er Schlaufe für Schlaufe knüpfte, begann Angelos zu übersetzen, was mich auf den Heiligen Berg geführt hatte. Doch das schien der Erleuchtete bereits zu wissen. Efthimios las die Blackbox in meinem Innern und sprach gleichzeitig mit Gott oder einer anderen Stimme, die er für die Stimme des Herrn hielt. Dann verlor er nur einen einzigen Satz, und ich folgte meinem Begleiter zurück unter den Olivenbaum.

«Er sagt, du sollst nach Hause gehen.»

«Das ist alles? Und dafür bin ich so weit gereist?»

«Das war nicht weit», meinte Angelos und deutete auf meine Stirn. «Der längste Weg führt von deinem Kopf zu deinem Herzen.»

Weitere Titel von Dennis Gastmann

Das für dieses Buch verwendete Papier ist FSC®-zertifiziert.